Robert T. Kiyosaki/Sharon L. Lechter

Forever rich

Robert T. Kiyosaki/Sharon L. Lechter

Forever rich

Ihr direkter Weg zu Reichtum und Unabhängigkeit

Aus dem Amerikanischen übersetzt
von Sabine Gebhardt-Herzberg

REDLINE WIRTSCHAFT
bei verlag moderne industrie

Die Deutsche Bibliothek – CIP-Einheitsaufnahme

Kiyosaki, Robert T.:
Forever rich : Ihr direkter Weg zu Reichtum und Unabhängigkeit / Robert T. Kiyosaki. Aus d. Amerikan. übers. von Sabine Gebhardt-Herzberg. – München : Redline Wirtschaft bei Verl. Moderne Industrie 2002
Einheitssacht.: The cashflow quadrant <dt.>
ISBN 3-478-73370-7

Titel der amerikanischen Originalausgabe: The Cashflow Quadrant: Rich Dad's Guide to Financial Freedom

Umschlaggestaltung: Hielcom, München
Titelbild: Getty Images
Satz: Fotosatz Reinhard Amann, Aichstetten
Druck: Himmer, Augsburg
Bindung: Thomas, Augsburg
Printed in Germany 73370/030201
ISBN 3-478-73370-7

„Der Mensch ist frei geboren;
doch überall trägt er Ketten.
Man hält sich für den Herrn über andere und
ist doch ein größerer Sklave als sie.“

Jean-Jacques Rousseau

Mein reicher Vater pflegte immer zu sagen: „Du wirst nie wirklich frei sein, wenn du nicht finanziell unabhängig bist.“ Dieser Aussage ließ er den Satz folgen: „Der Zugang zur Freiheit steht zwar jedem offen, aber sie hat ihren Preis.“ Dieses Buch ist denjenigen gewidmet, die bereit sind, diesen Preis zu zahlen.

Danksagung an unsere Freunde

Durch den phänomenalen Erfolg von „Reichtum kann man lernen" haben wir in der ganzen Welt neue Freunde gewonnen. Ihre freundlichen Worte und ihre Freundschaft haben uns dazu inspiriert, das Buch „Forever rich" zu schreiben.

Daher möchten wir uns bei unseren alten und neuen Freunden für ihre begeisterte Unterstützung bedanken, die unsere kühnsten Träume übersteigt.

Inhalt

Anhang

Einleitung

Auf welchem Feld des Quadranten operieren Sie? Ist es das richtige für Sie?

Sind Sie finanziell unabhängig? „Forever rich“ ist für Sie geschrieben, wenn Sie vor der Entscheidung stehen, welchen Weg Sie in finanzieller Hinsicht künftig einschlagen wollen. Wenn Sie selbst entscheiden möchten, was Sie heute tun wollen, um Ihr künftiges finanzielles Los zu ändern, wird Ihnen dieses Buch helfen, Ihren Kurs abzustecken. Das ist der Cashflow-Quadrant:

Die Bedeutung der Buchstaben in den einzelnen Feldern:
A = Angestellter
S = Selbstständiger
G = Geschäftsinhaber
I = Investor

Jeder von uns operiert zumindest in einem der vier Felder des Cashflow-Quadranten. Diese Zuordnung wird durch die Herkunft unseres Geldes bestimmt. Die meisten Menschen sind von Lohn- und Gehaltszahlungen abhängig, andere sind selbstständig tätig. Angestellte und Selbstständige operieren auf der linken Hälfte des Cashflow-Quadranten. Auf der rechten Seite sind diejenigen zu finden, denen ihr Geld aus ihren eigenen Unternehmen oder Kapitalanlagen zufließt.

„Forever rich" beschreibt die vier verschiedenen Menschentypen, die in der Geschäftswelt zu finden sind. Dies wird Ihnen helfen zu bestimmen, auf welchem Feld des Cashflow-Quadranten Sie zurzeit operieren, und Ihren persönlichen Kurs in die finanzielle Unabhängigkeit abzustecken. Man kann zwar auf allen vier Feldern des Quadranten zur finanziellen Unabhängigkeit gelangen, doch werden Ihnen die speziellen Eigenschaften der Felder „G" oder „I" helfen, Ihre finanziellen Ziele schneller zu erreichen. Jemand, der in Feld „A" erfolgreich ist, sollte auch in Feld „I" Erfolge erzielen!

Was möchtest du später einmal werden?

Dieses Buch stellt in vielerlei Hinsicht den zweiten Teil meines Werkes „Reichtum kann man lernen" dar. Für diejenigen, die „Reichtum kann man lernen" nicht gelesen haben: Es handelt von den unterschiedlichen Lektionen, die mir meine beiden Väter über das Themengebiet Geld und Lebensentscheidungen erteilt haben. Der eine war mein leiblicher Vater, der andere der Vater meines besten Freundes. Einer besaß eine hervorragende berufliche Ausbildung, während der andere die Highschool vorzeitig verlassen hatte. Der eine war arm, der andere reich.

Immer wenn man mich fragte: „Was willst du einmal werden, wenn du erwachsen bist?", riet mir mein beruflich hoch qualifizierter, aber armer Vater: „Geh zur Schule, schreib gute Noten und such dir eine sichere Arbeitsstelle."

Er empfahl mir einen Lebensweg, der folgendermaßen aussah:

Der Rat meines armen Vaters

Mein armer Vater riet mir zu der Entscheidung, entweder ein hoch bezahlter Angestellter, ein „A", oder ein „S", ein hoch bezahlter Selbstständiger, wie ein Arzt, ein Anwalt oder ein Buchhalter, zu werden. Mein armer Vater machte sich viele Gedanken um ein geregeltes Einkommen, Zusatzleistungen und die Sicherheit des Arbeitsplatzes. Aus diesem Grund war er ein hoch bezahlter Regierungsbeamter, der Leiter des Erziehungswesens des Bundesstaates Hawaii.

Mein reicher, aber ungebildeter Vater hingegen gab mir einen völlig anderen Rat: „Geh zur Schule, mach deinen Abschluss, gründe eigene Unternehmen und werde ein erfolgreicher Investor."

Er empfahl mir einen Lebensweg, der folgendermaßen aussah:

Der Rat meines reichen Vaters

In diesem Buch berichte ich von dem geistigen, emotionalen und beruflichen Prozess, den ich durchlaufen habe, als ich den Rat meines reichen Vaters befolgte.

An wen wendet sich dieses Buch?

Dieses Buch ist für Menschen geschrieben, die bereit zum Wechseln der Felder des Quadranten sind. Vor allem richtet es sich an diejenigen, die zurzeit in den Feldern „A" und „S" operieren und sich mit der Überlegung tragen, in die Felder „G" oder „I" überzuwechseln. Es ist für Leute bestimmt, die bereit sind, über die Grenzen der Arbeitsplatzsicherheit hinauszugehen, und beginnen wollen, das Ziel finanzieller Sicherheit zu erreichen. Es ist kein einfacher Lebensweg, aber der Preis, den es am Ende der Reise zu gewinnen gibt, ist die Reise wert. Es ist der Weg zur finanziellen Unabhängigkeit.

Als ich 12 Jahre alt war, erzählte mir mein reicher Vater eine einfache Geschichte, die mich zu großem Reichtum und finanzieller Unabhängigkeit geführt hat. Es war die Art und Weise, wie mir mein reicher Vater den Unterschied zwischen der linken Seite des Cashflow-Quadranten, „A" und „S", und der rechten Hälfte, den Feldern „G" und „I", erklärt hat. Dies ist die Geschichte:

„Es war einmal ein malerisches kleines Dorf. Es lebte sich großartig dort – bis auf ein Problem: Es gab kein Wasser in diesem Dorf, außer dann, wenn es regnete. Um das Problem ein für alle Mal zu lösen, lobten die Dorfältesten einen Vertrag für eine tägliche Wasserzulieferung an das Dorf aus. Zwei Freiwillige meldeten sich für diese Aufgabe und die Dorfältesten nahmen beide unter Vertrag. Sie hatten das Gefühl, dass ein Wettbewerb die Preise niedrig halten und einen ständigen Vorrat an Wasser sicherstellen würde.

Der erste Gewinner des Vertrags, Ed, lief sofort los, kaufte zwei galvanisierte Stahleimer und begann den Weg zum eine Meile entfernten See hin- und zurückzurennen. Er fing sofort an Geld zu machen, indem er sich von früh bis spät abmühte, mit seinen beiden Eimern Wasser aus dem See zu holen. Er leerte sie in den großen Betonwasserspeicher, den das Dorf gebaut hatte. Jeden Morgen musste er aufstehen, bevor die anderen Dorfbewohner erwachten, um sicherzustellen, dass ein ausreichender Wasservorrat vorhanden war. Es war eine anstrengende Arbeit, aber er war sehr froh darüber, dass er Geld verdiente und einen der beiden Verträge für diese Aufgabe bekommen hatte.

Der zweite Vertragsgewinner, Bill, verschwand für eine Weile. Monatelang war keine Spur von ihm zu sehen, was Ed sehr glücklich machte, da er keine Konkurrenz hatte. Ed machte das ganze Geld.

Anstatt zwei Eimer zu kaufen, um mit Ed in Wettstreit zu treten, hatte Bill einen Geschäftsplan ausgearbeitet, ein Unternehmen gegründet, vier Investoren gefunden, einen Direktor eingestellt, der die Arbeit erledigte, und kehrte sechs Monate später mit einem Bautrupp zurück. Innerhalb eines Jahres hatte sein Team eine Wasserleitung aus rostfreiem Stahl mit einer großen Kapazität gebaut, die das Dorf mit dem See verband.

Bei der großen Eröffnungsfeier verkündete Bill, dass sein Wasser sauberer sei als Eds. Bill wusste, dass es Beschwerden über Schmutz in Eds Wasser gegeben hatte. Bill gab auch bekannt, dass er das Dorf 24 Stunden am Tag, 7 Tage pro Woche mit Wasser versorgen könne. Ed konnte nur an Wochentagen Wasser liefern – er arbeitete nicht am Wochenende. Dann verkündete Bill, dass er für die bessere Qualität und die verlässlichere Zulieferung seines Wassers 75 Prozent weniger verlangen werde als Ed. Das Dorf jubelte und stürzte sich sofort auf den Wasserhahn am Ende von Bills Leitung.

Um mithalten zu können, senkte Ed den Preis für seine Wasserzulieferung umgehend um 75 Prozent, kaufte zwei weitere Eimer, versah seine Eimer mit Deckeln und schleppte nun jedes Mal vier Eimer hin und zurück. Um seine Dienstleistungen zu verbessern, ließ er sich während der Nachtschicht und an den Wochenenden von seinen zwei Söhnen helfen. Als seine Söhne aufs College kamen, sagte er zu ihnen:

‚Kommt schnell zurück, denn eines Tages wird euch dieses Unternehmen gehören.‘

Aus irgendeinem Grund kehrten seine beiden Söhne nie zurück. Schließlich stellte Ed Mitarbeiter ein und bekam Probleme mit der Gewerkschaft. Die Gewerkschaft forderte höhere Löhne, bessere Zusatzleistungen und verlangte, dass ihre Mitglieder nur einen Eimer auf einmal tragen sollten.

Bill hingegen kam zu der Erkenntnis, dass, wenn sein Dorf Wasser brauchte, andere Dörfer ebenfalls auf Wasser angewiesen sein müssten. Er überarbeitete seinen Geschäftsplan und begann, das schnelle Zulieferungstempo, die große Kapazität, den niedrigen Preis und die Sauberkeit seines Wasserzulieferungssystems an Dörfer auf der ganzen Welt zu verkaufen. Er verdiente nur 1 Cent pro Eimer gelieferten Wassers, aber er lieferte Tausende Eimer Wasser täglich. Unabhängig davon, ob er arbeitete oder nicht, verbrauchten Tausende von Menschen Tausende Eimer Wasser, und dieses ganze Geld floss auf sein Bankkonto. Bill hatte neben der Wasserleitung zu den Dörfern auch ein Leitungssystem entwickelt, durch welches ihm Geld zuströmte.

Bill lebte glücklich und zufrieden, und Ed arbeitete für den Rest seines Lebens hart, ständig begleitet von finanziellen Problemen. Ende der Geschichte."

Diese Geschichte von Bill und Ed diente mir jahrelang als Wegweiser. Sie hat mich bei den Entscheidungsprozessen in meinem Leben unterstützt. Ich frage mich häufig:

„Baue ich eine Wasserleitung, oder schleppe ich Eimer?"

„Rackere ich mich mühsam ab, oder arbeite ich clever?"

Und die Antworten auf diese Fragen haben mich zu finanzieller Unabhängigkeit geführt.

Und davon handelt dieses Buch. Es erzählt Ihnen, was dazu nötig ist, ein „G" oder „I" zu werden. Es richtet sich an Menschen, die es müde sind, Eimer zu schleppen, und die bereit zum Bau von Leitungen sind, durch die das Geld in ihre Taschen hineinfließt und nicht aus ihnen hinaus.

Dieses Buch gliedert sich in drei Teile

Teil I: Der erste Teil dieses Buches behandelt die grundlegenden Unterschiede zwischen den verschiedenen Menschentypen, die in den vier Feldern des Quadranten operieren. Es wird erklärt, weshalb bestimmte Leute zu bestimmten Feldern hingezogen werden und häufig dort stecken bleiben, ohne es zu merken. Das wird Ihnen helfen herauszufinden, in welchem Feld des Quadranten Sie derzeit operieren und wo Sie sich in 5 Jahren befinden wollen.

Teil II: Im zweiten Teil dieses Buches geht es um persönliche Veränderung. Es kommt mehr darauf an, „wer" Sie sein als was Sie tun müssen.

Teil III: Im dritten Teil dieses Buches werden 7 Schritte vorgestellt, die Sie auf ihrem Weg zur rechten Seite des Quadranten unternehmen können.

Das ganze Buch hindurch betone ich die Wichtigkeit der finanziellen Intelligenz. Wenn Sie auf der rechten Seite des Quadranten operieren möchten, der „G"- und „I"-Hälfte, müssen Sie cleverer sein als eine Person, die sich dafür entscheidet, als ein „A" oder „S" auf der linken Seite zu bleiben.

Als „G" oder „I" müssen Sie in der Lage sein, die Richtung Ihres Kapitalflusses zu steuern. Dieses Buch ist für Menschen geschrieben, die bereit sind, Veränderungen in ihrem Leben vorzunehmen. Es richtet sich an Leute, die willens sind, über die Arbeitsplatzsicherheit hinauszugehen und eigene „Leitungen" zu bauen, um finanzielle Unabhängigkeit zu erreichen.

Wir stehen zurzeit am Beginn des Informationszeitalters. Um im Informationszeitalter erfolgreich zu sein, benötigt man Informationen aus allen vier Feldern des Quadranten. Leider befinden sich unsere Schulen noch in der industriellen Ära und bereiten ihre Schüler nur auf das Operieren auf der linken Seite des Quadranten vor.

Wenn Sie auf der Suche nach neuen Möglichkeiten sind, im Informationszeitalter vorwärts zu kommen, dann richtet sich dieses Buch an Sie. Es wurde geschrieben, um Sie auf Ihrer Reise ins Informationszeitalter zu unterstützen.

Wenn Sie bereit sind, Ihre Reise in die finanzielle Unabhängigkeit anzutreten, oder sich bereits auf dieser Reise befinden, dann ist dieses Buch für Sie geschrieben.

Teil I

Der Cashflow-Quadrant

1 „Weshalb sucht ihr euch keinen Job?“

Im Jahr 1985 waren meine Frau Kim und ich obdachlos. Wir waren arbeitslos, von unseren Ersparnissen war wenig übrig geblieben, der Kreditrahmen unserer Kreditkarten war ausgeschöpft und wir lebten in einem alten, braunen Toyota mit verstellbaren Sitzen, die als Betten dienten. Nach Ablauf einer Woche begannen wir die bittere Wirklichkeit zu begreifen – wer wir waren, was wir taten und worauf wir zusteuerten.

Unsere Obdachlosigkeit dauerte noch zwei weitere Wochen. Eine Freundin bot uns ein Zimmer in ihrem Souterrain an, als ihr klar wurde, in welch verzweifelter finanzieller Lage wir steckten. Dort lebten wir neun Monate.

Wir ließen nichts über unsere Situation verlauten. Im Großen und Ganzen erweckten meine Frau und ich nach außen hin einen ziemlich normalen Eindruck. Als unsere Freunde und Familie von unserer Notlage hörten, lautete die erste Frage stets: „Weshalb sucht ihr euch keinen Job?“

Zuerst versuchten wir es zu erklären, aber in den meisten Fällen gelang es uns nicht, unsere Gründe begreiflich zu machen. Es ist schwer, jemandem, der eine Arbeitsstelle schätzt, klar zu machen, weshalb man keinen Job möchte.

Hin und wieder nahmen wir einen Gelegenheitsjob an und verdienten da und dort ein paar Dollar. Aber das machten wir nur, um etwas Essbares in den Magen und Benzin ins Auto zu bekommen. Diese paar Extradollar waren lediglich der „Treibstoff", den wir brauchten, um den Weg zu unserem persönlichen Ziel fortzusetzen. Ich muss gestehen, dass die Vorstellung von einem sicheren Arbeitsplatz mit Gehaltszahlung in Momenten tiefer Selbstzweifel verlockend war. Aber da Arbeitsplatzsicherheit nicht das war, wonach wir suchten, kämpften wir uns weiter voran, lebten von einem Tag zum anderen, am Rande des finanziellen Abgrunds.

Jenes Jahr 1985 war sowohl das schlimmste als auch eines der längsten unseres Lebens.

Jeder der sagt, dass Geld nicht wichtig ist, hat offensichtlich nicht lange ohne Geld gelebt. Kim und ich hatten oft Streit und Auseinandersetzungen. Furcht, Unsicherheit und Hunger lässt Menschen emotional explodieren und häufig streiten wir mit dem Menschen, der uns am meisten liebt. Doch die Liebe hielt uns beide zusammen und unsere Bindung zueinander wurde durch die Not verstärkt. Wir wussten, wohin wir gingen; wir wussten nur nicht, ob wir jemals dort angekommen würden.

Wir wussten, dass wir jederzeit einen sicheren, gut bezahlten Arbeitsplatz finden könnten. Wir hatten beide das College abgeschlossen, waren beruflich hoch qualifiziert und hatten eine positive Arbeitsmoral. Aber wir strebten nicht nach Arbeitsplatzsicherheit. Unser Ziel war finanzielle Unabhängigkeit.

1989 waren wir Millionäre. Obwohl wir damals in den Augen mancher Leute finanziell erfolgreich waren, hatten wir unser Traumziel noch nicht erreicht. Wir hatten noch keine wirkliche finanzielle Unabhängigkeit erlangt. Das dauerte bis 1994. Ab diesem Zeitpunkt brauchten wir für den Rest unseres Lebens nicht mehr zu arbeiten. Von irgendeinem unvorhergesehene finanziellen Unglück abgesehen, waren wir beide finanziell unabhängig. Kim war 37 und ich 47 Jahre alt.

Man braucht kein Geld, um Geld zu machen

Ich habe die Obdachlosigkeit und Mittellosigkeit an den Anfang meines Buches gestellt, weil ich Leute oft sagen höre: „Man braucht Geld, um Geld zu machen."

Ich bin nicht dieser Meinung. Es war kein Geld nötig, um von der Obdachlosigkeit im Jahr 1985 1989 zu Reichtum und 1994 zu finanzieller Unabhängigkeit zu gelangen. Wir hatten zu Anfang kein Geld und waren verschuldet.

Man braucht auch keine gute, geregelte Ausbildung. Ich besitze einen Collegeabschluss und kann in aller Aufrichtigkeit sagen, dass das Erreichen finanzieller Unabhängigkeit nichts mit dem zu tun hatte, was ich auf dem College lernte. Ich benötigte nicht viel vom Stoff meiner jahrelangen Studien der Infinitesimalrechnung, der räumlichen Geometrie, der Chemie, Physik, der französischen Sprache und der englischen Literatur.

Viele erfolgreiche Leute haben die Schule ohne Collegeabschluss verlassen – Menschen wie beispielsweise Thomas Edison, der Gründer von General Electric; Henry Ford, der Gründer der Firma Ford; Bill Gates, Gründer von Microsoft; Ted Turner, Gründer von CNN; Michael Dell, Gründer von Dell Computers; Steve Jobs, Gründer von Apple, und Ralph Lauren, Gründer von Polo. Eine Collegeausbildung ist wichtig für die traditionellen Berufe; aber nicht für den Weg, auf dem diese Leute großen Reichtum erwarben. Sie bauten ihre eigenen erfolgreichen Unternehmen auf, und das war es, wonach Kim und ich strebten.

Was braucht man also?

Ich werde oft gefragt: „Wenn kein Geld nötig ist, um Geld zu machen, und die Schulen einem nicht beibringen, wie man finanziell unabhängig wird – was braucht man dann?“

Meine Antwort: Man braucht einen Traum, eine Menge Entschlossenheit, den Willen, rasch zu lernen, sowie die Fähigkeit, seine natürlichen Talente richtig einzusetzen und zu wissen, aus welchem Feld des Cashflow-Quadranten man sein Einkommen beziehen will.

Was ist der Cashflow-Quadrant?

Die Buchstaben in den einzelnen Feldern bedeuten:

A = Angestellter
S = Selbstständiger
G = Geschäftsinhaber
I = Investor

Aus welchem Feld des Quadranten beziehen Sie Ihr Einkommen?

Der Cashflow-Quadrant repräsentiert die unterschiedlichen Möglichkeiten, Einkommen zu erzielen oder Geld zu machen. Ein Angestellter beispielsweise verdient Geld, indem er eine Arbeit ausübt und für eine andere Person oder ein Unternehmen arbeitet. Selbstständige verdienen Geld durch selbstständige Tätigkeiten. Ein Geschäftsinhaber besitzt ein Unternehmen, das Geld bringt, und Investoren beziehen Geld aus ihren verschiedenen Kapitalanlagen – in anderen Worten: Geld bringt mehr Geld hervor.

Unterschiedliche Arten von Einkommen erfordern unterschiedliche Geisteshaltungen, unterschiedliche fachliche Fähigkeiten, unterschiedliche Berufswege und unterschiedliche Menschentypen. Unterschiedliche Menschen werden zu unterschiedlichen Feldern des Quadranten hingezogen.

Während Geld immer gleich bleibt, können sich die Arten, wie man es verdient, enorm voneinander unterscheiden. Wenn Sie einen Blick auf die vier verschiedenen Bezeichnungen der einzelnen Felder werfen, kommen Sie vielleicht auf die Idee, sich selbst die Frage zu stellen: „Aus welchem Feld beziehe ich den Großteil meines Einkommens?"

Einkommen aus verschiedenen Feldern zu beziehen erfordert unterschiedliche Fähigkeiten und unterschiedliche Persönlichkeitstypen, selbst wenn die Person, die in den Feldern operiert, die gleiche ist. Der Wechsel von einem Feld in ein anderes ist so, als würde man morgens Golf spielen und abends das Ballett besuchen.

Sie können Einkommen aus allen vier Feldern des Quadranten beziehen

Die meisten Menschen verfügen über das Potenzial, Einkommen aus allen vier Feldern des Quadranten zu beziehen. Welches Feld jemand als Haupteinkommensquelle wählt, hat nicht so sehr damit zu tun, was er in der Schule gelernt hat; es hängt mehr davon ab, was er im Grunde seines Wesens ist – von seinen Grundwerten, seinen hauptsächlichen Stärken, Schwächen und Interessen. Es sind diese grundlegenden Unterschiede, die uns zu den vier Feldern des Quadranten hinziehen oder uns von ihnen wegtreiben.

Trotzdem können wir, unabhängig davon, was wir hauptberuflich machen, auf allen vier Feldern operieren. Ein Arzt könnte sich beispielsweise entschließen, als ein „A“, ein Angestellter, Geld zu verdienen, und sich dem Personal eines großen Krankenhauses anschließen, für die staatliche Gesundheitsfürsorge arbeiten oder Militärarzt werden.

Derselbe Arzt könnte auch beschließen, Geld als ein „S“ zu verdienen, als Selbstständiger, und eine eigene Praxis eröffnen.

Oder er könnte sich entscheiden, ein „G“ zu werden, Inhaber eines eigenen Krankenhauses oder Labors, und andere Ärzte einzustellen. Ein solcher Arzt würde vermutlich einen Manager für die organisatorischen Aufgaben einstellen. In diesem Fall wäre der Arzt der Inhaber des Unternehmens, müsste aber nicht darin arbeiten. Der Arzt könnte sich auch entschließen, ein Unternehmen zu gründen, das nichts mit dem Bereich der Medizin zu tun hat, und gleichzeitig anderswo den Arztberuf ausüben. In diesem Fall würde der Arzt sowohl als „A“ als auch als „G“ Einkommen erzielen.

Als „I“ könnte der Arzt Geld machen, indem er in die Unternehmen anderer Leute, in Aktien, Bonds, Immobilien und Grundbesitz investiert.

Der wesentliche Kernbegriff ist: „Einkommen erzielen aus ...“ Es kommt weniger darauf an, was wir tun, sondern wie wir Einkommen erzielen.

Unterschiedliche Methoden, Einkommen zu erzielen

Mehr als alles andere übt der Unterschied unserer grundlegenden Werte, Stärken, Schwächen und Interessen einen Einfluss auf die Entscheidung aus, in welchem Feld des Quadranten wir unser Einkommen erzielen. Einige Menschen fühlen sich als Angestellte wohl, während andere es hassen, angestellt zu sein. Manche Leute lieben es, Unternehmen zu besitzen, wollen sie aber nicht leiten. Andere mögen es, Unternehmen zu besitzen, und führen sie auch sehr gern. Bestimmte Menschen lieben das Investieren, während andere nur das Risiko sehen, Geld zu verlieren. Die meisten Menschen tragen einen kleinen Teil all dieser Charakterzüge in sich. Erfolgreich in den vier Feldern des Quadranten zu sein bedeutet häufig, einige Hauptwerte neu umzuverteilen.

Sie können in allen vier Feldern des Quadranten reich oder arm sein

Es ist auch wichtig, sich zu merken, dass man in allen vier Feldern des Quadranten reich oder arm sein kann. Es gibt in allen vier Feldern Menschen, die Millionen verdienen, und andere, die Bankrott machen. Sich in dem einen oder dem anderen Feld zu befinden ist noch keine Garantie für finanziellen Erfolg.

Nicht alle Felder des Quadranten sind gleich

Wenn Sie die verschiedenen Merkmale der einzelnen Felder des Quadranten kennen, werden Sie eine bessere Vorstellung davon gewinnen, welches Feld oder welche Felder sich am besten für Sie eignen.

Einer der Gründe für meine Entscheidung, vor allem auf den Feldern „G“ und „I“ zu operieren, sind die steuerlichen Vergünstigungen. Für die meisten Leute, die auf der linken Seite des Cashflow-Quadranten operieren, gibt es nur wenige legale steuerliche Erleichterungen. Auf der rechten Hälfte des Quadranten jedoch gibt es legale Steuervergünstigungen in Hülle und Fülle. Indem ich daran arbeite, mein Einkommen aus den Feldern „G“ und „I“ zu beziehen, kann ich schneller Geld machen und dieses Geld länger für mich arbeiten lassen, ohne einen großen Teil davon an den Fiskus zu verlieren.

Unterschiedliche Arten, Geld zu verdienen

Wenn mich Leute fragen, weshalb Kim und ich obdachlos waren, sage ich ihnen, dass es an den Lektionen liege, die mir mein reicher Vater über Geld erteilt hatte. Für mich ist Geld wichtig, aber ich will nicht mein ganzes Leben damit verbringen, dafür zu arbeiten. Das war der Grund, weshalb ich keinen Job wollte.

Der Cashflow-Quadrant ist deshalb wichtig, weil er zwischen den unterschiedlichen Arten Geld zu machen unterscheidet. Es gibt andere Arten, ein verantwortungsvoller Bürger zu sein und Geld zu verdienen, als physischer Arbeitseinsatz.

Unterschiedliche Väter – unterschiedliche Vorstellungen über Geld

Mein beruflich hervorragend ausgebildeter Vater glaubte fest daran, dass die Liebe zum Geld böse sei. Dass das Erzielen fantastischer Profite Gier sei. Es war ihm peinlich, als in den Zeitungen veröffentlicht wurde, wie viel er verdient hatte, weil er das Gefühl hatte, im Vergleich zu den Lehrern, die für ihn arbeiteten, zu gut bezahlt zu werden. Er war ein guter, ehrlicher, hart arbeitender Mann, der sein Bestes tat, um seinen Standpunkt zu verteidigen, dass Geld in seinem Leben keine wichtige Rolle spielte.

Mein beruflich hoch qualifizierter, aber armer Vater sagte ständig:
„Ich interessiere mich nicht für Geld.“
„Ich werde nie reich sein.“
„Ich kann es mir nicht leisten.“
„Investieren ist riskant.“
„Geld ist nicht alles.“

Geld ist nötig zum Lebensunterhalt

Mein reicher Vater vertrat einen anderen Standpunkt. Er war der Meinung, es sei dumm, sein Leben damit zu verbringen, für Geld zu arbeiten und zu behaupten, Geld sei unwichtig. Mein reicher Vater glaubte, dass das Leben wichtiger sei als Geld, das Geld aber wichtig für das Bestreiten des Lebensunterhalts. Er sagte oft: „Du hast nur eine gewisse Anzahl von Stunden täglich zur Verfügung und du kannst nur bis zu einer bestimmten Grenze hart arbeiten. Weshalb sich also abrackern, um Geld zu verdienen? Lerne, Geld zur Verfügung zu haben und Leute hart für dich arbeiten zu lassen, und du hast die Freiheit, die Dinge zu tun, die wichtig sind."

Für meinen reichen Vater war Folgendes wichtig:

1. eine Menge Zeit zum Großziehen seiner Kinder zu haben;
2. Geld zur Verfügung zu haben, um es für wohltätige Zwecke und Projekte, die er unterstützte, spenden zu können;
3. Arbeitsplätze und finanzielle Stabilität für die Gesellschaft zu schaffen;
4. Zeit und Geld für seine Gesundheitsvorsorge zu haben;
5. die Möglichkeit zu besitzen, mit seiner Familie die Welt zu bereisen.

„Diese Dinge kosten Geld", sagte mein reicher Vater, „deshalb ist Geld wichtig für mich. Geld ist wichtig, aber ich will nicht mein Leben damit zubringen, dafür zu arbeiten."

Die Wahl der Felder

Ein Grund dafür, weshalb meine Frau und ich uns während der Periode unserer Obdachlosigkeit auf die Felder „G" und „I" konzentrierten, war, dass ich mehr Übung und eine bessere Ausbildung auf diesen Feldern besaß. Dank der Anleitung meines reichen Vaters kannte ich die verschiedenen finanziellen und beruflichen Vorteile der einzelnen Felder. Für mich boten die Felder auf der rechten Seite, „G" und „I", die besten Möglichkeiten für finanziellen Erfolg und finanzielle Unabhängigkeit.

Im Alter von 37 Jahren hatte ich Erfolge und Misserfolge auf allen vier Feldern erlebt, was mich in die Lage versetzte, einen gewissen Einblick in mein persönliches Temperament, meine Vorlieben, Abneigungen, Stärken und Schwächen zu gewinnen. Ich wusste, auf welchem Feld ich mich am besten bewährt hatte.

Eltern sind Lehrer

Es war mein reicher Vater, der oft auf den Cashflow-Quadranten zu sprechen kam, als ich ein kleiner Junge war. Er erklärte mir den Unterschied zwischen einem Menschen, der auf der linken Seite, und einem, der auf der rechten Seite des Quadranten erfolgreich war. Ich war noch jung und schenkte dem, was er sagte, keine sonderliche Aufmerksamkeit. Ich begriff den Unterschied zwischen der Geisteshaltung eines Angestellten und der eines Geschäftsinhabers nicht. Ich war einfach nur damit beschäftigt, in der Schule über die Runden zu kommen.

Trotzdem hörte ich, was er sagte, und bald begannen seine Worte einen Sinn zu ergeben. Ich hatte zwei dynamische, erfolgreiche Vaterfiguren um mich, was dem, was beide sagten, Sinn verlieh. Aber es waren ihre Taten, die mich in die Lage versetzten, die Unterschiede zwischen der „A-S“-Seite und der „G-I“-Seite des Cashflow-Quadranten zu erkennen. Zuerst waren es nur feine Unterschiede, dann sprangen sie mir ins Auge.

Eine schmerzhafte Lektion, die ich als kleiner Junge lernte, war beispielsweise ganz einfach wie viel Zeit der eine Vater im Vergleich zum anderen hatte. Als der Erfolg und der Bekanntheitsgrad beider Väter wuchsen, war es offenkundig, dass einer der beiden Väter immer weniger Zeit hatte, die er mit seiner Frau und den vier Kindern verbringen konnte. Mein leiblicher Vater war ständig unterwegs, auf Sitzungen oder auf dem Sprung zum Flugplatz, um zu weiteren Konferenzen zu reisen. Je erfolgreicher er wurde, desto mehr schrumpfte die Zahl der gemeinsamen Abendessen in der Familie. Die Wochenenden verbrachte er zu Hause in seinem kleinen, voll gestopften Büro, vergraben unter Bergen von Papier, die durchgearbeitet werden mussten.

Im Gegensatz dazu hatte mein reicher Vater immer mehr Freizeit, je erfolgreicher er wurde. Einer der Gründe, weshalb ich so viel über Geld, Finanzen, Geschäfte und das Leben lernte, war ganz einfach der, dass mein reicher Vater immer mehr Zeit für seine Kinder und für mich hatte. Zudem war es auch so, dass beide Väter immer mehr Geld verdienten, als sie erfolgreich wurden, aber mein leiblicher, beruflich hoch qualifizierter Vater zugleich immer tiefer in Schulden geriet. Also arbeitete er noch härter und fand sich plötzlich in einer höheren Steuerklasse wieder. Sein Banker und sein Steuerberater rieten ihm, ein größeres Haus zu kaufen – wegen der sog. „steuerlichen Vergünstigungen". Mein Vater befolgte den Rat, kaufte ein größeres Haus und bald arbeitete er so hart wie nie zuvor, um mehr Geld zu verdienen, damit er das neue Haus abzahlen konnte – was ihn noch mehr von seiner Familie fern hielt.

Bei meinem reichen Vater war es anders. Er machte immer mehr Geld, zahlte aber weniger Steuern. Auch er hatte Banker und Steuerberater, bekam jedoch nicht den gleichen Rat wie mein beruflich hoch qualifizierter Vater.

Der Hauptgrund

Die treibende Kraft jedoch, die dafür sorgte, dass ich nicht auf der linken Seite des Cashflow-Quadranten verharren wollte, war das, was meinem beruflich hoch qualifizierten, aber armen Vater auf der Höhe seiner Karriere widerfuhr. Anfang der 1970er-Jahre hatte ich bereits das College abgeschlossen und absolvierte in Pensacola, Florida mein Pilotentraining beim Marinecorps für meinen Einsatz in Vietnam. Mein beruflich hervorragend ausgebildeter Vater war inzwischen Leiter des Erziehungswesens des Staates Hawaii und Mitglied der Regierung. Eines Abends rief mich mein Vater in meinem Zimmer auf dem Stützpunkt an.

„Mein Sohn", sagte er, „ich werde mich von meinem Posten zurückziehen und als Vizegouverneur des Staates Hawaii für die Republikaner kandidieren."

Ich schluckte und sagte dann: „Du willst dich als Kandidat gegen deinen Chef aufstellen lassen?"

„Ganz recht", erwiderte er.

„Warum?", fragte ich. „Die Republikaner haben in Hawaii keine Chance. Weshalb willst du gegen deinen Boss kandidierten, wenn du weißt, dass du verlieren wirst?"

„Weil mir mein Gewissen keine Wahl lässt. Die Spiele, die diese Politiker spielen, stören mich."

„Willst du damit sagen, dass sie korrupt sind?", fragte ich.

„Das möchte ich nicht sagen", sagte mein leiblicher Vater. Er war ein ehrlicher und moralisch integrer Mann, der selten schlecht über jemanden sprach. Er war immer diplomatisch. Trotzdem konnte ich am Klang seiner Stimme erkennen, dass er ärgerlich und aufgebracht war, als er sagte: „Ich will nur sagen, dass mir mein Gewissen keine Ruhe lässt, wenn ich sehe, was sich hinter den Kulissen abspielt. Ich könnte mir selbst nicht mehr ins Gesicht sehen, wenn ich die Augen verschließen und nichts tun würde. Mein Arbeitsplatz und mein Gehalt sind nicht so wichtig wie mein Gewissen."

Nach einer langen Schweigepause wurde mir klar, dass die Entscheidung meines Vaters bereits gefallen war. „Viel Glück", sagte ich ruhig. „Ich bin stolz auf deinen Mut und ich bin stolz, dein Sohn zu sein."

Mein Vater und die Republikaner wurden vernichtend geschlagen, wie erwartet. Der wieder gewählte Gouverneur verkündete, dass mein Vater nie mehr eine Arbeitsstelle bei der Regierung von Hawaii bekommen würde – und er bekam nie wieder eine. Im Alter von 54 Jahren machte sich mein Vater auf Arbeitssuche, während ich mich auf dem Weg nach Vietnam befand.

Er wechselte von einem Arbeitsplatz mit großartigen Titeln und niedrigem Gehalt zu anderen Arbeitsstellen mit großartigen Titeln und niedrigen Gehältern – gehobenen Positionen bei gemeinnützigen Organisationen.

Er war ein großer, brillanter, dynamischer Mann, der nicht mehr willkommen war in der einzigen Welt, die er kannte, der Welt der Regierungsangestellten. Er versuchte, verschiedene kleine Unternehmen zu gründen, aber alle scheiterten. Er wurde älter, seine Kräfte ließen nach und ebenso seine Energie, wieder von vorn anzufangen; nach jedem geschäftlichen Scheitern kam sein mangelnder Wille noch mehr zum Vorschein. Er war ein erfolgreicher „A", der versuchte, als „S" zu überleben, auf einem Feld, auf dem er weder Übung noch Erfahrung besaß und für das ihm die Leidenschaft fehlte. Er liebte die Welt des Erziehungswesens, konnte aber keinen Weg dorthin zurück finden.

Ohne die Sozialfürsorge und die staatliche Gesundheitsfürsorge wären seine letzten Lebensjahre eine totale Katastrophe gewesen. Er starb frustriert und ein bisschen verärgert, aber mit einem reinen Gewissen.

Was hielt mich also in den schlimmsten Zeiten bei der Stange und verlieh mir Antrieb? Es war die mich verfolgende Erinnerung an meinen beruflich hoch qualifizierten Vater, der zu Hause saß und darauf wartete, dass das Telefon klingelt, und versuchte, in der Geschäftswelt zu überleben, einer Welt, über die er nichts wusste.

Dies und die erfreuliche Erinnerung daran, wie mein reicher Vater im Laufe seines Lebens immer glücklicher und erfolgreicher wurde, inspirierten mich. Anstatt im Alter von 54 Jahren abzubauen, blühte mein reicher Vater auf. Er war bereits Jahre vorher reich geworden, aber nun wurde er megareich. Ständig erschien sein Name in den Zeitungen als der des Mannes, der Waikiki und Maui aufkaufte. Die Jahre, die er in den methodischen Aufbau seiner Geschäfte und seine Kapitalanlagen investiert hatte, zahlten sich aus und er war dabei, einer der reichsten Männer der Inseln zu werden.

Kleine Unterschiede werden große Unterschiede

Weil mir mein reicher Vater den Cashflow-Quadranten erklärt hatte, konnte ich die kleinen Unterschiede besser erkennen, die zu großen werden, wenn man sie an den Jahren bemisst, die ein Mensch arbeitet. Durch den Quadranten wusste ich, dass es besser war zu entscheiden, wer ich im Verlauf meiner Arbeitsjahre werden wollte, als was ich tun wollte. In meinen schlimmsten Zeiten waren es dieses fundamentale Wissen und die Lektionen, die ich von zwei starken Vätern erhalten hatte, die mich bei der Stange hielten und mir Antrieb verliehen.

Es geht um mehr als nur um den Quadranten

Der Cashflow-Quadrant ist mehr als zwei Linien und ein paar Buchstaben.

Wenn Sie einen tiefer gehenden Blick auf dieses einfache Diagramm werfen, werden Sie völlig andere Welten sowie andere Betrachtungsweisen der Welt entdecken. Als ein Mensch, der die Welt aus beiden Blickwinkeln gesehen hat – sowohl von der linken als auch von der rechten Hälfte des Cashflow-Quadranten aus –, kann ich in aller Aufrichtigkeit sagen, dass die Welt, je nach der Perspektive, die man einnimmt, völlig unterschiedlich aussieht. Und diese Unterschiede sind Thema dieses Buches.

Kein Feld ist besser als ein anderes – jedes hat Vor- und Nachteile. Dieses Buch soll Ihnen einen Einblick in die verschiedenen Felder des Quadranten sowie in die persönlichen Entwicklungsschritte vermitteln, die nötig sind, um in jedem Feld finanziell erfolgreich zu sein. Ich hoffe, dass es Ihnen gelingen wird, genauere Einsichten darüber zu gewinnen, welcher finanzielle Lebensweg für Sie am besten geeignet ist.

Viele Fähigkeiten, die zum Erfolg in den auf der rechten Seite des Quadranten liegenden Feldern nötig sind, werden in der Schule nicht vermittelt. Dies könnte eine Erklärung dafür sein, weshalb Menschen wie Bill Gates von Microsoft, Ted Turner von CNN und Thomas Edison die Schule sehr früh verlassen haben. Dieses Buch beschreibt die Fähigkeiten und die charakterlichen Grundzüge, die notwendig für den Erfolg auf der „G“-und-„I“-Seite des Cashflow-Quadranten sind.

Zunächst gebe ich einen allgemeinen Überblick über die vier Felder des Quadranten und gehe dann näher auf die „G“-und-„I“-Hälfte ein.

Nach der Lektüre dieses Buches haben einige Leser vielleicht Lust, die Art und Weise, wie sie ihr Einkommen verdienen, zu ändern, während andere weiterhin zufrieden ihrem bisherigen beruflichen Weg folgen werden. Vielleicht entschließen Sie sich, auf mehr als nur einem einzigen Feld zu arbeiten oder auch in allen vier Feldern. Jeder Mensch ist anders und kein Feld ist besser als ein anderes. In jedem Dorf, jeder Stadt und Nation der Welt herrscht Bedarf an Leuten aus allen vier Feldern, damit die finanzielle Stabilität unserer Gesellschaft gesichert ist.

Zudem verändern sich unsere Interessen, wenn wir älter werden und unterschiedliche Erfahrungen sammeln. Ich merke beispielsweise, dass viele junge Menschen, die gerade die Schule verlassen haben, oft froh sind, eine Arbeitsstelle zu finden. Doch merken ein paar von ihnen nach einigen Jahren, dass sie nicht interessiert daran sind, die Karriereleiter in ihrer Firma emporzuklettern, und steigen aus oder verlieren das

Interesse an dem Fachbereich, in dem sie tätig sind. Diese Veränderung in Hinsicht auf das Alter und den Erfahrungshorizont veranlassen einen Menschen häufig dazu, nach neuen Entfaltungsmöglichkeiten zu suchen, neuen Herausforderungen, neuen Möglichkeiten, finanzielle Gewinne zu erzielen, und nach neuen Wegen, persönliche Befriedigung zu finden. Ich hoffe, dieses Buch bietet einige neue Ideen zum Erreichen dieser Ziele.

2 Unterschiedliche Quadrantenfelder – unterschiedliche Menschen

„Du kannst einem alten Hund keine neuen Kunststücke beibringen", sagte mein beruflich hoch qualifizierter Vater immer.

Ich hatte mich verschiedene Male mit ihm zusammengesetzt und mein Bestes getan, ihm den Cashflow-Quadranten zu erklären, um ihm neue finanzielle Orientierungsmöglichkeiten zu zeigen. Er ging auf sein 60. Lebensjahr zu und wurde sich dessen bewusst, dass sich viele seiner Träume nicht erfüllen würden. Die Wirkung seiner Position auf der „schwarzen Liste" schien sich über die Grenzen der Staatsregierung hinaus zu erstrecken. Er setzte sich nun selbst auf die „schwarze Liste".

„Ich habe es versucht, aber es hat nicht funktioniert", sagte er.

Mein Vater bezog sich hierbei auf seinen gescheiterten Versuch, auf dem „S"-Feld mit seinem eigenen Geschäft als selbstständiger Berater Erfolg zu erzielen, und auf seine erfolglosen Bemühungen als „G", der einen Großteil seiner gesamten Ersparnisse in die Lizenz einer bekannten Eiskremfirma investiert hatte.

Aufgrund seiner Intelligenz begriff er vom Konzept her die unterschiedlichen fachlichen Fähigkeiten, die in jedem der vier Felder des

Quadranten benötigt wurden. Er wusste, dass er sie erlernen konnte, wenn er wollte. Aber er wurde von etwas anderem blockiert.

Eines Tages sprach ich beim Mittagessen mit meinem reichen Vater über meinen beruflich hervorragend ausgebildeten Vater.

„Dein Vater und ich sind unserem inneren Wesen nach nicht dieselben Menschen“, sagte mein reicher Vater. „Wir sind zwar beide Menschen, haben beide Ängste, Zweifel, bestimmte Meinungen, Stärken und Schwächen, aber wir reagieren verschieden auf diese wesensmäßigen Unterschiede oder gehen unterschiedlich mit ihnen um.“

„Kannst du mir die Unterschiede erklären?“, fragte ich.

„Nicht bei einem einzigen Mittagessen“, sagte mein reicher Vater. „Aber die Art und Weise, wie wir auf diese Unterschiede reagieren, ist der Grund für unser Verharren in einem bestimmten Feld des Quadranten. Als dein Vater versucht hat, von Feld ‚A‘ zu Feld ‚G‘ überzuwechseln, konnte er diesen Prozess verstandesmäßig nachvollziehen, ihn aber emotional nicht bewältigen. Als die Dinge nicht glatt liefen und er anfing, Geld zu verlieren, wusste er nicht, was er tun sollte, um die Probleme zu lösen, und kehrte deshalb in das Feld zurück, in dem er sich am wohlsten fühlte.“

„In Feld ‚A‘ und manchmal auch in Feld ‚S‘“, sagte ich.

Mein reicher Vater nickte. „Wenn die Angst, Geld zu verlieren und zu versagen, zu quälend wird – eine Befürchtung, die wir beide haben –, entscheidet er sich dafür, Sicherheit zu suchen, und ich entschließe mich, nach Unabhängigkeit zu streben.“

„Und darin besteht der grundlegende Unterschied“, sagte ich und winkte dem Kellner, um zu zahlen. „Unterschiedliche Felder – unterschiedliche Menschen.“

„Richtig“, sagte mein reicher Vater und machte sich auf den Weg zur Tür. „Und wenn du auf irgendeinem Feld erfolgreich sein willst, musst du mehr können als lediglich die fachlichen Kenntnisse beherrschen. Du musst auch über die grundlegenden Unterschiede Bescheid wissen, die dafür verantwortlich sind, dass sich Menschen auf verschiedene Felder begeben. Eigne dir dieses Wissen an und das Leben wird viel einfacher.“

Ein Bediensteter fuhr den Wagen meines reichen Vaters vor und wir reichten uns zum Abschied die Hand.

„Ach, noch etwas“, sagte ich noch schnell. „Kann sich mein Vater ändern?“

„Aber sicher", erwiderte mein reicher Vater. „Jeder kann sich ändern. Aber die Felder des Quadranten zu wechseln ist etwas anderes als die Arbeitsstelle oder den Beruf zu wechseln. Das Wechseln von Feldern ist häufig mit einer Veränderung des inneren Wesens, der Denkweise, der Weltsicht einer Person verbunden. Ein solcher Wechsel ist einfach deshalb für manche Menschen einfacher als für andere, weil einige Veränderungen begrüßen, während andere sie bekämpfen. Und das Wechseln von Feldern des Quadranten ist in den allermeisten Fällen eine lebensverändernde Erfahrung. Nicht nur du wirst dich verändern, sondern auch deine Freunde werden sich verändern. Die Veränderungen sind also gewaltig, und es gibt nicht viele Leute, die sich entscheiden, sie vorzunehmen."

Der Bedienstete schloss die Wagentür und mein reicher Vater fuhr davon, während ich zurückblieb und über die Unterschiede nachdachte.

Worin bestehen die Unterschiede?

Woran kann ich erkennen, ob Menschen dem „A"-, „S"-, „G"- oder „I"-Feld zuzuordnen sind, wenn ich nicht viel über sie weiß? Eine Methode besteht darin, auf ihre Worte zu achten.

Eines der größten Talente meines reichen Vaters war es, in Menschen zu „lesen". Er vertrat aber gleichzeitig auch die Ansicht, dass man „ein Buch nicht nach seinem Umschlag beurteilen" könne. Mein reicher Vater besaß, ebenso wie Henry Ford, keine glänzende Ausbildung, aber beide Männer wussten, wie sie es anstellen mussten, Mitarbeiter mit einer exzellenten Ausbildung einzustellen und mit ihnen zusammenzuarbeiten. Mein reicher Vater erklärte mir stets, dass die Fähigkeit, clevere Leute zu finden und zu einem Team zusammenzustellen, eine seiner wesentlichsten Fähigkeiten war.

Von meinem 9. Lebensjahr an begann mein reicher Vater mir die für den Erfolg in den Feldern „G" und „I" notwendigen Fähigkeiten beizubringen. Eine dieser Fähigkeiten war, über das vordergründige Erscheinungsbild eines Menschen hinauszugehen und in sein Inneres zu blicken. Mein reicher Vater sagte immer: „Wenn ich den Worten eines Menschen zuhöre, beginne ich seine Seele zu sehen und zu fühlen."

So begann ich ab meinem 9. Lebensjahr dabeizusitzen, wenn mein reicher Vater Leute einstellte. Aus diesen Einstellungsgesprächen lernte ich, nicht so sehr auf die Worte, sondern auf die wesentlichen Wertvorstellungen der Leute zu achten. Wertvorstellungen, von denen mein reicher Vater sagte, sie hätten ihren Ursprung in der Seele der Menschen.

Für Feld „A" typische Äußerungen

Ein Mensch, der Feld „A" des Quadranten zuzuordnen ist, sagt zum Beispiel: „Ich suche einen sicheren Arbeitsplatz mit guter Bezahlung und hervorragenden Zusatzleistungen."

Für Feld „S" typische Äußerungen

Jemand, der auf Feld „S" operiert, sagt vielleicht etwas wie: „Mein Stundensatz liegt bei 35 Dollar."

Oder: „Meine normale Provision beträgt 6 Prozent des Gesamtpreises."

Oder: „Ich kann offenbar keine Leute finden, die arbeiten wollen und die Arbeit richtig erledigen."

Oder: „Ich habe mehr als 20 Stunden in dieses Projekt investiert."

Für Feld „G" typische Äußerungen

Wer auf Feld „G" operiert, sagt unter Umständen: „Ich suche nach einem neuen Direktor für mein Unternehmen."

Für Feld „I" typische Äußerungen

Jemand, der Feld „I" zuzuordnen ist, sagt zum Beispiel: „Basiert mein Kapitalfluss auf einem internen Zinsfuß oder auf einer Nettorendite?"

Worte sind Instrumente

Wenn mein reicher Vater die Beschaffenheit der Psyche der Person, mit der er das Vorstellungsgespräch führte, kannte, wusste er, wonach sie wirklich suchte, was er anzubieten hatte und welche Formulierungen er ihr gegenüber benützen musste. Mein reicher Vater sagte immer: „Worte sind machtvolle Instrumente."

Mein reicher Vater ermahnte seinen Sohn und mich ständig: „Wenn ihr Menschen führen wollt, müsst ihr Meister der Sprache sein."

Eine für einen brillanten Unternehmer notwendige Fähigkeit besteht also darin, ein Meister der Sprache zu sein, zu wissen, welche Worte auf welche Menschentypen wirken. Mein reicher Vater trainierte uns, zunächst sorgfältig auf die Wortwahl einer Person zu achten. Dann wüssten wir, welche Formulierungen wir wann benutzen sollten, um auf diese spezifische Wortwahl am effektivsten zu reagieren.

Mein reicher Vater erklärte: „Ein Wort kann einen bestimmten Menschentyp in Begeisterung versetzen, während es einem anderen Menschen total die Lust nimmt."

So kann das Wort „Risiko" beispielsweise eine Person, die in Feld „I" operiert, in Begeisterung versetzen, während es bei einem Menschen, der Feld „A" zuzuordnen ist, totale Angst hervorruft.

Um eine herausragende Führungskraft zu werden, betonte mein reicher Vater, muss man zunächst ein guter Zuhörer sein. Wenn Sie nicht auf die Formulierungen eines Menschen achten, können Sie sich nicht in seine Seele einfühlen. Wenn Sie sich nicht in seine Seele einfühlen, haben Sie keine Ahnung, mit wem Sie sich unterhalten.

Die grundlegenden Wesensunterschiede

Im Folgenden finden Sie einige grundlegende Wesensmerkmale, bezüglich derer sich die Menschen in den einzelnen Feldern des Quadranten voneinander unterscheiden.

A

1. **Der „A" (Angestellter).** Wenn ich die Begriffe „sicher" oder „Zusatzleistungen" höre, bekomme ich eine Vorstellung vom Wesenskern dieser Person. Das Wort „sicher" wird häufig als Reaktion auf das Gefühl der Angst verwendet. Jemand, der Angst empfindet und sein Bedürfnis nach Sicherheit artikuliert, kommt meist

aus Feld „A“. Wenn es um Geld und ihren Arbeitsplatz geht, so gibt es viele Leute, die das mit finanzieller Unsicherheit einhergehende Gefühl der Angst verabscheuen – daher das Bedürfnis nach Sicherheit.

Das Wort „Zusatzleistungen“ weist darauf hin, dass die Leute auch eine klar definierte Form von Extrabelohnung möchten, wie zum Beispiel Gesundheits- oder Altersvorsorge. Der Kernpunkt ist, dass diese Menschen sich sicher fühlen und dies schriftlich vor sich sehen wollen. Ihr Inneres sagt: „Ich werde dir dies geben und du versprichst mir, dass du mir das dafür gibst.“

Sie wollen ihre Furcht mit einem gewissen Maß an Sicherheit aufwiegen und suchen deshalb Sicherheit und sichere Verträge, wenn es um ihre Beschäftigung geht. Sie treffen den Punkt genau, wenn sie sagen: „Ich bin nicht so übermäßig an Geld interessiert.“

Für sie ist die Vorstellung von Sicherheit häufig wichtiger als Geld. Angestellte können Vorsitzende oder auch Pförtner von Firmen sein. Es geht nicht so sehr darum, was sie tun, sondern um die vertragliche Bindung, die sie mit der Person oder der Organisation eingehen, die sie einstellt.

2. **Der „S“ (Selbstständiger).** Dies sind Menschen, die ihr eigener Chef sein oder ihr „eigenes Ding aufziehen“ wollen.

   Ich nenne diese Gruppe die „Do-it-yourself“-Menschen.

   Wenn es um Geld geht, so will ein überzeugter „S“ häufig nicht, dass sein Einkommen von anderen Menschen abhängig ist. Anders ausgedrückt: Wenn diese Menschen hart arbeiten, erwarten sie, für ihre Arbeit bezahlt zu werden. Sie wollen sich die Höhe ihres Verdienstes nicht von jemand anderem oder einer Gruppe anderer Leute vorschreiben lassen, die unter Umständen nicht so hart arbeiten wie sie. Wenn sie hart arbeiten, bezahlen Sie sie gut. Sie wissen auch, dass sie es nicht verdienen, viel zu bekommen, wenn sie nicht hart arbeiten. Was Geld betrifft, so haben sie eine leidenschaftlich unabhängige Psyche.

Das Gefühl der Angst

Während der „A“ auf das Gefühl der Angst, kein Geld zu haben, häufig mit der Suche nach „Sicherheit“ reagiert, zeigt der „S“-Mensch oft eine andere Reaktion. Die Leute, die diesem Feld des Quadranten zuzuordnen sind, reagieren auf ihre Angst nicht mit der Suche nach Sicherheit, sondern damit, dass sie die Kontrolle über die Situation übernehmen und sie selbst handhaben. Aus diesem Grund bezeichne ich die „S“-Gruppe als die „Do-it-yourself“-Gruppe. Was Angst und finanzielles Risiko angeht, so wollen diese Menschen „den Stier bei den Hörnern packen“.
In dieser Gruppe findet man beruflich hoch qualifizierte Leute, die viele Jahre in der Schule zugebracht haben, wie Ärzte, Anwälte und Zahnärzte.

Es gehören ferner Menschen zu dieser Gruppe, die andere Ausbildungswege beschritten haben als die traditionellen oder zusätzliche Ausbildungen gemacht haben. Das sind zum Beispiel Kaufleute, die auf direkter Provisionsbasis arbeiten – Agenten von Immobilienfirmen beispielsweise –, aber auch Inhaber kleiner Unternehmen, wie Inhaber von Einzelhandelsgeschäften, Fachberater, Gastronomen, Therapeuten, Automechaniker, Klempner, Zimmerleute, Elektriker, Friseure und Künstler.

Selbstständige sind häufig radikale Perfektionisten und wollen ihre Arbeit außergewöhnlich gut machen. Ihrer Vorstellung nach kann sie niemand besser erledigen als sie, und so trauen sie niemandem zu, sie so zu verrichten, wie sie es wollen – auf die Art, die sie für „die richtige“ halten. In vielerlei Hinsicht sind sie wahre Künstler, mit ihrem eigenen Stil und ihrer persönlichen Art und Weise, Dinge auszuführen.

Und das ist der Grund, weshalb wir sie einstellen. Wenn Sie einen Gehirnchirurgen einstellen, erwarten Sie, dass dieser Chirurg jahrelange Praxis und Erfahrung mitbringt, aber vor allem wollen Sie, dass er ein Perfektionist ist. Dasselbe gilt für einen Zahnarzt, einen Friseur, einen Marketingberater, einen Klempner, Elektriker, Tarotkartenleger oder Anwalt. Sie, als der Kunde, der einen Auftrag an diese Person vergibt, wollen jemanden, der der Beste seines Faches ist.

Für die Angehörigen dieser Gruppe ist Geld nicht das Wesentlichste an ihrer Arbeit. Ihre Unabhängigkeit, die Freiheit, Dinge auf ihre persönliche Art und Weise zu erledigen und als Experten in ihrem Fachgebiet anerkannt zu werden, ist wesentlich wichtiger als die reine Bezahlung. Wenn Sie diesen Menschen einen Auftrag geben oder sie einstellen, ist es am besten, wenn Sie ihnen sagen, was Sie wollen, und Sie sie ihre Arbeit dann allein und in Ruhe ausführen lassen. Sie brauchen und wollen keine Überwachung. Wenn Sie sich zu sehr einmischen, werfen sie einfach den Job hin und sagen Ihnen, dass Sie jemand anderen einstellen sollen. Das Geld steht für diese Menschen wirklich nicht an erster Stelle, sondern ihre Unabhängigkeit.

Den Angehörigen dieser Gruppe fällt es häufig schwer, andere Leute zu beschäftigen, die auf demselben Gebiet arbeiten, weil ihrer Vorstellung nach niemand der Aufgabe gewachsen ist. Deshalb hört man sie oft sagen: „Es ist sehr schwierig, heutzutage gute Hilfe zu finden."

Wenn Angehörige dieser Gruppe jemanden in ihrem Fachgebiet ausbilden, ist es häufig so, dass der neu Ausgebildete am Ende geht, um „sein eigenes Ding aufzuziehen", „sein eigener Chef zu sein", „die Dinge auf seine Art und Weise zu erledigen" und „die Möglichkeit zu haben, seine Individualität auszudrücken".

Viele Selbstständige schrecken davor zurück, andere Leute anzustellen und auszubilden, weil diese oft zu ihrer Konkurrenz werden, wenn sie fertig ausgebildet sind. Das wiederum bringt sie dazu, härter zu arbeiten und die Dinge selbst zu erledigen.

G

3. **Der „G“ (Geschäftsinhaber).** Diese Gruppe von Leuten könnte man fast als das Gegenteil der „S“-Gruppe bezeichnen. Ein wirklicher „G“ liebt es, sich mit cleveren Leuten aus allen vier Kategorien zu umgeben, „A“, „S“, „G“ und „I“. Im Gegensatz zum „S“, der es nicht mag, Arbeit an andere Menschen zu delegieren (weil keiner sie besser erledigen kann als er selbst), delegiert ein „G“-Mensch gern. Das wahre Motto eines Angehörigen der „G“-Gruppe lautet: „Weshalb sollte ich es selbst machen, wenn ich jemanden einstellen kann, der es für mich erledigen und es besser ausführen kann?“

   Henry Ford passt in dieses Schema. Einer bekannten Anekdote zufolge warf eine Gruppe Intellektueller Ford vor, „ungebildet“ zu sein. Sie behaupteten, dass er wirklich nicht viel wisse. Also lud Ford sie in sein Büro ein, forderte sie auf, ihm beliebige Fragen zu stellen, und sagte, er werde sie alle beantworten. Ford listete ihre Fragen auf, und als sie fertig waren, griff er einfach zu verschiedenen Telefonen, die auf seinem Schreibtisch standen, rief einige seiner intelligentesten Assistenten herbei und bat sie, dem „Tribunal“ die gesuchten Antworten zu geben. Er schloss die Sitzung mit der Erklärung, dass er lieber clevere Leute einstellen würde, die die Schule besucht hatten, um die Antworten zu finden, damit er seinen Kopf für wichtigere Aufgaben frei habe – Aufgaben wie „Denken“.

   Ein Ford zugeschriebenes Zitat lautet: „Denken ist die anstrengendste Arbeit, die es gibt. Daran liegt es, dass so wenige Menschen sich damit beschäftigen.“

Menschenführung fördert die besten Qualitäten von Menschen zutage

Das Idol meines reichen Vaters war Henry Ford. Er ließ mich Bücher über Leute wie Henry Ford und John D. Rockefeller, den Gründer von Standard Oil, lesen. Mein reicher Vater hielt seinen Sohn und mich ständig dazu an, die Grundsätze der Menschenführung und die fachlichen Fähigkeiten eines Unternehmers zu erlernen. Es gibt viele Leute, die vielleicht eine von beiden Kenntnissen besitzen, aber um ein erfolgreicher „G" zu sein, müssen Sie unbedingt über beide verfügen. Beide Fähigkeiten sind erlernbar. Es gibt sowohl eine Wissenschaft als auch eine Kunst der Unternehmens- und Menschenführung. Für mich sind beide lebenslange „Studienfächer".

Menschenführung, sagte mein reicher Vater, sei „die Fähigkeit, die besten Qualitäten von Menschen zutage zu fördern". Also lehrte er seinen Sohn und mich die fachlichen Fähigkeiten, die für den Erfolg in der Geschäftswelt erforderlich sind, wie Abschlüsse zu lesen, Marketing, Handel, Buchführung, Management, Produktion und Verhandlungsführung. Und er legte ganz besonderen Wert darauf, dass wir lernten, mit Menschen zusammenzuarbeiten und sie zu führen. Mein reicher Vater sagte stets: „Die fachlichen Grundlagen der Geschäftswelt sind einfach, der schwierige Teil ist die Zusammenarbeit mit Menschen."

Der Aufbau eines Unternehmens

Ich habe Leute schon oft sagen hören: „Ich werde mein eigenes Unternehmen gründen."

Viele Menschen neigen zu der Annahme, dass der Weg zu finanzieller Sicherheit und Zufriedenheit darin bestünde, „ihr eigenes Ding aufzuziehen" oder „ein neues Produkt zu entwickeln, das kein anderer hat".

Also machen sie sich eilends auf und gründen ihr eigenes Unternehmen. In vielen Fällen sieht der Weg, den sie beschreiten, folgendermaßen aus:

Viele Leute gründen schließlich einen „S"-Unternehmenstyp und keinen „G"-Typ. Es ist nicht notwendigerweise so, dass eine Art von Unternehmen besser wäre als die andere. Beide verfügen über unterschiedliche Stärken und Schwächen, Risiken und Vorteile. Aber viele Menschen, die einen „G"-Unternehmenstyp gründen wollen, gründen schließlich einen „S"-Typ und verzögern damit ihren angestrebten Wechsel auf die rechte Hälfte des Cashflow-Quadranten.

Zahlreiche neue Unternehmer wollen Folgendes tun:

Aber sie bleiben dadurch auf ihrem Weg stecken.

Viele Leute unternehmen den folgenden Versuch:

Aber nur wenige von denen, die dies versuchen, schaffen es tatsächlich. Weshalb? Weil sich die fachspezifischen und die menschlichen Fähigkeiten, die für den Erfolg in den einzelnen Feldern notwendig sind, häufig voneinander unterscheiden. Sie müssen sich die spezifischen Fähigkeiten sowie die spezielle Geisteshaltung aneignen, um auf dem jeweiligen Feld wirklich erfolgreich zu sein.

Der Unterschied zwischen einem „S"- und einem „G"-Unternehmenstyp

Echte „G"-Unternehmer können ein Jahr oder länger von ihrem Geschäft abwesend sein und es bei ihrer Wiederkehr profitabler und besser laufend vorfinden, als sie es verlassen haben. Bei einem echten „S"-Unternehmenstyp ist es sehr wahrscheinlich, dass kein Geschäft mehr existiert, zu dem der „S" zurückkehren kann, wenn er es für ein Jahr oder länger verlässt.

Was ist der Grund für diesen Unterschied? Ganz einfach ausgedrückt: Ein „S" verfügt über einen Job. Ein „G" verfügt über ein System und stellt dann kompetentes Personal an, um das System am Laufen zu halten. Oder anders ausgedrückt: In vielen Fällen ist der „S" das System. Deshalb können „S"-Unternehmer nicht von ihrem Geschäft abwesend sein.

Nehmen wir als Beispiel einen Zahnarzt. Ein Zahnarzt absolviert eine jahrelange Ausbildung, um zu lernen, als eigenständiges System zu funktionieren. Sie, der Patient, haben Zahnschmerzen. Sie gehen zu Ihrem Zahnarzt. Er behandelt Sie, Sie zahlen und gehen heim. Sie sind froh und erzählen all Ihren Freunden von Ihrem großartigen Zahnarzt. In den meisten Fällen kann der Zahnarzt seine gesamte anfallende Arbeit selbst erledigen. Das Problem: Wenn der Zahnarzt Urlaub macht, tut das sein Einkommen ebenfalls.

„G"-Unternehmer können für immer Ferien machen, weil sie über ein System und nicht über einen Job verfügen. Wenn ein „G" in Urlaub ist, fließt das Geld weiterhin in seine Kasse.

Um als „G" erfolgreich zu sein, muss man
A. Systeme besitzen oder kontrollieren und
B. über die Fähigkeit verfügen, Menschen zu führen.

Damit ein „S" zu einem „G" wird, muss er das, was er ist und was er kann, zu einem System ausbauen – und viele können das nicht oder sind häufig zu eingebunden in das System.

Können Sie bessere Hamburger machen als McDonald's?

Viele Menschen kommen zu mir, um sich einen Rat zu holen, wie sie eine Firma aufbauen oder Geld für ein neues Produkt oder ein Projekt zusammenbekommen sollen.

Ich höre ihnen in der Regel 10 Minuten lang zu. Innerhalb dieser Zeit kann ich feststellen, worauf sie ihr Hauptgewicht legen. Ist es das Produkt oder das Geschäft? In diesen 10 Minuten höre ich häufig Formulierungen wie zum Beispiel die folgenden (erinnern Sie sich daran, wie wichtig es ist, ein guter Zuhörer zu sein und sich anhand der Wortwahl einen Zugang zu den in der Psyche Ihres Gegenübers verborgenen Grundwerten zu verschaffen):

„Das ist ein weitaus besseres Erzeugnis als das von der Firma XYZ produzierte."
„Ich habe mich überall umgesehen; niemand hat dieses Produkt."
„Ich überlasse Ihnen die Idee dieses Produkts; alles, was ich will, sind 25 Prozent des Gewinns."
„Ich habe jahrelang daran (Produkt, Buch, Partitur, Erfindung) gearbeitet."

Derartige Formulierungen sind typisch für Menschen, die im Allgemeinen auf der linken Seite des Cashflow-Quadranten, der „A"- oder „S"-Seite, operieren.

Es ist wichtig, nun behutsam vorzugehen, weil wir es mit grundlegenden Werten und Vorstellungen zu tun haben, die sich über Jahre hinweg etabliert haben oder möglicherweise über Generationen hinweg weitergegeben worden sind. Wenn ich nicht behutsam oder geduldig bin, könnte ich eine empfindliche, zerbrechliche Vorstellung einer Idee zerstören, und, was noch wichtiger ist, einen Menschen, der bereit ist, den Wechsel in ein anderes Feld des Quadranten zu vollziehen.

Der Hamburger und das Geschäft

Da ich an diesem Punkt der Unterhaltung behutsam vorgehen muss, benutze ich oft das „McDonald's-Hamburger"-Beispiel zur Klarstellung. Nachdem ich mir ihre Darstellung angehört habe, frage ich langsam: „Können Sie selbst bessere Hamburger machen als McDonald's?"

Bisher haben 100 Prozent der Leute, mit denen ich mich über ihre neuen Ideen oder Produkte unterhalten habe, mit „Ja" geantwortet. Sie alle können qualitätsmäßig bessere Hamburger als McDonald's zubereiten und servieren.

An diesem Punkt stelle ich ihnen die nächste Frage: „Können Sie selbst ein besseres unternehmerisches System aufbauen als McDonald's?"

Einige Leute erkennen den Unterschied sofort, andere erkennen ihn nicht. Und ich sage, der Unterschied liegt darin, ob ein Mensch auf der linken Seite des Cashflow-Quadranten operiert, auf der man sich auf die Idee des besseren Hamburgers konzentriert, oder auf der rechten Seite des Quadranten, auf der das Augenmerk auf das geschäftliche System gerichtet ist.

Ich tue mein Bestes, um zu erklären, dass es eine Menge von Unternehmern gibt, die weit bessere Produkte oder Dienstleistungen anbieten als die superreichen Großunternehmen, so wie es Millionen von Leuten gibt, die bessere Hamburger als McDonald's zubereiten können. Aber nur McDonald's verfügt über das unternehmerische System, das Millionen von Hamburgern serviert.

Sehen Sie die andere Seite

Wenn es Menschen gelingt, die andere Seite zu sehen, schlage ich ihnen vor, zu McDonald's zu gehen, einen Burger zu kaufen und sich das unternehmerische System anzuschauen, das diesen Hamburger serviert hat. Achten Sie auf die Lastwagen, die die rohen Burger liefern, den Rancher, der die Rinder gezüchtet hat, den Einkäufer, der das Rindfleisch gekauft hat, und die TV-Werbespots mit Ronald McDonald. Richten Sie Ihr Augenmerk auf die jungen, unerfahrenen Leute, die angeleitet werden, immer die gleichen Worte zu sagen: „Hallo, willkommen bei McDonald's", auf den typischen Schriftzug, die regionalen Geschäftsstellen, die Bäckereien, die die Brötchen backen, und die Millionen Pfund Pommes frites, die auf der ganzen Welt genau den gleichen Geschmack haben. Beziehen Sie dann noch die Börsenmakler mit ein, die in der Wall Street für McDonald's Geld machen. Wenn die Leute in der Lage sind, ein Veständnis von diesem „Puzzle in seiner Gesamtheit" zu entwickeln, haben sie eine Chance, auf die „G"- oder „I"-Hälfte des Cashflow-Quadranten zu wechseln.

Die Realität sieht so aus, dass es eine grenzenlose Anzahl neuer Ideen gibt, Tausende von Menschen, die Dienstleistungen oder Produkte anzubieten haben, Tausende von Produkten und nur ein paar wenige Leute, die wissen, wie man ein hervorragendes Geschäftssystem aufbaut.

Bill Gates von Microsoft entwickelte kein großartiges Erzeugnis. Er kaufte das Produkt von irgendjemand anderem und baute ein effektives weltweites unternehmerisches System darum herum auf.

I

4. **Der „I" (Investor).** Investoren machen Geld mit Geld. Sie müssen nicht arbeiten, weil ihr Geld für sie arbeitet.

Das „I"-Feld des Quadranten ist das Spielfeld für die Reichen. Egal auf welchem Feld jemand sein Geld verdient, wenn er hofft, eines Tages reich zu sein, muss er letztendlich auf das „I"-Feld gelangen. Im „I"-Feld wird das Geld in Reichtum verwandelt.

Die unterschiedlichen Arten, Einkommen zu erzielen

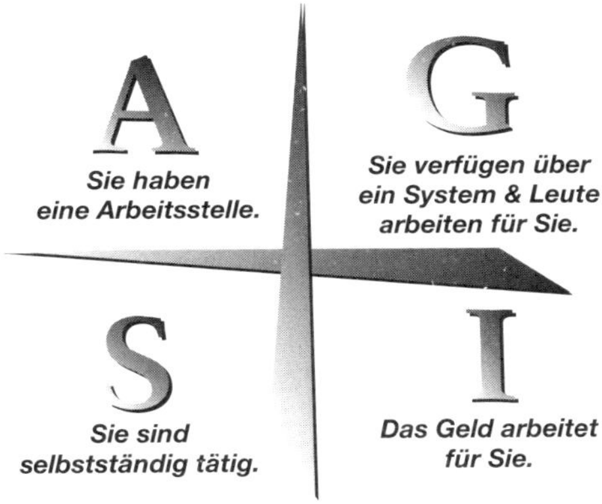

ALZ und ALG

Die meisten Leute haben gehört, dass die Geheimnisse großen Reichtums folgende sind:

1. ALZ – Anderer Leute Zeit
2. ALG – Anderer Leute Geld

ALZ und ALG sind auf der rechten Seite des Cashflow-Quadranten zu finden. Meistenteils ist es so, dass die Leute, die auf der linken Seite des Quadranten operieren, die AL (anderen Leute) sind, deren Zeit und Geld benutzt werden.

Ein Hauptgrund dafür, dass Kim und ich uns die Zeit nahmen, ein Geschäft des „G"-Typs aufzubauen anstatt ein „S"-Unternehmen, war, dass wir die langfristigen Vorteile erkannten, die im Benutzen der Zeit anderer Leute lagen. Einer der Nachteile eines erfolgreichen „S" ist, dass Erfolg einfach ein höheres Maß harter Arbeit bedeutet. In anderen Worten: Gute Arbeit zieht noch mehr harte Arbeit und noch längere Arbeitszeiten nach sich.

Wenn man ein Unternehmen des „G"-Typs aufbaut, bedeutet Erfolg ganz einfach die Erweiterung des Systems und das Einstellen von mehr Leuten. Anders ausgedrückt: Sie arbeiten weniger, verdienen mehr und haben mehr Freizeit.

Leitfaden für den Weg in die finanzielle Unabhängigkeit

Der Cashflow-Quadrant ist kein Satz aus fest gefügten Regeln. Er ist lediglich eine Anleitung für diejenigen, die Gebrauch davon machen möchten. Er hat Kim und mich von einer finanziellen Durststrecke zu finanzieller Sicherheit und schließlich zu finanzieller Unabhängigkeit geführt. Wir wollten nicht jeden Tag unseres Lebens damit verbringen, aufzustehen und für Geld arbeiten zu müssen.

Der Unterschied zwischen den Reichen und allen anderen

Vor einigen Jahren las ich einen Artikel, in dem stand, dass die meisten reichen Leute 70 Prozent ihres Einkommens aus Kapitalanlagen gewinnen und weniger als 30 Prozent aus Lohn- oder Gehaltszahlungen, das heißt aus dem Feld „A“ des Quadranten. Und wenn sie auf dem „A“-Feld operierten, waren sie mit großer Wahrscheinlichkeit in ihrem eigenen Unternehmen angestellt.

Ihr Einkommen ergab folgendes Bild:

Einkommen eines Reichen

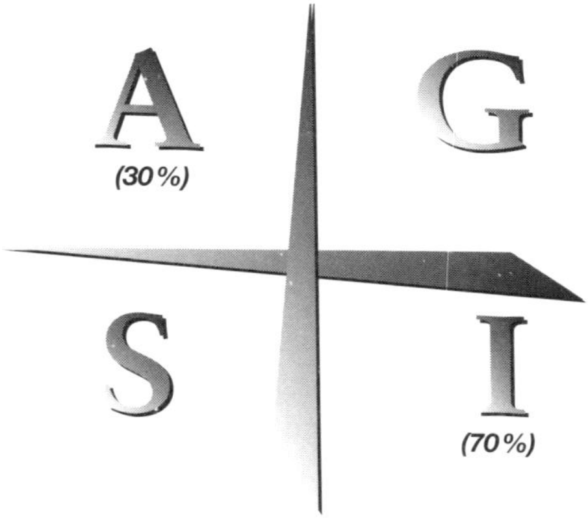

Alle anderen Leute, die Armen und die Angehörigen der Mittelschicht, beziehen mindestens 80 Prozent ihres Einkommens aus den „A"- oder „S"-Feldern und weniger als 20 Prozent aus Kapitalanlagen bzw. dem „I"-Feld.

Einkommen der Masse

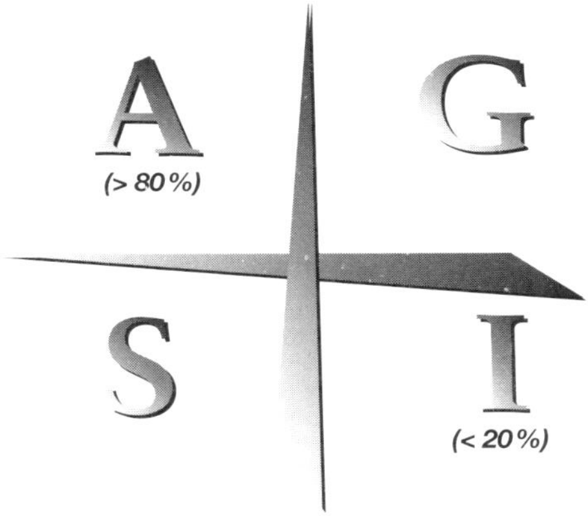

Der Unterschied zwischen Reichtum und Vermögen

Im ersten Kapitel schrieb ich, dass meine Frau und ich 1989 Millionäre, aber bis zum Jahr 1994 nicht finanziell unabhängig waren. Es gibt einen Unterschied zwischen Reichtum und Vermögen. 1989 warf unser Unternehmen eine Menge Geld für uns ab. Wir verdienten mehr und arbeiteten weniger, weil das System unseres Unternehmens wuchs, ohne dass wir selbst „Hand anlegen" mussten. Wir hatten das erreicht, was die meisten Menschen als finanziellen Erfolg betrachten würden.

Wir mussten aber noch den Kapitalfluss aus unserem Geschäft in „handfestere" Vermögenswerte umleiten, die einen zusätzlichen Cashflow strömen lassen würden. Wir hatten unser Unternehmen zu einem Erfolg gemacht, und jetzt war es an der Zeit, uns darauf zu konzentrieren, unsere Vermögenswerte bis zu dem Punkt anwachsen zu lassen, ab dem der Cashflow daraus größer sein würde als unsere Ausgaben.

Unser alter Cashflow

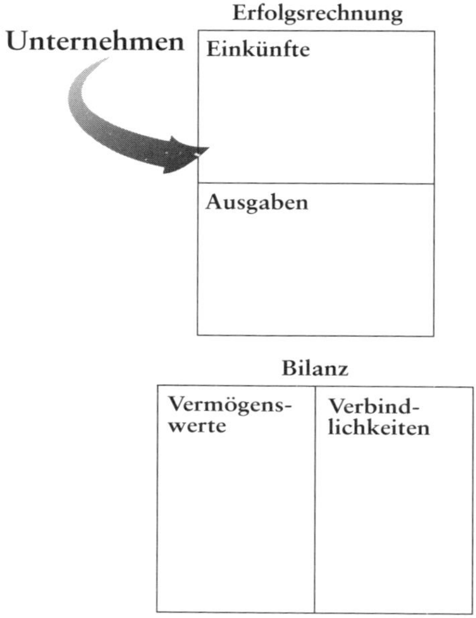

1994 war das passive Einkommen aus unseren Vermögenswerten höher als unsere Ausgaben. Ab diesem Zeitpunkt waren wir wohlhabend.

Unser Unternehmen würde im Grunde auch als Vermögenswert gelten, weil es Einkommen abwarf und ohne großen eigenen Arbeitseinsatz funktionierte. Aufgrund unserer persönlichen Vorstellung von Vermögen wollten wir dafür sorgen, dass wir „handfeste" Vermögenswerte wie Haus- und Grundbesitz und Aktien hatten, die ein passives Einkommen abwarfen, dessen Summe höher war als die unserer Ausgaben, sodass wir wirklich sagen konnten: Wir sind wohlhabend. Sobald die Einkünfte aus unserer Vermögenswerte-Spalte höher waren als das Einkommen, das uns aus unserem Unternehmen zufloss, verkauften wir das Unternehmen an unseren Partner. Jetzt sind wir wohlhabend.

Unser neuer Cashflow

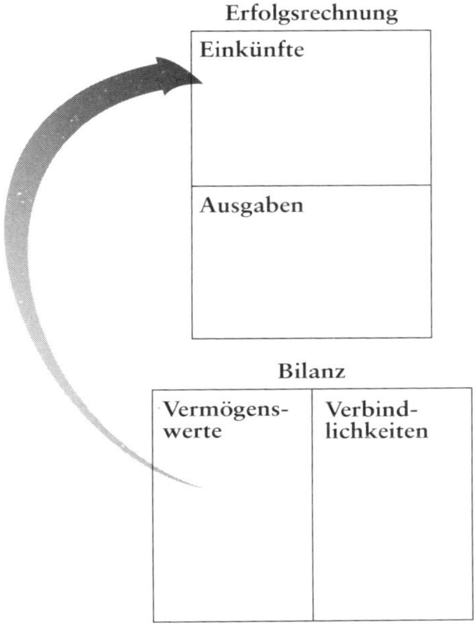

Was ist Vermögen?

Der Begriff Vermögen wird folgendermaßen definiert: „Die Anzahl der Tage, die man überleben kann, ohne selbst zu arbeiten (oder ohne dass ein Haushaltsangehöriger selbst arbeitet), und dabei seinen Lebensstandard aufrechterhält."

Ein Beispiel: Wenn Sie monatliche Ausgaben in Höhe von 1000 Dollar haben und über Ersparnisse in Höhe von 3000 Dollar verfügen, besitzen Sie ein Vermögen, das 3 Monate bzw. 90 Tage reicht. Vermögen wird in Zeit und nicht in Geld gemessen.

Letztendlich kommt es weniger darauf an, wie viel Geld Sie verdienen, sondern vielmehr darauf, wie viel Geld Sie behalten und wie lange dieses Geld für Sie arbeitet. Ich treffe täglich viele Leute, die eine Menge Geld machen, aber ihr gesamtes Geld fließt in Ausgaben. Die Struktur ihres Cashflows ergibt folgendes Bild:

Die Struktur ihres Cashflows

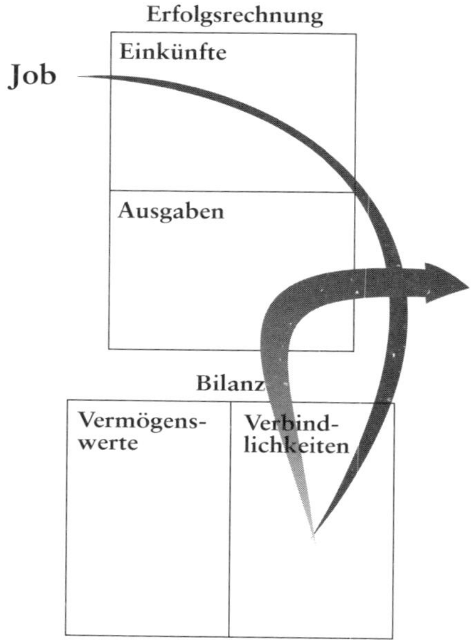

Jedes Mal, wenn sie ein bisschen mehr Geld verdienen, kaufen sie ein. Häufig kaufen sie ein größeres Haus oder ein neues Auto, was eine langfristige Verschuldung und mehr harte Arbeit zur Folge hat, und es bleibt nichts übrig, was in die Vermögenswerte-Spalte fließen kann.

Geld mit Geld machen

Unabhängig von der Höhe seines Einkommens sollte man auf jeden Fall einiges im „I"-Feld anlegen. In diesem Feld geht es speziell darum, mit Geld Geld zu machen, bzw. um die Idee, dass Ihr Geld für Sie arbeitet, sodass Sie nicht arbeiten müssen. Dennoch ist es wichtig zu beachten, dass es andere Formen von Investitionen gibt.

Andere Formen des Investierens

Menschen investieren in ihre Ausbildung. Eine traditionelle Ausbildung ist wichtig, weil Ihre Verdienstaussichten desto besser sind, je besser Ihre Ausbildung ist.

Loyalität und harte Arbeit sind eine andere mögliche Form der Investition. So können Sie beispielsweise Ihr Leben lang als Angestellter eines Unternehmens oder als Angestellter oder Beamter für die Regierung tätig sein. Dafür sind Sie vertraglich durch einen Rentenanspruch abgesichert. Dies ist eine populäre Art der Investition in der industriellen Ära, im Informationszeitalter jedoch überholt.

Wieder andere Menschen investieren in die Gründung einer großen Familie und lassen sich dafür im Alter von ihren Kindern versorgen. Diese Form der Investition war in der Vergangenheit die Norm, doch wird es aufgrund wirtschaftlicher Zwänge der Gegenwart immer schwieriger für die Familien, die Lebenshaltungskosten und die Ausgaben für die medizinische Versorgung ihrer Eltern aufzubringen.

Staatliche Rentenprogramme, wie die Sozial- und die Krankenversicherung in Amerika, die häufig durch Verdienstabzüge finanziert werden, sind eine weitere Art des Investierens. Aber aufgrund massiver demografischer und finanzieller Änderungen wird dieses System unter Umständen nicht in der Lage zu sein, alle gegebenen Versprechen zu halten.

Einkommen aus Kapitalanlagen

Wenn man auf dem „I“-Feld Investitionen tätigt, konzentriert man sich darauf, während der Jahre seiner Arbeitstätigkeit ein fortlaufendes Einkommen zu erzielen. Wenn Sie also die Fähigkeit erwerben wollen, auf dem „I“-Feld zu operieren, gehen Sie auf dieselbe Art vor, auf die Sie in den anderen Feldern operieren. Beziehen Sie laufende Einkünfte aus dem „I“-Feld? In anderen Worten: Arbeitet Ihr Geld für Sie und bringt ein laufendes Einkommen für Sie hervor?

Lassen Sie uns eine Person betrachten, die ein Haus kauft und es vermietet. Wenn die Mieteinnahmen die Instandhaltungskosten Ihres Besitzes übersteigen, fließt Ihnen dieses Einkommen aus dem „I“-Feld zu. Dasselbe gilt für Leute, die Zinsen aus Ersparnissen oder Dividenden aus Aktien und Obligationen beziehen. Der Gradmesser für den

Erfolg Ihres Operierens im „I"-Feld ist also die Höhe des Einkommens, das Sie auf diesem Feld erzielen, ohne darin zu arbeiten.

Ist mein Rentenkonto eine Investitionsform?

Regelmäßige Einzahlungen auf ein Rentenkonto sind eine Form der Investition und ein kluges Unternehmen. Die meisten Menschen hoffen, als Investoren angesehen zu werden, wenn sie in den Ruhestand treten – was aber die in diesem Buch verwendete Definition betrifft, so ist jemand, der sein Einkommen aus Investitionen bezieht, die er während der Jahre seiner Berufstätigkeit macht, repräsentativ für das „I"-Feld. Im Grunde investieren nicht viele Leute in ein Rentenkonto. Sie sparen Geld auf ihrem Rentenkonto an, in der Hoffnung, dass ihnen ein höherer Geldbetrag als der ursprünglich eingezahlte zur Verfügung steht, wenn sie in Rente gehen.

Es besteht ein Unterschied zwischen Leuten, die Geld auf ihrem Rentenkonto ansparen, und Leuten, die ihr Geld mittels Investitionen aktiv einsetzen, um mehr Geld daraus zu machen.

Sind Broker Investoren?

Viele Investitionsberater sind nicht per definitionem Personen, die ihr Einkommen aus dem „I"-Feld beziehen.

Die meisten Börsen- sowie Immobilien- und Grundstücksmakler, Finanzberater und Banker sind vorwiegend dem „A"- oder „S"-Feld zuzurechnen. Anders ausgedrückt: Ihr Einkommen fließt ihnen aus der Arbeit in ihrem jeweiligen Fachbereich zu und nicht unbedingt aus Vermögenswerten, die sie besitzen.

Ich habe Freunde, die mit Aktien handeln. Sie erwerben Aktien zu niedrigen Preisen und hoffen, sie gewinnbringend wieder verkaufen zu können. Ihre eigentliche Tätigkeit ist „Handeln". Sie haben große Ähnlichkeit mit einem Einzelhandelskaufmann, der Produkte im Großhandel einkauft und sie zu Einzelhandelspreisen verkauft. Es ist stets persönlicher Arbeitseinsatz nötig, um ein Einkommen zu erzielen. Sie sind also mehr dem „S"- als dem „I"-Feld zuzuordnen.

Können all diese Leute Investoren sein? Die Antwort lautet „Ja", aber es ist wichtig, den Unterschied zu kennen zwischen einer Person, die

Geld aus Provisionen bezieht, für ihre Beratungstätigkeit pro Stunde oder in Form eines Gehalts bezahlt wird oder sich bemüht, günstig einzukaufen und zu hohen Preisen zu verkaufen, und einer anderen Person, die Geld damit macht, gute Investitionsmöglichkeiten ausfindig zu machen oder zu schaffen.

Es gibt eine Methode, wie Sie herausfinden können, wie gut Ihre Berater sind: Fragen Sie sie, wie viel Prozent ihres Einkommens sie aus Provisionen oder Gebühren für ihre Beratungen beziehen und wie hoch der Prozentsatz ihres Einkommens aus passiven Einkünften, Einkünften aus ihren Kapitalanlagen oder anderen Unternehmen, die sie besitzen, ist.

Ich habe zahlreiche staatlich geprüfte Buchhalter in meinem Freundeskreis, die mir, ohne die Schweigepflicht gegenüber ihren Kunden zu verletzen, erzählen, dass viele Investitionsberater selbst wenig Einkünfte aus eigenen Kapitalanlagen beziehen. In anderen Worten: „Sie praktizieren nicht das, was sie predigen."

Vorteile von Einkünften aus dem „I"-Feld

Das wesentliche Merkmal von Leuten, die ihr Einkommen aus dem „I"-Feld beziehen, ist also, dass sie das Hauptgewicht darauf legen, ihr Geld weiteres Geld hervorbringen zu lassen. Wenn sie gut darin sind, können sie dieses Geld für Hunderte von Jahren für sich und ihre Familie arbeiten lassen.

Außer den offensichtlichen Vorteilen, zu wissen, wie man Geld mit Geld macht und nicht aufstehen und arbeiten gehen muss, gibt es auch viele steuerliche Vorteile, in deren Genuss Leute, die für ihr Geld arbeiten müssen, nicht kommen können.

Einer der Gründe dafür, dass die Reichen immer reicher werden, ist, dass sie manchmal Millionen verdienen können und dieses Geld völlig legal nicht versteuern müssen. Das liegt daran, dass sie Geld in der Vermögenswerte-Spalte machen und nicht in der Einkommens-Spalte. Oder sie machen Geld als Investoren und nicht als Arbeitende.

Leute, die für Geld arbeiten, sind nicht nur häufig in höheren Steuerklassen; die Steuern werden auch automatisch von ihren Bezügen einbehalten und sie bekommen diesen Anteil auf ihrer Gehaltsabrechnung nie zu sehen.

Weshalb sind nicht mehr Menschen Investoren?

Das Operieren auf dem „I“-Feld bedeutet weniger Arbeit, mehr Einkommen und weniger Steuern. Warum sind also nicht mehr Leute Investoren? Aus demselben Grund, weshalb viele Menschen kein eigenes Unternehmen gründen. Er lässt sich in einem Wort zusammenfassen: „Risiko.“

Vielen Leuten behagt die Vorstellung nicht, ihr schwer verdientes Geld aus der Hand zu geben und es nicht zurückzubekommen. Viele Menschen haben so große Angst vor dem Verlieren, dass sie sich dafür entscheiden, ihr Geld überhaupt nicht zu investieren oder zu riskieren – unabhängig davon, wie viel Geld sie damit machen könnten.

Diese Angst vor dem Geldverlust unterteilt die Investoren offensichtlich in vier Hauptkategorien:

1. risikoscheue Leute, die nur auf Nummer sicher gehen und ihr Geld ausschließlich auf der Bank anlegen;
2. Leute, die das Investieren jemand anderem überlassen, wie zum Beispiel einem Finanzberater oder einem Vermögensverwalter offener Investmentfonds;
3. Spieler;
4. Kapitalanleger.

Der Unterschied zwischen einem Spieler und einem Kapitalanleger ist folgender: Für einen Spieler ist das Investieren ein Glücksspiel. Für einen Kapitalanleger ist es ein Geschicklichkeitsspiel. Für Menschen, die ihr Geld jemand anderem überlassen, um es für sie anzulegen, ist das Investieren oft ein Spiel, das sie selbst nicht erlernen wollen. Für diese Menschen ist es wichtig, sich ihre Finanzberater sorgfältig auszusuchen.

Risiken können praktisch ausgeschlossen werden

Das Gute am Investieren ist, dass Risiken minimiert oder sogar ausgeschlossen werden können und Sie trotzdem hohe Profite mit Ihrem Geld erzielen können, wenn Sie mit den Spielregeln vertraut sind.

Von einem echten Investor wird man die folgenden Worte hören: „Wie schnell bekomme ich mein Geld zurück und wie hoch wird mein

Einkommen für den Rest meines Lebens sein, nachdem ich diesen anfänglich investierten Betrag zurückbekommen habe?"

Meist ist es die Furcht vor einem finanziellen Verlust, der Menschen dazu treibt, nach Sicherheit zu suchen. Aber das „I"-Feld ist nicht so gefahrvoll und tückisch, wie viele Leute denken. Das „I"-Feld ist genauso wie jedes andere Feld des Quadranten auch. Das Operieren auf ihm erfordert die entsprechenden speziellen Fähigkeiten und die entsprechende Geisteshaltung. Die zum Erfolg auf dem „I"-Feld erforderlichen Fähigkeiten sind erlernbar, wenn Sie den Willen haben, sich die Zeit zu nehmen, sie zu erlernen.

Eine neue Ära beginnt

1989 fiel die Berliner Mauer. Dies war eines der bedeutendsten Ereignisse der Weltgeschichte. Meiner Ansicht nach war dieses Ereignis nicht nur ein Zeichen für das Scheitern des Kommunismus, sondern markierte in noch stärkerem Maße das offizielle Ende der industriellen Ära und den Beginn des Informationszeitalters.

Der Unterschied zwischen den Rentenprogrammen der industriellen Ära und denen des Informationszeitalters

Die Reise des Kolumbus im Jahr 1492 fiel in etwa mit dem Beginn des industriellen Zeitalters zusammen. Der Fall der Berliner Mauer markierte das Ende dieser Ära. Aus irgendeinem Grund finden anscheinend alle 500 Jahre in der modernen Geschichte große Umwälzungen statt. Zurzeit befinden wir uns in solch einer Periode des Umbruchs.

Diese Veränderung bedroht bereits die finanzielle Sicherheit von Millionen von Menschen, von denen sich die meisten der finanziellen Auswirkungen dieses Umbruchs nicht bewusst sind. Viele von ihnen werden es sich nicht leisten können, so weiterzuleben wie bisher. Diese Veränderung schlägt sich im Unterschied zwischen einem Rentenprogramm der industriellen Ära und einem Rentenprogramm des Informationszeitalters nieder.

Als ich ein Junge war, ermutigte mich mein reicher Vater, finanzielle Risiken einzugehen und zu lernen, Geld zu investieren. Er sagte immer:

„Wenn du reich werden willst, musst du lernen, Risiken einzugehen. Lerne, ein Investor zu werden."

Zu Hause erzählte ich meinem beruflich hoch qualifizierten Vater vom Vorschlag meines reichen Vaters, zu lernen zu investieren und mit Risiken umzugehen. Mein hoch gebildeter Vater erwiderte: „Ich habe es nicht nötig zu lernen, wie man investiert. Ich habe ein Rentenprogramm der Regierung, werde eine Rente von der Lehrervereinigung bekommen und kann mich auf meine Sozialversicherung verlassen. Weshalb sollte ich mit meinem Geld Risiken eingehen?"

Mein beruflich hoch qualifizierter Vater glaubte an die Rentenprogramme der industriellen Ära, wie die Pension für staatliche Beamte und Angestellte und die Sozialversicherung. Er war glücklich, als ich mich zum US-Marinekorps meldete. Anstatt sich Sorgen zu machen, dass ich in Vietnam mein Leben verlieren könnte, sagte er einfach: „Bleib 20 Jahre dabei und du bekommst eine Rente und genießt dein Leben lang eine gute medizinische Versorgung."

Obwohl diese Programme noch existieren, sind sie inzwischen offiziell überholt. Die Vorstellung, dass ein Unternehmen finanziell für Ihre Altersversorgung verantwortlich ist und die Regierung die Differenz zwischen diesem Betrag und Ihrem finanziellen Bedarf an Altersruhegeld durch einen Pensionsplan begleicht, hat keine Gültigkeit mehr.

Die Folge davon ist, dass Sie für sich selbst die finanzielle Verantwortung übernehmen müssen.

Zu viele Leute verlassen sich auf den Staat

Ich mache mir Sorgen darum, dass die Angehörigen meiner Generation und künftige Generationen nicht angemessen darauf vorbereitet sind, mit den Unterschieden zwischen der industriellen Ära und dem Informationszeitalter umzugehen – und einer dieser Unterschiede besteht in der Art und Weise, wie wir uns finanziell auf unseren Altersruhestand vorbereiten. Das Konzept „Geh zur Schule und such dir einen sicheren Arbeitsplatz" war gut geeignet für Menschen, die vor 1930 geboren wurden. Heutzutage muss jeder zur Schule gehen, um zu lernen, wie man eine gute Arbeitsstelle findet, aber wir müssen auch lernen, wie man investiert – und das Fach „Kapitalanlage" wird in der Schule nicht unterrichtet.

Eines der Überbleibsel des Industriezeitalters ist, dass zu viele Menschen in Bezug auf die Lösung ihrer persönlichen Probleme vom Staat abhängig geworden sind. Heutzutage stehen wir noch größeren Problemen gegenüber, weil wir dem Staat die Verantwortung für unsere persönlichen finanziellen Angelegenheiten übertragen haben.

Es gibt Schätzungen, die besagen, dass es bis zum Jahr 2020 275 Millionen Amerikaner geben wird, von denen 100 Millionen irgendeine Form von staatlicher Versorgung erwarten. Dazu gehören unter anderem Regierungsbeamte, Veteranen, Postbeamte, Lehrer und andere Staatsbeamte sowie Rentner, die Sozialhilfe und Krankenversorgung beanspruchen. Und sie haben vertraglich gesehen Recht, denn die meisten von ihnen haben auf die eine oder andere Weise in diese Zusicherung investiert. Leider sind jahrelang zu viele Versprechungen gemacht worden und jetzt stehen sie zur Einlösung an.

Und ich bin nicht der Meinung, dass diese finanziellen Zusicherungen erfüllt werden können. Wenn unsere Regierung beginnt, die Steuern zwecks der Auszahlung der versprochenen Gelder noch weiter zu erhöhen, werden diejenigen, die fliehen können, die Flucht in Länder antreten, die niedrigere Steuern erheben. Im Informationszeitalter wird der Begriff „Offshore" nicht mehr die Bedeutung eines anderen Landes als steuerliche Zuflucht haben – „Offshore" könnte „Cyberspace" bedeuten.

Bob Dylan, ein Prophet der Babyboom-Generation, sagte in seinem Lied „The Times They Are A-changing": „Fang lieber an zu schwimmen oder du wirst untergehen wie ein Stein."

Investieren, ohne ein Investor zu sein

Der Wechsel von der staatlichen zur privaten Rentenvorsorge zwingt weltweit Millionen Menschen dazu, Kapitalanleger zu werden, ohne viel Ahnung vom Investieren zu haben. Viele Leute, die ihr ganzes Leben lang finanziellen Risiken aus dem Weg gegangen sind, sind nun gezwungen, sie einzugehen – finanzielle Risiken in Bezug auf ihre Zukunft, ihre Altersversorgung, ihr Ausscheiden aus dem Berufsleben. Die meisten von ihnen werden erst dann herausfinden, ob sie kluge Investoren oder leichtsinnige Spieler waren, wenn sie in Rente gehen.

In unserer heutigen Zeit ist das Thema Börse weltweit in aller Munde. Dieses Thema erhält aus vielen Quellen Nahrung, unter anderem von Nichtinvestoren, die versuchen, Investoren zu werden.

Finanzieller Weg von Nichtinvestoren

Ein großer Prozentsatz dieser Leute, diejenigen aus den Feldern „A" und „S", ist sicherheitsorientiert. Deshalb suchen sie sichere Arbeitsplätze oder gründen ein kleines Unternehmen, das sie kontrollieren können. Heutzutage wechseln sie aufgrund der Situation der staatlichen Altersversorgung ins „I"-Feld über, wo sie sich Sicherheit für die Zeit nach ihrem Ausscheiden aus dem Berufsleben erhoffen. Leider gehört „Sicherheit" nicht zu den typischen Merkmalen des „I"-Feldes. Das „I"-Feld ist das Feld des Risikos.

Da so viele Menschen, die auf der linken Seite des Cashflow-Quadranten operieren, auf der Suche nach Sicherheit sind, reagiert die Börse entsprechend. Deshalb hört man so häufig die folgenden Aussagen:

1. „Diversifikation": Menschen, die nach Sicherheit suchen, verwenden den Begriff „Diversifikation" oft. Weshalb? Weil die Methode der Risikostreuung eine Investitionsstrategie ist, bei der man „nicht verlieren" kann. Es ist keine Methode zum Erzielen großer Gewinne.

Erfolgreiche oder reiche Investoren diversifizieren nicht. Sie bündeln ihre Operationen.

Warren Buffett, der vielleicht größte Kapitalanleger der Welt, sagt Folgendes über die Risikostreuung: „Die Strategie, nach der wir vorgehen, schließt unser Dogma der Diversifikation aus. Viele Experten sagen deshalb, dass diese Strategie riskanter sein müsse als die von konventionell operierenden Investoren. Wir sind nicht dieser Meinung. Wir glauben, dass eine Portefeuille-Bündelung ein eventuelles Risiko sehr wohl senken kann, wenn sie, was sie tun sollte, sowohl die Intensität steigert, mit der ein Investor über ein Geschäft nachdenkt, als auch das positive Gefühl, das er in finanzieller Hinsicht verspüren muss, bevor er sich in dieses Geschäft einkauft."

Anders formuliert: Warren Buffett sagt, dass eine Portefeuille-Bündelung oder eine Konzentration auf ein paar wenige Kapitalanlagen eine bessere Methode ist als die Risikostreuung. Seiner Vorstellung nach müssen Sie, wenn Sie Ihre Investitionen konzentrieren anstatt sie zu diversifizieren, cleverer sowie entschlossener in Ihrem Denken und Handeln werden. In seinem Artikel schreibt Buffett weiterhin, dass der durchschnittliche Kapitalanleger Impulsivität vermeidet, weil Impulsivität riskant ist. Warren Buffet sagt jedoch: „Ein echter Investor aber begrüßt Impulsivität."
Meine Frau und ich diversifizierten nicht, um aus der Tretmühle des Kampfes um das Geld herauszukommen und zu finanzieller Unabhängigkeit zu gelangen. Wir konzentrierten unsere Kapitalanlagen.

2. „Bluechip"-Aktien: Auf Sicherheit bedachte Investoren kaufen für gewöhnlich Aktien „sicherer" Unternehmen. Weshalb? Weil diese ihrer Vorstellung nach sicherer sind. Das Unternehmen mag vielleicht sicherer sein, die Börse ist es jedoch nicht.

3. „Offene Investmentfonds": Leute, die wenig Ahnung vom Investieren haben, fühlen sich sicherer, wenn sie ihr Geld einem Fondsmanager überlassen, von dem sie hoffen, dass er ein besseres Geschäft macht als sie selbst. Dies ist eine clevere Methode für Leute, die nicht die Absicht verfolgen, professionelle Kapitalanleger zu werden. Das Pro-

blem besteht darin, dass offene Investmentfonds nicht weniger riskant sind, so clever diese Strategie auch ist. Wenn die Börse zusammenbricht, könnte man das erleben, was ich als „Kernschmelze“ der offenen Investmentfonds bezeichne – eine verheerende finanzielle Katastrophe.

Heutzutage wimmelt es auf dem Markt von Millionen Menschen, die von Natur aus auf Sicherheit bedacht sind, aber aufgrund der wirtschaftlichen Veränderungen gezwungen sind, von der linken Seite des Cashflow-Quadranten auf die rechte Hälfte überzuwechseln, wo ihre Art von Sicherheit nicht existiert. Das bereitet mir Sorgen. Viele Leute denken, dass ihre Rentenpläne sicher seien, doch das sind sie nicht. Wenn es einen Zusammenbruch oder eine große Depression gibt, könnten ihre Pläne zunichte gemacht werden. Ihre Pläne für ihren Altersruhestand sind nicht so sicher wie die Rentenpläne unserer Eltern.

Große ökonomische Umwälzungen stehen vor der Tür

Die Situation ist reif für große wirtschaftliche Umwälzungen. Derartige Umwälzungen haben schon immer das Ende einer Ära und die Geburt einer neuen Epoche markiert. Am Ende jedes Zeitalters gibt es Menschen, die vorwärts schreiten, und andere, die sich an vergangenen Vorstellungen festklammern.

Niemand ist ein Hellseher. Ich nehme viele neue Investment-Services in Anspruch. Jeder sagt etwas anderes. Einige geben hervorragende Prognosen für die Zukunft. Andere sagen einen Zusammenbruch des Marktes und eine große Depression vorher. Um objektiv zu bleiben, höre ich beiden Seiten zu, denn beide Seiten haben Argumente, die es sich anzuhören lohnt. Mein Weg besteht nicht darin, Hellseher zu spielen und zu versuchen, die Zukunft vorauszusagen; stattdessen arbeite ich daran, mich sowohl auf dem „G“- als auch auf dem „I“-Feld auf dem Laufenden zu halten und auf alle Eventualitäten vorbereitet zu sein. Ein Mensch, der vorbereitet ist, wird erfolgreich sein, unabhängig davon, in welche Richtung die wirtschaftliche Entwicklung verläuft und wann sich diese Entwicklung vollzieht. Wenn die Geschichte als Indikator dienen kann, durchläuft ein Mensch bis zu seinem 75. Lebensjahr eine Depression und zwei große Rezessionen. Nun, meine Eltern haben ihre Depression durchgemacht, die Angehörigen der Babyboom-Generation noch nicht. Und es sind etwa 60 Jahre verstrichen, seit uns die letzte Depression getroffen hat.

Heutzutage müssen wir uns um mehr sorgen als nur um unsere Arbeitsplatzsicherheit. Ich meine, dass wir uns auch um unsere langfristige finanzielle Sicherheit Gedanken machen müssen – und diese Verantwortung nicht einem Unternehmen oder der Regierung überlassen dürfen. Die Zeiten haben sich offiziell geändert, als Unternehmen sagten, dass sie keine Verantwortung mehr für die Zeit unseres Altersruhestands übernehmen würden.

Heute müssen wir alle kluge Kapitalanleger werden, die ständig mit wacher Aufmerksamkeit die Veränderungen der Finanzmärkte beobachten. Ich rate Ihnen, lieber selbst ein Investor zu werden, als Ihr Geld jemand anderem zu überlassen, der es für Sie anlegt. Wenn Sie Ihr Geld einfach in einem offenen Investmentfonds anlegen oder es einem Anlageberater übergeben, müssen Sie eventuell bis zu Ihrem 65. Lebensjahr warten, um herauszufinden, ob dieser gute Arbeit geleistet hat. Hat er seinen Job miserabel gemacht, müssen Sie unter Umständen für den Rest Ihres Lebens arbeiten. Millionen Menschen werden genau das tun müssen, weil es für sie zu spät sein wird, zu lernen, selbst zu investieren, oder Kenntnisse über das Investieren zu erwerben.

Lernen, mit Risiken umzugehen

Es ist möglich, Investitionen zu tätigen, die mit einem niedrigen Risiko verbunden sind und bei denen Sie hohe Gewinne erzielen können. Sie müssen lediglich lernen, wie das gemacht wird. Es ist nicht schwierig. Im Grunde ist es dem Erlernen des Radfahrens sehr ähnlich. Am Anfang fallen Sie vielleicht „auf die Nase“, aber nach einer Weile hören die Stürze auf und das Investieren wird für Sie zu einer zweiten Natur, wie es das Radfahren für die meisten von uns ist.

Das Problem, das die meisten Menschen mit der linken Hälfte des Cashflow-Quadranten haben, ist, dass sie zu dieser Seite überwechseln, um finanziellen Risiken aus dem Weg zu gehen. Anstatt Risiken zu meiden, empfehle ich zu lernen, wie man man mit finanziellen Risiken umgeht.

Mut zum Risiko

Leute, die etwas riskieren, verändern die Welt. Es gibt wenige Menschen, die reich werden, ohne Risiken einzugehen. Zu viele Leute haben sich vom Staat abhängig gemacht, um Risiken aus ihrem Leben auszuschließen. Der Beginn des Informationszeitalters ist das Ende des „allmächtigen Vaters Staat", wie wir ihn kennen. „Vater Staat" ist ganz einfach zu teuer geworden. Unglücklicherweise werden die Millionen von Menschen auf der ganzen Welt, die sich von der Vorstellung von „Ansprüchen" und staatlicher Rentenversorgung für den Rest ihres Lebens abhängig gemacht haben, finanziell „im Regen stehen". Die Botschaft des Informationszeitalters lautet, dass wir alle selbstständiger und erwachsener werden müssen.

Die Vorstellung „Mach eine gute Ausbildung und such dir einen sicheren Job" wurde in der industriellen Ära geboren. Wir leben nicht mehr in dieser Epoche. Die Zeiten ändern sich. Das Problem ist, dass die Vorstellungen vieler Leute gleich geblieben sind. Sie meinen nach wie vor, sie könnten Ansprüche auf irgendetwas geltend machen. Viele Menschen denken immer noch, dass sie nicht für das Operieren auf dem „I"-Feld verantwortlich seien. Sie verharren in dem Glauben, die Regierung, ein großes Unternehmen, die Gewerkschaft, ihr offener Investmentfonds oder ihre Familie würden sie nach ihrem Ausscheiden aus dem Berufsleben versorgen. Ich hoffe zum Besten dieser Menschen, dass sie Recht haben mögen. Diese Menschen brauchen mit der Lektüre dieses Buches nicht fortzufahren.

„Forever rich" wendet sich an diejenigen, die die Notwendigkeit erkennen, Investoren zu werden. Ich habe dieses Buch geschrieben, um Menschen zu unterstützen, die den Schritt von der linken auf die rechte Seite des Cashflow-Quadranten tun wollen, aber nicht wissen, wo sie beginnen sollen. Jeder kann diesen Schritt vollziehen, wenn er über die richtigen Fähigkeiten und die nötige Entschlossenheit verfügt.

Wenn Sie bereits finanziell unabhängig sind, gratuliere ich Ihnen. Erzählen Sie anderen Menschen von Ihrem Weg, und geben Sie ihnen Anleitungen, wenn sie Sie darum bitten. Leiten Sie sie an, aber lassen Sie sie ihren persönlichen Weg finden, denn es gibt viele Wege zur finanziellen Unabhängigkeit.

Wie auch immer Sie sich entscheiden, bedenken Sie bitte Folgendes: Finanzielle Unabhängigkeit zu erreichen steht jedem frei, aber sie ist nicht billig. Freiheit hat einen Preis – und für mich ist sie diesen Preis wert. Das große Geheimnis ist: Finanzielle Unabhängigkeit zu erreichen kostet weder Geld noch erfordert es eine gute formale Ausbildung. Es muss auch nicht riskant sein. Der Preis dieser Freiheit wird vielmehr gemessen in Träumen, Leidenschaft und der Fähigkeit, Rückschläge, die uns auf diesem Weg begleiten, zu überwinden. Sind Sie bereit, diesen Preis zu zahlen?

Einer meiner Väter zahlte den Preis, der andere nicht. Er zahlte einen anderen Preis.

Das G-Feld-Quiz

Sind Sie ein echter Geschäftsinhaber?

Sie sind es dann, wenn Sie die folgende Frage mit „Ja“ beantworten können:

Können Sie ein Jahr oder länger von Ihrem Geschäft abwesend sein und es nach Ihrer Rückkehr profitabler und besser funktionierend vorfinden als zu dem Zeitpunkt, da Sie es verlassen haben?

☐ **Ja** ☐ **Nein**

3 Weshalb Menschen Sicherheit über Freiheit stellen

Meine Väter rieten mir beide, zum College zu gehen und einen Collegeabschluss zu erwerben. Nach dem Abschluss jedoch gaben sie mir unterschiedliche Ratschläge.

Mein beruflich hoch qualifizierter Vater empfahl mir ständig: „Geh zur Schule, schreib gute Noten und such dir anschließend eine gute, sichere Arbeit."

Er riet mir zu einem überwiegend auf der linken Seite des Cashflow-Quadranten verlaufenden Lebensweg.

Mein beruflich nicht so gebildeter, aber reicher Vater empfahl mir, mich auf die rechte Seite des Cashflow-Quadranten zu konzentrieren: „Geh zur Schule, schreib gute Noten und gründe dann dein eigenes Unternehmen."

Ihre Ratschläge unterschieden sich deshalb, weil der eine Vater sein Augenmerk auf Arbeitsplatzsicherheit richtete, während der andere das Hauptgewicht auf finanzielle Unabhängigkeit legte.

Der Rat meines armen Vaters

Der Rat meines reichen Vaters

Weshalb streben Menschen nach Arbeitsplatzsicherheit?

Der Hauptgrund für viele Leute, einen sicheren Arbeitsplatz zu suchen, ist der, dass ihnen zu Hause und in der Schule beigebracht wurde, danach zu suchen.

Millionen Menschen folgen weiterhin diesem Rat. Viele Leute wurden von frühester Jugend an darauf „programmiert", an Arbeitsplatzsicherheit zu denken anstatt an finanzielle Sicherheit oder finanzielle Unabhängigkeit. Und weil die meisten Menschen zu Hause oder in der Schule wenig oder nichts über Geld lernen, ist es nur natürlich, dass sich viele von ihnen entsprechend fester an die Vorstellung der Arbeitsplatzsicherheit klammern – anstatt nach finanzieller Unabhängigkeit zu streben.

Wenn Sie einen Blick auf den Cashflow-Quadranten werfen, werden Sie feststellen, dass in der linken Hälfte das Motiv der Sicherheit vorherrscht, während die rechte vom Streben nach Unabhängigkeit motiviert wird.

Die Schuldenfalle

Der Hauptgrund dafür, dass 90 Prozent der Bevölkerung auf der linken Seite des Qudaranten operieren, ist ganz einfach der, dass sie über diese Seite in der Schule unterrichtet werden. Dann gehen sie von der Schule ab und sind bald tief verschuldet. Sie sitzen so tief in ihren Schulden, dass sie sich noch stärker an einen Job klammern müssen, um einfach nur ihre Rechnungen bezahlen zu können.

Häufig begegne ich jungen Leuten, die die Rechnung für die Rückzahlung des Kredits für ihre Collegeausbildung zusammen mit ihrem Diplom erhalten. Einige sind Berichten zufolge deprimiert, wenn sie sehen, dass sie zwischen 50 000 bis 150 000 Dollar tief in Schulden für ihre Collegeausbildung stehen. Haben ihre Eltern für ihre Ausbildung gezahlt, dann sind diese für Jahre finanziell „blank".

Kürzlich habe ich gelesen, dass die meisten Amerikaner heutzutage eine Kreditkarte bekommen, wenn sie noch zur Schule gehen, und für den Rest ihres Lebens verschuldet sein werden. Der Grund dafür ist, dass sie oft einem in der industriellen Ära populären „Drehbuch" folgen.

Wenn man dem Drehbuch folgt ...

Wenn wir den Lebensweg von durchschnittlich gebildeten Menschen verfolgen, finden wir häufig folgendes finanzielle „Drehbuch":

Das Kind geht zur Schule, macht seinen Abschluss, nimmt eine Arbeit an und hat bald eine gewisse Summe Geld, die es ausgeben kann. Der junge Erwachsene kann es sich nun leisten, eine Wohnung zu mieten, einen Fernsehapparat, neue Kleidung, Möbel und natürlich ein Auto zu kaufen. Jetzt beginnen die Rechnungen ins Haus zu kommen. Eines Tages lernt der junge Erwachsene einen besonderen Menschen kennen, der Funke springt über, sie verlieben sich und heiraten. Eine Zeit lang ist das Leben paradiesisch, weil zwei Personen nicht teurer leben als eine einzige. Sie haben nun zwei Einkommen, müssen nur eine Miete zahlen und können es sich leisten, ein paar Dollar zur Seite zu legen, um den Traum aller jungen Paare zu kaufen: ihr Eigenheim. Sie finden ihr Traumhaus, greifen ihre Ersparnisse an, um eine Anzahlung für das Haus zu leisten, und haben nun eine Hypothek. Da sie ein neues Haus haben, brauchen sie neue Möbel. Also gehen sie zu einem Einrichtungsgeschäft, das mit den magischen Worten „Zahlen Sie einfach in monatlichen Raten" wirbt.

Das Leben ist herrlich und sie veranstalten eine Party, damit alle ihre Freunde ihr neues Haus, ihr neues Auto, die neuen Möbel und die neuen Liebhabereien besichtigen können. Sie sind jetzt für den Rest ihres Lebens tief verschuldet. Dann kommt das erste Kind.

Das durchschnittliche, beruflich gut ausgebildete, hart arbeitende Paar muss nun die Ärmel hochkrempeln und sich abrackern, nachdem es das Kind im Kindergarten abgesetzt hat. Die Ehepartner werden durch die Notwendigkeit der Arbeitsplatzsicherheit gefangen gehalten, weil sie in der Regel weniger als drei Monate vom finanziellen Bankrott entfernt leben. Von diesen Leuten hört man häufig die Worte: „Ich kann es mir nicht leisten, aufzuhören. Ich muss meine Rechnungen bezahlen."

Die Erfolgsfalle

Einer der Gründe dafür, dass ich so viel von meinem reichen Vater lernte, war der, dass er die Zeit zur Verfügung hatte, mich zu lehren. Als er erfolgreicher wurde, hatte er mehr Freizeit und mehr Geld. Wenn die Geschäfte besser liefen, musste er nicht härter arbeiten. Er ließ ganz einfach seinen Direktor das Unternehmen expandieren und mehr Personal zur Erledigung der anfallenden Arbeit einstellen. Wenn seine Kapitalanlagen einen guten Gewinn abwarfen, investierte er das Geld erneut und machte mehr Geld. Aufgrund seines Erfolgs hatte er mehr Freizeit. Er verbrachte Stunden damit, seinem Sohn und mir alles über seine Geschäfte und seine Kapitalanlagen zu erklären. Ich lernte mehr von ihm als in der Schule. Genau das geschieht, wenn Sie auf der rechten Hälfte des Cashflow-Quadranten, auf den Feldern „G" und „I", hart arbeiten.

Auch mein beruflich hoch qualifizierter Vater arbeitete hart, aber er investierte diese Arbeit auf der linken Seite des Quadranten. Durch seine harte Arbeit, seine Beförderungen und seine wachsende Verantwortung wurde die freie Zeit, die er mit seinen Kindern verbringen konnte, immer knapper. Er ging um sieben Uhr morgens zur Arbeit, und oft bekamen wir ihn überhaupt nicht zu sehen, weil wir zu Bett gehen mussten, bevor er heimkam. Dies geschieht, wenn Sie sich auf der linken Seite des Cashflow-Quadranten abrackern und Erfolg haben. Der Erfolg lässt Ihnen immer weniger Freizeit, obwohl er mehr Geld bringt.

Die Geldfalle

Um Erfolg auf der rechten Seite des Cashflow-Quadranten zu haben, muss man Kenntnisse über die sog. „finanzielle Intelligenz" besitzen. Mein reicher Vater hat diesen Begriff folgendermaßen definiert: „Unter finanzieller Intelligenz versteht man weniger, wie viel Geld man verdient, sondern wie viel Geld man behält, wie effektiv dieses Geld für einen arbeitet und für wie viele Generationen man es behält." Verfügen Menschen nicht über eine grundlegende finanzielle Intelligenz, werden sie in den meisten Fällen auf der rechten Hälfte des Cashflow-Quadranten nicht überleben.

Mein reicher Vater konnte gut mit Geld und mit seinen Mitarbeitern umgehen. Er musste gut darin sein. Er war dafür verantwortlich, Geld zu machen, so wenig Personal wie möglich einzustellen, die Kosten niedrig zu halten und stets hohe Profite zu erzielen. Das sind die für einen Erfolg auf der rechten Seite des Quadranten erforderlichen Fähigkeiten.

Es war mein reicher Vater, der mir gegenüber betonte, dass unser Haus kein Vermögenswert, sondern eine Verbindlichkeit sei. Er konnte es beweisen, weil er uns beibrachte, Zahlen und Bilanzen zu lesen. Er hatte die Zeit zur Verfügung, seinen Sohn und mich zu unterrichten, weil er gut im Managen von Menschen war. Seine beruflichen Fähigkeiten wirkten sich auf sein häusliches Leben aus.

Mein beruflich hoch qualifizierter Vater managte an seinem Arbeitsplatz weder Geld noch Menschen, obwohl er dachte, er täte es. Als Leiter des Erziehungswesens des Staates Hawaii war er ein Regierungsbeamter mit einem Budget von mehreren Millionen Dollar und Tausenden von Angestellten. Aber es war nicht Geld, was *er* machte. Es war das Geld der Steuerzahler, und es war seine Aufgabe, es restlos auszugeben. Hätte er es nicht verbraucht, hätte ihm die Regierung im folgenden Jahr weniger Geld zur Verfügung gestellt. Also suchte er am Ende jedes Steuerjahres nach Möglichkeiten, es auszugeben, was bedeutete, dass er häufig zusätzliches Personal anstellte, um das Budget für das kommende Jahr zu rechtfertigen. Das Komische an der Sache war, dass er desto mehr Probleme hatte, je mehr Leute er anstellte.

Ich beobachtete als Junge beide Väter und notierte mir in meinem Hinterkopf, wie mein künftiger Lebensweg aussehen sollte.

Mein beruflich hoch qualifizierter Vater war ein „Bücherwurm", war also belesen, was geschriebene Texte betraf, aber er besaß keine Bildung in Bezug auf das Lesen von Zahlen. Weil ihm diese finanzielle Form von Bildung fehlte, musste er seinen Banker und Steuerberater zurate ziehen, und beide erzählten ihm, sein Haus sei ein Vermögenswert und sollte seine größte Kapitalanlage sein.

Aufgrund dieses finanziellen Rates arbeitete mein beruflich hoch qualifizierter Vater nicht nur härter, sondern verschuldete sich auch immer tiefer. Jedes Mal, wenn er aufgrund seines engagierten Arbeitseinsatzes befördert wurde, erhielt er auch eine Gehaltserhöhung und mit jeder Gehaltserhöhung kam er in eine höhere Steuerklasse. Weil er in einer höheren Steuerklasse war und die Steuersätze für Großverdiener in den 1960er- und 1970er-Jahren extrem hoch waren, rieten ihm sein Steuerberater und sein Banker, ein größeres Haus zu kaufen, damit er die Zinsen abschreiben konnte. Er verdiente mehr Geld, aber die einzige Folge davon war, dass seine Steuerabgaben und seine Schulden wuchsen. Je erfolgreicher er wurde, desto mehr musste er sich abrackern und desto weniger Zeit konnte er mit den Menschen verbringen, die er liebte. Bald waren alle Kinder aus dem Haus und er arbeitete noch immer hart, um die ganzen Rechnungen begleichen zu können.

Er dachte stets, dass die nächste Beförderung und Gehaltserhöhung sein Problem lösen würden. Aber je mehr Geld er verdiente, desto extremer wiederholte sich das Ganze. Er geriet zunehmend tiefer in Schulden und zahlte immer mehr Steuern.

Je ausgebrannter er privat und beruflich wurde, desto mehr schien seine Abhängigkeit von der Arbeitsplatzsicherheit zuzunehmen. Je mehr er sich emotional an seine Arbeit und sein Gehalt, mit dem er seine Rechnungen bezahlen konnte, band, desto mehr ermunterte er seine Kinder, sich einen „sicheren Arbeitsplatz zu suchen".

Je unsicherer er sich fühlte, desto mehr strebte er nach Sicherheit.

Ihre beiden größten Ausgaben

Weil mein leiblicher Vater keine Bilanzen lesen konnte, konnte er die Geldfalle nicht sehen, in die er geriet, als er erfolgreicher wurde. Ich sehe Millionen anderer erfolgreicher, hart arbeitender Menschen in die gleiche Falle gehen. Der Grund dafür, weshalb so viele Leute sich finanziell abkämpfen, ist, dass sie jedes Mal, wenn sie mehr Geld verdienen, zugleich ihre zwei größten Ausgaben erhöhen:

1. Steuern
2. Schuldzinsen

Zudem bietet Ihnen der Staat häufig steuerliche Erleichterungen, durch die Sie sich noch weiter verschulden.

Das Streben nach finanzieller Unabhängigkeit

Viele Menschen streben nach finanzieller Unabhängigkeit und Zufriedenheit. Das Problem ist, dass die meisten Leute es nicht gelernt haben, auf den Feldern „G" und „I" zu operieren. Aufgrund dieser fehlenden Kenntnisse, ihrer „einprogrammierten" Vorstellung von Arbeitsplatzsicherheit und ihres ständig wachsenden Schuldenbergs beschränken die meisten Leute ihr Streben nach finanzieller Unabhängigkeit auf die linke Seite des Cashflow-Quadranten. Leider findet man finanzielle Sicherheit oder Unabhängigkeit selten auf den Feldern „A" oder „S". Wirkliche finanzielle Sicherheit und Unabhängigkeit sind auf der rechten Seite des Quadranten zu finden.

Von einem Job zum anderen auf der Suche nach finanzieller Unabhängigkeit

Ein nützlicher Vorteil des Cashflow-Quadranten ist, dass man das Muster verfolgen kann, nach dem ein Mensch sein Leben gestaltet. Viele Leute verbringen ihr Leben mit der Suche nach Sicherheit oder finanzieller Unabhängigkeit, wechseln aber stattdessen ständig ihren Job. Ein Beispiel:

Ich habe einen Freund, den ich aus der Highschool kenne. Ich höre alle fünf Jahre von ihm, und er ist jedes Mal begeistert, weil er den perfekten Job gefunden hat. Er ist euphorisch, weil er seine Traumfirma gefunden hat. Er liebt die Firma. Sie stellt hochinteressante Produkte her. Er liebt seine Arbeit, er hat einen wichtigen Titel, die Bezahlung ist großartig, die Leute sind wunderbar, die Zusatzleistungen sind hervorragend und seine Beförderungschancen fantastisch. Etwa viereinhalb Jahre später höre ich wieder von ihm, und diesmal ist er unzufrieden. Die Firma, für die er arbeitet, ist jetzt seiner Meinung nach korrupt und unseriös. Sie behandelt ihre Mitarbeiter respektlos, er hasst seinen Chef, er wurde bei einer anstehenden Beförderung übergangen und man bezahlt ihm nicht genug. Sechs Monate vergehen und er ist wieder glücklich. Er ist enthusiastisch, weil er – wieder – den perfekten Job gefunden hat.

Das Muster seines Lebenswegs hat Ähnlichkeit mit einem Hund, der seinen Schwanz jagt.

Ständiger Jobwechsel

Seine Route verläuft von einer Arbeitsstelle zur anderen. Bislang lebt er gut, weil er clever und sowohl von seinem inneren Wesen her als auch im Hinblick auf sein äußeres Erscheinungsbild attraktiv ist. Aber allmählich holen ihn die Jahre ein, und jüngere Leute bekommen die Jobs, die er zuvor immer bekam. Er besitzt ein paar Tausend Dollar Erspartes, hat nichts für seinen Altersruhestand zurückgelegt, ein Haus, das ihm nie gehören wird, muss Unterhalt für seine Kinder zahlen und tilgt noch immer die Schulden für seine Collegeausbildung. Sein jüngeres Kind ist 8 Jahre alt und lebt bei seiner Exfrau, sein älteres Kind ist 14 Jahre alt und lebt bei ihm.

Er hat immer zu mir gesagt: „Ich muss mir keine Sorgen machen. Ich bin noch jung. Ich habe Zeit."

Ich frage mich, was er heute sagt.

Meiner Meinung nach müsste er sich ernsthaft bemühen, schnell entweder auf das „G"- oder das „I"-Feld zu wechseln. Er müsste eine neue Haltung einnehmen und einen Lernprozess beginnen. Wenn er nicht das Glück hat, in der Lotterie zu gewinnen, oder eine reiche Frau findet, die er heiraten kann, droht ihm das Schicksal, für den Rest seines Lebens hart arbeiten zu müssen.

„Sein eigenes Ding aufziehen"

Vom „A" zum „S"

Ein anderer typischer Lebensweg führt von Feld „A" zu Feld „S". Aufgrund des massiven Personalabbaus heutzutage folgen viele Leute den Zeichen der Zeit und geben ihre Arbeitsstellen bei großen Firmen auf, um eigene Unternehmen zu gründen. Sie entschließen sich, „ihr eigenes Unternehmen zu gründen", „ihr eigenes Ding aufzuziehen" und „ihr eigener Chef zu sein".

Ihr beruflicher Weg verläuft folgendermaßen:

Typischer Lebensweg eines „A"

Von allen Lebenswegen ist mir dieser am sympathischsten. Meiner Ansicht nach kann das Operieren auf dem „S"-Feld der bereicherndste und zugleich der riskanteste Weg sein. Ich halte das „S"-Feld für das schwierigste von allen. Die Misserfolgsrate ist hoch. Und wenn Sie erfolgreich sind, kann das schlimmer sein als zu scheitern. Das liegt daran, dass Sie im „S“-Feld härter arbeiten müssen als auf den anderen Feldern, wenn Sie auf diesem Feld erfolgreich sind – und Sie werden lange Zeit härter arbeiten. Nämlich so lange wie Sie erfolgreich sind.

Der Grund dafür, dass eine selbstständige Arbeit die härteste ist, ist, dass ein Selbstständiger typischerweise zugleich der „Chefkoch“ und der „Tellerwäscher“ ist. Er muss sämtliche Arbeiten, die in einer größeren Firma von Managern und Angestellten ausgeführt werden, selbst erledigen oder ist verantwortlich für ihre Ausführung. Ein Selbstständiger, der gerade sein eigenes Geschäft aufbaut, erledigt häufig selbst die Telefonate, zahlt die Rechnungen, führt Verkaufsgespräche, versucht mit einem knappen Budget Anzeigen zu schalten, verhandelt mit Kunden, stellt Personal ein und feuert Angestellte, springt ein, wenn Angestellte nicht zur Arbeit erscheinen, spricht mit dem Finanzamt usw.

Ich persönlich schrecke immer zurück, wenn ich höre, dass jemand plant, sein eigenes Unternehmen zu gründen. Ich wünsche diesen Menschen alles Gute, mache mir aber große Sorgen um sie. Ich habe so viele auf dem „S“-Feld operierende Leute gesehen, die ihre gesamten Ersparnisse investiert oder sich Geld von Freunden und ihrer Familie geliehen haben, um ihr eigenes Geschäft zu gründen. Nach ein paar Jahren voller Kämpfe und harter Arbeit geht das Geschäft ein und anstelle von Ersparnissen haben sie Schulden, die abbezahlt werden müssen.

In den Vereinigten Staaten scheitern 9 von 10 dieser Unternehmen innerhalb von 5 Jahren. Von denen, die übrig bleiben, gehen 9 von 10 innerhalb der folgenden 5 Jahre ein. In anderen Worten: 99 von 100 Kleinunternehmen verschwinden letztendlich innerhalb von 10 Jahren.

Ich denke, der Grund dafür, dass die meisten Selbstständigen innerhalb der ersten fünf Jahre scheitern, ist der Mangel an Erfahrung und an Geld. Die „Überlebenden“ scheitern im Laufe der folgenden fünf Jahre häufig nicht deswegen, weil sie nicht über das nötige Kapital verfügen, sondern weil ihnen die Energie fehlt. Die vielen harten Arbeitsstunden gehen schließlich an die Substanz. Viele Selbstständige sind einfach irgendwann ausgebrannt. Deshalb wechseln so viele fachlich hoch qualifizierte Menschen die Firma, versuchen, etwas Neues aufzubauen, oder sterben. Vielleicht ist dies der Grund dafür, dass die durchschnittliche Lebenserwartung von Ärzten und Anwälten niedriger ist als die der meisten anderen Leute. Ihre durchschnittliche Lebenserwartung liegt bei 58 Jahren. Für alle anderen Menschen liegt sie in ihren 70ern.

Diejenigen, deren Unternehmen überlebt haben, haben sich offenbar an die Vorstellung gewöhnt, aufzustehen, zur Arbeit zu gehen und sich für den Rest ihres Lebens abzurackern. Etwas anderes scheinen sie nicht zu kennen.

Viele kluge Leute, die auf dem „S"-Feld operieren, verkaufen ihr Geschäft, wenn sie in Höchstform sind, bevor bei ihnen „die Luft raus" ist, an jemanden, der Energie und Geld besitzt. Sie nehmen eine Auszeit und bauen dann etwas Neues auf. Sie ziehen „ihr eigenes Ding" auf und lieben es. Aber es ist wichtig, dass sie wissen, wann sie aussteigen müssen.

Wer zahlt die meisten Steuern?

Die Reichen zahlen nicht viel Einkommensteuern. Warum? Ganz einfach deshalb, weil sie ihr Geld nicht als Angestellte verdienen. Die ganz Reichen wissen, dass die beste Methode, das Steuernzahlen auf legalem Weg zu vermeiden, darin besteht, ihr Einkommen aus den Feldern „G" und „I" zu beziehen.

Wenn Leute Geld im „A"-Feld verdienen, besteht das einzige steuerliche Schlupfloch darin, ein größeres Haus zu kaufen und sich höher zu verschulden. Von der rechten Hälfte des Cashflow-Quadranten aus betrachtet ist das finanziell nicht besonders intelligent.

Steuern sind ungerecht

Häufig höre ich Leute sagen: „Es ist unamerikanisch, keine Steuern zu zahlen."

Amerikaner, die das sagen, scheinen ihre Geschichte vergessen zu haben. Amerika entstand aus dem Protest gegen Steuern. Haben sie die Boston Tea Party[1] von 1773 vergessen – die Rebellion, die zum Ausbruch

[1] Boston Tea Party: Als Protest gegen die Teesteuer vernichteten am 16.12.1773 als Indianer verkleidete Bürger im Bostoner Hafen eine Ladung Tee der Ostindischen Handelskompanie, wodurch die Spannungen zwischen den nordamerikanischen Kolonien und dem englischen Mutterland verschärft wurden.

des Bürgerkriegs führte, der die amerikanischen Kolonien von den erdrückenden englischen Steuern befreite?

Es gab zwei weitere berühmte Rebellionen gegen Steuern, die die Leidenschaft erkennen lassen, mit der sich Menschen gegen das Auferlegen von Steuern zur Wehr setzen:

Eine Geschichte des Protests gegen Steuern ist die von Wilhelm Tell. Er schoss den Apfel vom Kopf seines Sohnes, weil er erzürnt war über die Steuern, und riskierte bei seinem Protest sogar das Leben seines Sohnes.

Dann gab es noch Lady Godiva. Sie bat darum, die Steuern in ihrer Stadt zu senken. Die Regierungschefs sagten, sie würden die Steuern senken, wenn sie nackt durch die Stadt reiten würde. Sie ließ sich auf die Mutprobe ein.[2]

Steuervorteile

[2] Es handelt sich um eine sehr populäre Sage von Coventry (England). Lady Godiva, die Gattin des Earl of Mercia, Leofric, die etwa von 1040 bis 1080 gelebt hat, soll nackt, nur durch ihre langen Haare verhüllt, durch Coventry geritten sein, um die Bürger der Stadt von einer hohen Steuer zu befreien. Alle Bürger von Coventry haben sich der Sage nach in ihre Häuser zurückgezogen, bis auf „Peeping Tom“, der Godiva heimlich durch einen Spalt beobachtet haben und zur Strafe dafür erblindet sein soll.

Steuern sind eine Notwendigkeit der modernen Gesellschaft. Probleme entstehen dann, wenn Steuern missbraucht und Steuergelder falsch verwendet werden. In den nächsten paar Jahren werden Millionen von Angehörigen der Babyboom-Generation in Rente gehen. Es wird nötig sein, mehr Steuern zu erheben, um diese Bevölkerungsgruppe zu unterhalten. Amerika und andere große Nationen werden einen wirtschaftlichen Rückgang erleben. Betuchte Leute werden diese Länder verlassen und nach solchen suchen, die ihr Geld begrüßen anstatt sie dafür bestrafen, dass sie es besitzen.

Ein großer Fehler

Anfang dieses Jahres wurde ich von einem Zeitungsreporter interviewt. Im Rahmen des Interviews erkundigte er sich, wie viel Geld ich im vorigen Jahr verdient habe. Ich erwiderte: „Ungefähr 1 Million Dollar."

„Und wie viele Steuern haben Sie gezahlt?", fragte er.

„Gar keine", sagte ich. „Diese Gewinne habe ich aus Kapitalanlagen erzielt und konnte es ewig hinausschieben, diese Steuern zu zahlen. Ich habe drei Immobilien verkauft und sie legal abgesetzt. Ich habe das Geld nie angerührt. Ich habe es einfach in einen bedeutend größeren Grundbesitz reinvestiert." Einige Tage später druckte die Zeitung diese Geschichte.

„Reicher Mann verdient 1 Million Dollar und gibt zu, keine Steuern zu zahlen."

Ich habe so etwas in dieser Art gesagt, aber einige Wörter waren willkürlich weggelassen worden, wodurch die Aussage entstellt wurde. Ich weiß nicht, ob der Reporter böswillig war oder einfach das entsprechende Steuergesetz nicht verstand. Was auch immer der Grund gewesen sein mag – dies ist ein hervorragendes Beispiel für die unterschiedlichen Blickwinkel, die sich aus den unterschiedlichen Feldern des Quadranten ergeben. Wie ich bereits sagte, wird nicht jede Form von Einkommen gleich behandelt. Einige Formen werden niedriger besteuert als andere.

Die meisten Leute konzentrieren sich auf das Einkommen und nicht auf die Kapitalanlagen

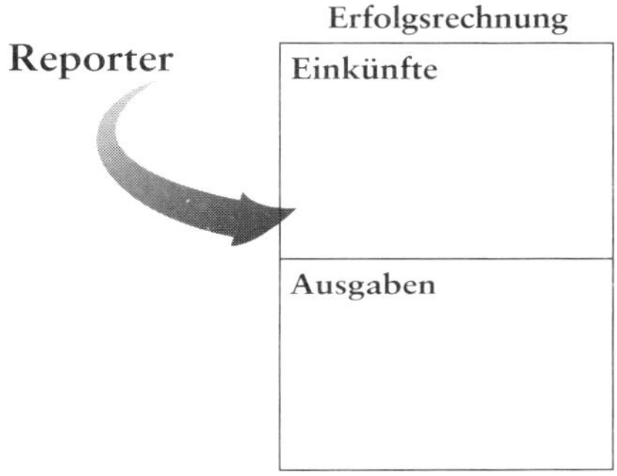

Der Reporter bezieht sein Einkommen in dieser Spalte:

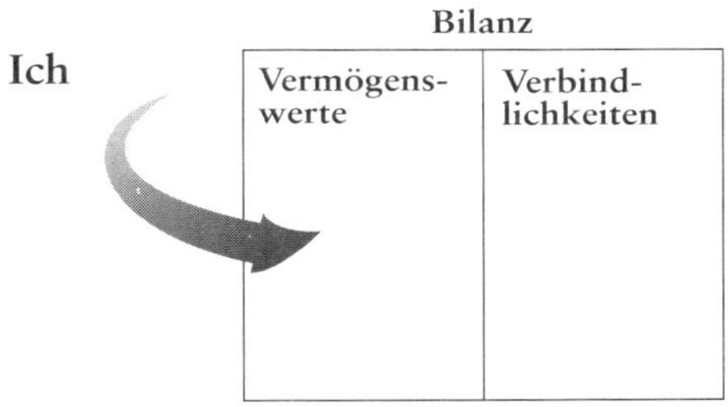

Ich verdiene mein Geld in dieser Spalte:

Er verdient sein Geld auf diesem Feld des Quadranten:

Ich verdiente meine Million auf diesem Feld des Quadranten:

Nach wie vor bekomme ich zu hören: „Ich gehe wieder zur Schule, um beruflich weiterzukommen", oder: „Ich arbeite hart, damit ich befördert werde."

Dies sind Formulierungen oder Vorstellungen von Leuten, die sich auf die Einkommensspalte oder das „A"-Feld des Cashflow-Quadranten konzentrieren. So spricht jemand, der die Hälfte seines Einkommens dem Staat abgibt und härter und länger dafür arbeitet, um das zu tun.

In einem der folgenden Kapitel werde ich erklären, wie Leute, die auf der rechten Seite des Quadranten operieren, Steuern als einen Vermögenswert benutzen anstatt sie als die Verbindlichkeit zu behandeln, die sie für die Mehrzahl derjenigen darstellen, die auf der linken Seite des Quadranten operieren. Das hat nichts mit mangelndem Patriotismus zu tun; es geht darum, dass man ein Mensch ist, der protestiert und mit legalen Mitteln um das Recht kämpft, so viel Geld wie möglich zu behalten. Menschen und Nationen, die nicht gegen ihre Steuern protestieren, sind oft Menschen oder Nationen, die sich in einer schwachen wirtschaftlichen Lage befinden.

Der schnelle Weg zum Reichtum

Für meine Frau und mich bedeutete der rasche Weg von der Obdachlosigkeit zur finanziellen Unabhängigkeit, dass wir unser Geld auf den „G"- und „I"-Feldern verdienten. In den auf der rechten Hälfte des Quadranten liegenden Feldern werden Sie schnell reich, weil Sie mit legalen Mitteln das Zahlen von Steuern vermeiden. Dadurch, dass wir mehr Geld behalten und dieses Geld für uns arbeiten lassen konnten, gelangten wir rasch zu finanzieller Unabhängigkeit.

Wege zur finanziellen Unabhängigkeit

Steuern und Schulden sind zwei der Hauptgründe dafür, dass die meisten Menschen nie finanzielle Sicherheit oder finanzielle Unabhängigkeit erlangen. Der Weg zu finanzieller Sicherheit oder Unabhängigkeit führt über die rechte Seite des Cashflow-Quadranten. Sie müssen über das Konzept der Arbeitsplatzsicherheit hinauskommen. Es ist an der Zeit, dass Sie den Unterschied zwischen finanzieller Sicherheit und finanzieller Unabhängigkeit kennen lernen.

Was ist der Unterschied zwischen

1. **Arbeitsplatzsicherheit,**
2. **finanzieller Sicherheit,**
3. **finanzieller Unabhängigkeit?**

Wie Ihnen bekannt ist, richtete mein beruflich hoch qualifizierter Vater sein Augenmerk voll auf die Arbeitsplatzsicherheit, wie die meisten Angehörigen seiner Generation. Er ging von der Annahme aus, dass Arbeitsplatzsicherheit finanzielle Sicherheit bedeutete – bis er seinen Arbeitsplatz verlor und keine andere Arbeitsstelle finden konnte. Mein reicher Vater sprach nie über Arbeitsplatzsicherheit. Er redete stattdessen über finanzielle Unabhängigkeit.

Die Antwort auf Ihre Suche nach der von Ihnen gewünschten Art von finanzieller Sicherheit oder Unabhängigkeit können Sie finden, wenn Sie das entsprechende Muster des Cashflow-Quadranten studieren.

1. Das Muster der Arbeitsplatzsicherheit

Nach diesem Muster operierende Menschen erledigen ihre Arbeit häufig gut. Viele von ihnen haben viele Jahre in der Schule verbracht und verfügen über jahrelange berufliche Erfahrungen. Das Problem ist, dass sie wenig über die Felder „G“ oder „I“ wissen, selbst wenn sie einen Rentenplan haben. Sie fühlen sich finanziell nicht abgesichert, weil sie nur in Hinsicht auf Arbeitsplatzsicherheit ausgebildet wurden.

Arbeitsplatzsicherheit

Auf zwei Beinen steht man besser

Um größere finanzielle Sicherheit zu erlangen, schlage ich vor, dass sich diese Leute neben ihrer in Feld „A“ oder „S“ angesiedelten Tätigkeit Kenntnisse auf den Feldern „G“ oder „I“ aneignen. Indem sie Vertrauen in ihre Fähigkeiten auf beiden Seiten des Cashflow-Quadranten haben, werden sie sich natürlich sicherer fühlen, selbst wenn sie nur wenig Geld haben. Wissen ist Macht – alles, was sie tun müssen, ist, auf die Gelegenheit zu warten, ihr Wissen anzuwenden, und das Geld wird ihnen zufließen.

Aus diesem Grund hat uns unser Schöpfer mit zwei Beinen ausgestattet. Hätten wir nur ein Bein, würden wir uns dauernd wackelig und unsicher fühlen. Wenn wir über Wissen in beiden Hälften des Quadranten verfügen, fühlen wir uns in der Regel sicherer. Leute, die sich nur in ihrem Job oder ihrem Beruf auskennen, haben nur ein „Bein“. Jedes Mal, wenn ihnen der „Wind der Wirtschaft“ ins Gesicht weht, „wackeln“ sie mehr als Menschen mit zwei Beinen.

2. Das Muster der finanziellen Sicherheit

Finanzielle Sicherheit für einen „A“

Dieser Kreis zeigt, dass diese Leute auf ihre Ausbildung sowohl als Investoren als auch als Angestellte vertrauen, anstatt einfach nur Geld auf ein Rentenkonto einzuzahlen und das Beste zu hoffen. So wie wir in die

Schule gehen, um einen Beruf zu erlernen, schlage ich Ihnen vor, sich die Kenntnisse eines professionellen Kapitalanlegers anzueignen.

Der Reporter, der sich darüber aufgeregt hatte, dass ich in meiner Vermögenswerte-Spalte 1 Million Dollar gemacht habe und keine Steuern zahlte, stellte mir nie die Frage: „Wie haben Sie die Million Dollar verdient?“

Für mich ist das die eigentliche Frage. Dem Steuernzahlen mit legalen Mitteln aus dem Weg zu gehen ist einfach. Die Million zu verdienen war nicht so leicht.

Ein anderer Weg zu finanzieller Sicherheit könnte folgendermaßen aussehen:

Finanzielle Sicherheit für einen „S“

Ein durchschnittlicher amerikanischer Millionär ist selbstständig, lebt sparsam und investiert langfristig. Die Abbildung auf der vorherigen Seite zeigt diesen finanziellen Lebensweg.

Diesen Weg, von „A" zu „G", nehmen viele große Unternehmer, wie zum Beispiel Bill Gates. Es ist nicht der einfachste Weg, aber meiner Ansicht nach einer der besten.

Der beste Weg von „A" nach „G"

„Doppelt genäht hält besser"

Viel besser als nur in einem Feld des Quadranten bewandert zu sein ist es also, Kenntnisse auf mehreren Feldern zu besitzen, besonders auf einem der linken und einem der rechten Hälfte. Im zweiten Kapitel habe ich die Tatsache erwähnt, dass eine reiche Person durchschnittlich 70 Prozent ihres Einkommens aus der rechten und 30 Prozent ihres Einkommens aus der linken Hälfte des Cashflow-Quadranten bezieht. Ich habe herausgefunden, dass sich Menschen sicherer fühlen, wenn sie auf mehr als nur einem einzigen Feld des Quadranten operieren, unabhängig davon, wie viel sie verdienen. Finanzielle Sicherheit hängt von einem sicheren Stand auf beiden Seiten des Cashflow-Quadranten ab.

Feuerwehrleute als Millionäre

Zwei meiner Freunde sind Beispiele für Erfolg auf beiden Seiten des Quadranten. Sie haben eine enorme Arbeitsplatzsicherheit mit Zusatzleistungen und zugleich ein großes finanzielles Vermögen auf der rechten Seite des Cashflow-Quadranten erworben. Beide sind Feuerwehrleute. Sie bekommen ein gutes, regelmäßiges Gehalt, erhalten hervorragende Zusatzleistungen und Rentenversicherungen und arbeiten nur zwei Tage pro Woche. Drei Tage wöchentlich arbeiten sie als professionelle Kapitalanleger. Die restlichen zwei Tage verbringen sie mit ihrer Familie und entspannen sich.

Einer von ihnen kauft alte Häuser, renoviert sie und nimmt Miete ein. Zur Zeit, wo ich dies schreibe, besitzt er 45 Häuser, die ihm monatlich 10 000 Dollar netto Miete einbringen, nach Abzug der Schulden, Steuern, Instandhaltungs-, Verwaltungs- und Versicherungskosten. Er verdient 3 500 Dollar als Feuerwehrmann und hat somit ein monatliches Gesamteinkommen von mehr als 13 000 Dollar und ein jährliches Gesamteinkommen in Höhe von etwa 150 000 Dollar, das weiter wächst. Es bleiben ihm noch fünf Jahre bis zu seiner Pensionierung, und sein Ziel ist es, ab seinem 56. Lebensjahr ein Jahreseinkommen von 200 000 Dollar zu haben. Nicht schlecht für einen Angestellten mit vier Kindern.

Der andere Freund verbringt seine Zeit damit, Firmen zu analysieren und sein Geld langfristig in Aktien und festverzinslichen Wertpapieren anzulegen. Er hat jetzt ein Portefeuille im Wert von mehr als 3 Millionen Dollar. Wenn er es in Bargeld umsetzen und 10 Prozent jährlich an Zinsen einnehmen würde, hätte er für den Rest seines Lebens ein Jahreseinkommen von 300 000 Dollar, falls keine grundlegenden Veränderungen auf dem Markt stattfinden. Auch das ist nicht schlecht für einen Angestellten mit zwei Kindern.

Beide Freunde haben in den 20 Jahren, in denen sie investiert haben, ausreichend passives Einkommen erzielt, um sich mit 40 zur Ruhe setzen zu können – aber beiden macht ihre Arbeit Spaß und sie wollen mit sämtlichen staatlichen Zusatzleistungen in den Ruhestand gehen. Dann werden sie finanziell unabhängig sein, weil sie die Vorteile des Erfolgs auf beiden Seiten des Cashflow-Quadranten genießen.

Geld allein bringt keine Sicherheit

Mir sind viele Menschen begegnet, die Millionen auf ihrem Rentenkonto haben und sich trotzdem unsicher fühlen. Weshalb? Weil sie diese Einkünfte aus ihrer Arbeitsstelle oder ihrem Geschäft beziehen. Häufig legen sie dieses Geld auf einem Rentenkonto an, wissen aber wenig oder gar nichts über das Thema Kapitalanlagen. Wenn dieses Geld verschwindet und sie aus dem Berufsleben ausgeschieden sind – was sollen sie dann tun?

In Zeiten großer wirtschaftlicher Veränderungen gibt es immer große Transfers des Wohlstands. Selbst wenn Sie nicht viel Geld besitzen, ist es wichtig, in Ihre Ausbildung zu investieren – denn wenn sich dann die Veränderungen vollziehen, werden Sie besser darauf vorbereitet sein. Lassen Sie sich nicht von ihnen überraschen und in Angst versetzen. Wie ich bereits sagte, kann niemand voraussagen, was geschehen wird, aber es ist trotzdem besser, auf alle Eventualitäten vorbereitet zu sein. Und das bedeutet, sich jetzt weiterzubilden.

3. Das Muster der finanziellen Unabhängigkeit

Diesen Weg hat mir mein reicher Vater empfohlen. Es ist der Weg zur finanziellen Unabhängigkeit. Es handelt sich um wirkliche finanzielle Unabhängigkeit, weil auf dem „G"-Feld andere Menschen für Sie arbei-

Finanzielle Unabhängigkeit

ten und auf dem „I"-Feld Ihr Geld für Sie arbeitet. Ihnen selbst steht es frei, zu arbeiten oder nicht zu arbeiten. Ihr Wissen in Bezug auf diese beiden Felder des Quadranten hat Ihnen völlige Befreiung vom persönlichen Arbeitszwang verschafft.

Wenn Sie sich die Superreichen ansehen, stellen Sie fest, dass dies deren Muster im Cashflow-Quadranten ist. Der um die Felder „G" und „I" herumführende Pfeil symbolisiert das Einkommensmuster von Bill Gates von Microsoft, Rupert Murdoch von News Corp., Warren Buffett von Berkshire Hathaway und Ross Perot.

An dieser Stelle rasch eine Warnung: Das „G"-Feld unterscheidet sich stark vom „I"-Feld. Mir sind viele erfolgreich auf dem „G"-Feld operierende Leute begegnet, die ihre Unternehmen für Millionen verkauft haben und denen ihr neu erworbener Reichtum zu Kopf gestiegen ist. Sie neigen zu der Annahme, dass ihre Dollars ein Gradmesser für ihren IQ seien; also stolzieren Sie los ins „I"-Feld und verlieren ihr ganzes Geld. Die Spiele und ihre Regeln unterscheiden sich von Feld zu Feld – genau aus diesem Grund empfehle ich Ihnen, sich in Hinblick auf Ihr persönliches inneres Wesen zu bilden.

Die Wahl des Weges

Dies sind die verschiedenen finanziellen Wege, die man einschlagen kann. Leider wählen die meisten Leute den Weg der Arbeitsplatzsicherheit. In Zeiten ökonomischer Krisen klammern sich diese Menschen oft noch fester an die Arbeitsplatzsicherheit. Am Ende verbringen sie den Rest ihres Lebens an diesem Punkt.

Ich empfehle Ihnen, sich zumindest in Bezug auf finanzielle Sicherheit zu bilden. Das bedeutet, dass Sie sich in Hinsicht auf Ihren Job und Ihre Fähigkeit, sowohl in guten als auch in schlechten Zeiten zu investieren, sicher fühlen. Es ist ein großes Geheimnis, dass echte Investoren mehr Geld machen, wenn es dem Markt schlecht geht. Sie verdienen Geld, weil die nichtprofessionellen Anleger in Panik geraten und verkaufen anstatt zu kaufen. Aus diesem Grund fürchte ich mich nicht vor möglichen kommenden ökonomischen Veränderungen – weil Veränderung bedeutet, dass Vermögen transferiert wird.

Ihr Chef kann Sie nicht reich machen

Die derzeitigen wirtschaftlichen Veränderungen sind zum Teil das Resultat von Verkäufen und Fusionen von Firmen. Kürzlich verkaufte einer meiner Freunde sein Unternehmen. Am Tag des Verkaufs zahlte er mehr als 15 Millionen Dollar auf sein Bankkonto ein. Seine Angestellten mussten sich nach anderen Arbeitsstellen umsehen.

Auf der Abschiedsfeier, die sehr tränenreich war, waren auch sehr viel untergründiger Ärger und Groll zu spüren. Obwohl er seine Mitarbeiter gut bezahlt hatte, waren sie finanziell am letzten Tag ihrer Arbeit nicht besser bestückt als an ihrem ersten Arbeitstag. Vielen Leuten wurde bewusst, dass der Inhaber des Unternehmens reich geworden war, während sie die ganzen Jahre damit zugebracht hatten, ihre Löhne und Gehälter einzustreichen und Rechnungen zu begleichen.

Faktum ist, dass es nicht die Aufgabe Ihres Chefs ist, Sie reich zu machen. Die Aufgabe Ihres Chefs ist es sicherzustellen, dass Sie Ihr Gehalt bekommen. Es liegt an Ihnen, reich zu werden, wenn Sie wollen. Und diese Aufgabe müssen Sie in dem Moment in Angriff nehmen, in dem Sie Ihr Gehalt bekommen. Wenn Sie nicht gut mit Geld umgehen können, kann alles Geld der Welt Sie nicht retten. Wenn Sie klug mit Ihrem Geld wirtschaften und sich entweder auf Feld „G" oder Feld „I" des Quadranten Kenntnisse aneignen, befinden Sie sich auf dem Weg zu großem persönlichem Vermögen und, was das Wichtigste ist, zu finanzieller Unabhängigkeit.

Mein reicher Vater sagte immer zu seinem Sohn und zu mir: „Der einzige Unterschied zwischen einem reichen und einem armen Menschen besteht darin, was sie in ihrer Freizeit tun."

Ich stimme dieser Aussage zu. Ich merke, dass die Menschen heutzutage mehr zu tun haben als jemals zuvor und dass Freizeit zunehmend kostbarer wird. Dennoch würde ich vorschlagen, dass Sie Ihr Beschäftigungsfeld auf beide Hälften des Cashflow-Quadranten ausdehnen, wenn Sie ohnehin beschäftigt sein werden. Wenn Sie das tun, haben Sie bessere Aussichten, am Ende mehr Freizeit und größere finanzielle Unabhängigkeit zu erlangen. Wenn Sie an Ihrem Arbeitsplatz sind, geben Sie Ihr Bestes. Bitte lesen Sie das „Wall Street Journal" nicht während Ihrer Arbeitszeit. Ihr Chef wird Sie mehr schätzen und respektieren. Was Sie nach Ihrer Arbeit mit Ihrem Gehalt und Ihrer Freizeit anfangen, bestimmt Ihre Zukunft. Wenn Sie sich auf der linken Seite des

Quadranten abmühen, werden Sie sich für den Rest Ihres Lebens abrackern. Wenn Sie auf der rechten Seite des Quadranten hart arbeiten, haben Sie die Aussicht, finanzielle Unabhängigkeit zu erlangen.

Der Weg, den ich empfehle

Von Menschen, die auf der linken Seite des Cashflow-Quadranten operieren, werde ich oft gefragt: „Was würden Sie empfehlen?" Ich empfehle denselben Weg, den mein reicher Vater mir empfohlen hat. Denselben Weg, den Leute wie Ross Perot, Bill Gates und andere beschritten haben.

Meine Empfehlung

Gelegentlich höre ich die Klage: „Aber ich möchte lieber ein Investor sein."

Und ich entgegne: „Dann gehen Sie auf Feld ‚I'. Wenn Sie eine Menge Geld und viel Freizeit haben, begeben Sie sich geradewegs auf das ‚I'-Feld. Verfügen Sie jedoch nicht über Zeit und Geld im Überfluss, ist der von mir empfohlene Weg sicherer."

In den meisten Fällen haben Menschen weder Zeit noch Geld im Überfluss und stellen dann eine andere Frage: „Weshalb? Warum empfehlen Sie als Erstes Feld ‚G'?"

Auf diese Diskussion, die in der Regel etwa eine Stunde lang dauert, werde ich an dieser Stelle nicht eingehen. Aber ich werde in den folgenden Zeilen meine Gründe zusammenfassen.

1. **Erfahrung und Ausbildung:** Wenn Sie zunächst auf Feld „G" erfolgreich sind, haben Sie bessere Aussichten, sich zu einem fähigen „I" zu entwickeln.

„I"-Menschen investieren in die Unternehmen von „G"-Menschen.

Wenn Sie zunächst einen soliden Geschäftssinn entwickeln, können Sie ein erfolgreicherer Investor werden. Echte Kapitalanleger investieren in stabile Unternehmen von „G"-Menschen. Es ist riskant, in die Unternehmen von solchen „A"- oder „S"-Menschen zu investieren, die den Unterschied zwischen einem System und einem Produkt nicht kennen – oder denen herausragende Fähigkeiten auf dem Gebiet der Menschenführung abgehen.

2. **Cashflow:** Wenn Sie bereits ein gut laufendes Unternehmen haben, sollten Sie über die Freizeit und die flüssigen Mittel verfügen, um die Schwankungen auf dem „I"-Feld ausgleichen zu können.

Häufig begegnen mir auf den Feldern „A" und „S" operierende Leute, deren Mittel so knapp sind, dass sie sich absolut keinen finanziellen Verlust leisten können. Ein Umschwung des Marktes – und sie sind ruiniert, weil sie sich finanziell gerade so über Wasser halten.

Faktum ist: Investieren ist eine kapital- und wissensintensive Angelegenheit. Manchmal kostet es eine Menge Kapital und Zeit, dieses Wissen zu erlangen. Viele erfolgreiche Investoren haben viele Male verloren, bevor sie gewonnen haben. Erfolgreiche Menschen wissen, dass Erfolg ein schlechter Lehrmeister ist. Man lernt aus Fehlern und auf dem „I"-Feld kosten Fehler Geld. Wenn Ihnen sowohl die nötigen Kenntnisse als auch die Mittel fehlen, ist es finanzieller Selbstmord zu versuchen, Investor zu werden.

Indem sie die Fähigkeit entwickeln, ein guter „G" zu werden, schaffen Sie auch den nötigen Kapitalfluss, ein guter Investor zu werden. Das Unternehmen, das Sie als „G" aufbauen, wird Ihnen das Geld verschaffen, das Sie während der Zeit zum Leben brauchen, in der Sie sich die Kenntnisse aneignen, die Sie benötigen, um ein erfolgreicher Investor zu werden.

Haben Sie erst einmal die Kenntnisse eines guten Investors erworben, werden Sie verstehen, weshalb ich sagen kann: „Es ist nicht immer Geld nötig, um Geld zu machen."

Gute Neuigkeiten

Die guten Neuigkeiten sind, dass es leichter ist als je zuvor, auf Feld „G" erfolgreich zu sein. So wie der technische Fortschritt viele Dinge vereinfacht hat, hat es die technologische Entwicklung auch einfacher gemacht, auf dem „G"-Feld erfolgreich zu sein. Obwohl es nicht so leicht ist wie einen Job zu finden, für den man den Mindestlohn erhält, gibt es inzwischen für immer mehr Menschen Möglichkeiten, auf dem „G"-Feld finanzielle Erfolge zu erzielen.

4 Die 3 unterschiedlichen Unternehmensformen

Wenn Sie den Wechsel auf Feld „G“ vollziehen, denken Sie immer daran, dass es Ihr Ziel ist, ein unternehmerisches System zu besitzen und Personal zu haben, das dieses System für Sie am Laufen hält. Sie können dieses Geschäftssystem selbst entwickeln oder nach einem System suchen, das Sie kaufen können. Stellen Sie sich das System als die Brücke vor, auf der Sie sicher von der linken zur rechten Seite des Cashflow-Quadranten gehen können – Ihre Brücke zur finanziellen Unabhängigkeit.

Heutzutage gibt es im Großen und Ganzen drei typische Unternehmensformen:

1. traditionelle Unternehmen: Sie entwickeln Ihr eigenes System;
2. Lizenzunternehmen: Sie kaufen ein bereits existierendes System;
3. Network-Marketing: Sie kaufen sich in ein bereits existierendes Unternehmen ein und werden Teilhaber.

Jede Unternehmensform hat ihre Stärken und Schwächen, letztendlich aber laufen sie alle auf das Gleiche hinaus. Wenn man sie richtig betreibt, erzeugt jede von ihnen – sobald sie gut läuft – einen fortlaufenden Einkommensfluss, ohne besonderen physischen Arbeitseinsatz vonseiten des Geschäftsinhabers.

Wenn uns 1985 die Leute fragten: „Weshalb waren Sie obdachlos?“, sagten Kim und ich ganz einfach: „Wir haben ein Geschäftssystem aufgebaut.“

Dieses Geschäftssystem war eine „Kreuzung“ aus einem traditionellen Unternehmen und einem Lizenzunternehmen. Wie bereits zuvor erwähnt, erfordert das Operieren auf dem „G“-Feld Kenntnisse sowohl in Bezug auf Unternehmensformen als auch in Hinsicht auf Menschen.

Notwendige Kenntnisse eines „G“

Die Entscheidung, unser eigenes Geschäftssystem zu entwickeln, bedeutete eine Menge harter Arbeit. Ich hatte diesen Weg zuvor schon beschritten und mein Unternehmen war gescheitert. Obwohl es jahrelang erfolgreich funktioniert hatte, machte es im Laufe des fünften Geschäftsjahres plötzlich Pleite. Als wir begannen, Erfolg zu haben, verfügten wir noch nicht über ein angemessenes Geschäftssystem. Das System brach zusammen, obwohl wir hart arbeiteten. Wir hatten das Gefühl, als befänden wir uns auf einer ziemlich großen Jacht, die ein Leck bekommen hat, dessen Ortung uns aber nicht gelingt. Wir versuchten alle, das Leck zu finden, konnten aber das Wasser nicht schnell genug herausschöpfen, um das Leck zu entdecken und zu reparieren. Selbst wenn wir es hätten finden können, wären wir nicht sicher gewesen, ob wir es hätten abdichten können.

„Unter Umständen können Sie zwei oder drei Unternehmen verlieren"

Als ich auf die Highschool ging, erzählte mein reicher Vater seinem Sohn und mir, dass er ein Geschäft verloren hatte, als er in seinen 20ern war. „Das war die beste und schlimmste Erfahrung meines Lebens", sagte er. „So furchtbar ich es auch fand – ich lernte mehr daraus, indem ich es verbesserte und schließlich in einen glänzenden Erfolg verwandelte."

Da mein reicher Vater wusste, dass ich darüber nachdachte, mein eigenes Unternehmen zu gründen, sagte er zu mir: „Du kannst unter Umständen zwei oder drei Unternehmen verlieren, bevor du ein erfolgreiches Unternehmen aufbaust, das von Dauer ist."

Er bereitete seinen Sohn Mike darauf vor, sein Imperium zu übernehmen. Weil mein leiblicher Vater ein Regierungsangestellter war, würde ich kein Imperium erben. Ich musste mein eigenes aufbauen.

Erfolg ist ein schlechter Lehrmeister

„Erfolg ist ein schlechter Lehrmeister", sagte mein reicher Vater stets. „Wir lernen das meiste über uns selbst, wenn wir scheitern – also fürchte dich nicht davor, zu scheitern. Scheitern ist ein Teil des Weges zum Erfolg. Du kannst keinen Erfolg ohne Scheitern haben. Daher sind erfolglose Menschen solche, die niemals scheitern."

Vielleicht war es eine sich selbst bewahrheitende Voraussage, jedenfalls war das Unternehmen, das 1984 zusammenbrach, mein Unternehmen Nr. 3. Ich hatte Millionen verdient und Millionen verloren und fing gerade ganz von vorn an, als ich Kim kennen lernte. Ich weiß deshalb, dass sie mich nicht wegen meines Geldes heiratete, weil ich kein Geld hatte. Als ich ihr erzählte, was ich tun wollte, nämlich Unternehmen Nr. 4 aufbauen, lief sie nicht davon.

„Ich werde es gemeinsam mit dir aufbauen", erwiderte sie – und sie hielt ihr Wort. Zusammen mit einem weiteren Partner bauten wir ein Geschäftssystem mit weltweit elf Geschäftsstellen auf, das Einkommen abwarf, unabhängig davon, ob wir arbeiteten oder nicht. Es aus dem Nichts heraus zu einem System mit elf Geschäftsstellen zu machen nahm fünf Jahre voller Schweiß und Tränen in Anspruch – aber es funktionierte. Beide Väter freuten sich für mich und gratulierten mir von Herzen (beide hatten bei meinen vorausgehenden Versuchen, Unternehmen aufzubauen, Geld verloren).

Der schwierige Teil

Mike, der Sohn meines reichen Vaters, sagte oft zu mir: „Ich werde nie wissen, ob ich das schaffen kann, was du oder mein Vater getan haben. Mir ist das Geschäftssystem übergeben worden und ich musste nur noch lernen, es zu betreiben."

Ich bin sicher, dass er ein eigenes erfolgreiches System hätte entwickeln können, weil er gut von seinem Vater gelernt hatte. Trotzdem verstand ich, was er meinte. Das Schwierige daran, ein Unternehmen aus dem Nichts aufzubauen, ist, dass man zwei große Variablen hat: das Geschäftssystem und die Leute, die das System aufbauen. Wenn sowohl die Leute als auch das System „lecken", ist die Gefahr eines Scheiterns groß. Manchmal ist es schwierig festzustellen, ob das Problem der Mensch oder das System ist.

Die Zeit vor dem Lizenzunternehmen

Zu der Zeit, als mir mein reicher Vater beizubringen begann, wie man ein Unternehmer wird, gab es nur einen Unternehmenstyp. Das war ein großes Unternehmen, das meist die Stadt dominierte. In unserer Stadt auf Hawaii war es die Zuckerplantage, die praktisch alles kontrollierte – einschließlich der anderen großen Unternehmen. Es gab also große Firmen, kleine Familienunternehmen und wenig, was dazwischenlag.

In den oberen Etagen dieser großen Zuckerfabriken zu arbeiten war kein realistisches Ziel für Leute wie meinen reichen Vater und mich. Angehörige von Minderheiten, wie die Japaner, Chinesen und Hawaiianer, arbeiteten auf den Feldern; der Zutritt zur Führungsetage jedoch war ihnen verwehrt. Also lernte mein reicher Vater alles, was er wusste, nur durch Ausprobieren.

Als ich in die Highschool kam, hörte ich zum ersten Mal von Lizenzunternehmen, aber keines hatte sich in unserer kleinen Stadt niedergelassen. Wir hatten nicht von McDonald's, Kentucky Fried Chicken oder

Taco Bell gehört. Sie gehörten nicht zu unserem Vokabular während der Lektionen, die ich von meinem reichen Vater erhielt. Wenn uns Gerüchte darüber zu Ohren kamen, hörten wir, dass sie „illegale, betrügerische Unternehmen und gefährlich" seien. Als mein reicher Vater diese Gerüchte vernahm, flog er natürlich nach Kalifornien und holte Informationen über die Lizenzunternehmen ein anstatt den Gerüchten Glauben zu schenken. Als er zurückkam, sagte er nur: „Den Lizenzunternehmen gehört die Zukunft, sie sind ganz groß im Kommen", und er kaufte Lizenzen für zwei dieser Unternehmen. Sein Vermögen erreichte Schwindel erregende Höhen, als sich das Konzept der Lizenzunternehmen durchsetzte, und er begann seine Rechte an andere Leute zu verkaufen, sodass sie die Chance hatten, ihr eigenes Geschäft aufzubauen.

Als ich ihn fragte, ob ich eine solche Lizenz von ihm erwerben sollte, antwortete er: „Nein. Du hast inzwischen so viel darüber gelernt, wie man ein eigenes Unternehmen aufbaut; hör jetzt nicht auf. Lizenzen sind für Leute, die kein eigenes Unternehmen aufbauen wollen oder nicht wissen, wie man ein solches aufbaut. Außerdem hast du die 250 000 Dollar nicht, die nötig sind, um eine Lizenz von mir zu erwerben."

Heutzutage ist es schwer, sich eine Stadt ohne einen McDonald's, Burger King oder Pizza Hut an jeder Ecke vorzustellen. Aber es gab eine Zeit – und sie liegt noch gar nicht so lange zurück –, als diese Restaurants nicht existierten. Und ich bin alt genug, um mich an diese Zeiten zu erinnern.

Wie man lernt, ein „G" zu werden

Ich lernte auf dem „G"-Feld zu operieren, indem ich bei meinem reichen Vater in die Lehre ging. Sein Sohn und ich waren beide „As", die lernten, wie man ein „G" wird. Und auf diese Art und Weise lernen viele Menschen. Man nennt das Training on the Job.

Das Problem ist, dass nicht besonders viele Leute das Privileg oder das Glück haben, etwas über die Aspekte „hinter den Kulissen" der Unternehmerwelt zu lernen. Die meisten von Firmen angebotenen Management-Training-Programme entsprechen genau ihrem Namen – die Firma vermittelt Ihnen lediglich das Know-how eines Managers. Wenige bringen Ihnen bei, was dazu nötig ist, ein Unternehmer zu werden.

Häufig bleiben Menschen auf ihrem Weg zum „G"-Feld im „S"-Feld stecken. Das geschieht hauptsächlich deshalb, weil sie kein ausreichend stabiles unternehmerisches System entwickeln und aus diesem Grund schließlich zu einem integralen Bestandteil des Systems werden. Erfolgreiche Unternehmer entwickeln ein System, das ohne ihre Eigenbeteiligung funktioniert.

Im Folgenden finden Sie drei Möglichkeiten, wie Sie schnell auf das „G"-Feld gelangen können.

1. ***Suchen Sie sich einen Mentor:*** Mein reicher Vater war mein Mentor. Ein Mentor ist jemand, der das bereits getan hat, was Sie vorhaben – und der damit erfolgreich ist. Suchen Sie sich keinen Berater. Ein Berater ist jemand, der Ihnen sagt, wie Sie es tun müssen, es aber selbst nicht getan hat. Die meisten Berater operieren auf dem „S"-Feld. Die Welt ist voller Selbstständiger, die Ihnen sagen wollen, wie man ein Unternehmer oder ein Investor wird. Mein reicher Vater war ein Mentor, kein Berater. Einer der besten Tipps, die er mir gab, war der folgende:

„Sei vorsichtig in Bezug auf den Rat, den man dir gibt. Du musst offen sein, aber zugleich dein Augenmerk vor allem darauf richten, aus welchem Feld des Quadranten der Rat kommt."

Mein reicher Vater brachte mir bei, wie unternehmerische Systeme funktionieren und wie man Menschen führt anstatt sie zu managen. Manager betrachten ihre Untergebenen als ihnen unterlegene Menschen. Leute, die Menschen führen, müssen Menschen leiten, die häufig klüger sind als sie selbst.

Ein traditioneller Weg, sich Kenntnisse über die Funktion von Geschäftssystemen anzueignen, ist, auf einer guten Universität Betriebswirtschaftslehre zu studieren und einen Arbeitsplatz mit schnellen Aufstiegschancen in einem Unternehmen zu suchen. Aber ein Abschluss in Betriebswirtschaftslehre bedeutet nicht automatisch, dass Sie die Kompetenz besitzen, alle Systeme zu beherrschen, die zusammengenommen ein komplettes unternehmerisches System ausmachen.

Um alles über die Systeme zu lernen, aus denen sich eine große Firma zusammensetzt, müssen Sie 10 bis 15 Jahre dort verbringen und all die unterschiedlichen Aspekte dieses Unternehmens kennen lernen. Sie sollten dann darauf vorbereitet sein, die Firma zu verlassen und Ihr eigenes

Unternehmen zu gründen. Für eine große, erfolgreiche Firma zu arbeiten ist so, als würden Sie von Ihrem Mentor bezahlt.

Selbst wenn Sie einen Mentor haben oder über Jahre hinweg Erfahrung sammeln können, ist diese erste Methode arbeitsintensiv. Ihr eigenes Geschäftssystem aufzubauen erfordert eine Menge Ausprobieren, Anwaltskosten im Voraus und Papierkram. Gleichzeitig sind Sie damit beschäftigt, Personal einzustellen und zu schulen.

2. *Lizenzen:* Eine andere Möglichkeit, etwas über die Funktionsweise von Betrieben zu lernen, besteht im Erwerb einer Lizenz. Wenn Sie das machen, kaufen Sie ein funktionierendes Geschäftssystem, das sich bereits bewährt hat. Es gibt zahlreiche ausgezeichnete Lizenzunternehmen.

Wenn Sie ein solches System erwerben anstatt zu versuchen, Ihr eigenes Unternehmen aufzubauen, können Sie sich auf die Schulung Ihres Personals konzentrieren. Viele Banken geben deshalb Kredite für Lizenzen und nicht für ein neues Kleinunternehmen, weil sie die wichtige Bedeutung von Geschäftssystemen kennen und wissen, dass ein geschäftlicher Neuanfang mit einem guten Geschäftssystem ihr Risiko senkt.

Ein wichtiger Hinweis für diejenigen, die eine Lizenz erwerben möchten: Bitte tun Sie das nicht aus der Sicht eines Selbstständigen heraus, der sein „eigenes Ding aufziehen" will. Wenn Sie ein Lizenzsystem erwerben, müssen Sie auf dem „A"-Feld operieren. Betreiben Sie das Geschäft genau so, wie der Lizenzgeber es Ihnen erklärt. Nichts ist tragischer als gerichtliche Auseinandersetzungen zwischen Lizenznehmern und Lizenzgebern. In der Regel kommt es dazu, weil die Leute, die das System kaufen, es tatsächlich auf ihre eigene Art und Weise betreiben wollen und nicht so, wie der Lizenzgeber es will. Wenn Sie Ihr „eigenes Ding aufziehen" möchten, dann tun Sie das, nachdem Sie das Geschäftssystem – zu dem auch das Personal gehört – beherrschen.

Mein beruflich hoch qualifizierter Vater scheiterte, obwohl er die Lizenz einer bekannten, teuren Eiskremfirma erworben hatte. Obgleich das System exzellent war, scheiterte das Unternehmen. Meiner Meinung nach lag der Grund darin, dass alle seine Geschäftspartner „A" und „S" waren, die nicht wussten, was zu tun ist, wenn die Geschäfte anfangen schlecht zu laufen, und die Mutterfirma nicht um Unterstützung baten. Am Ende stritten sich die Geschäftspartner untereinander und das Geschäft brach zusammen. Sie vergaßen, dass ein echtes Unternehmen mehr als einfach nur ein System ist. Es ist auch abhängig von entsprechend gutem Personal.

Banken vergeben keine Kredite an Leute ohne ein Geschäftssystem

Wenn eine Bank kein Geld an kleine Unternehmen verleiht, die kein Geschäftssystem haben, weshalb sollten Sie es dann tun? Fast täglich kommen Leute zu mir, die mir ihre geschäftlichen Pläne unterbreiten in der Hoffnung, Geld für ihre Idee oder ihr Projekt zu erhalten.

Meistens lehne ich ab, und zwar hauptsächlich aus einem Grund: Die Leute, die mich um Geld angehen, kennen den Unterschied zwischen einem Produkt und einem Geschäftssystem nicht. Ich hatte Freunde (Sänger einer Band), die mich baten, Geld in die Produktion einer neuen CD zu investieren, und andere, die wollten, dass ich ihnen beim Aufbau einer neuen wohltätigen Organisation, die die Welt verändern sollte, helfe. So sehr mir das Projekt, das Produkt oder die jeweilige Person vielleicht auch gefallen mögen – ich lehne ab, wenn jemand nur wenig oder gar keine Erfahrung mit dem Aufbau und dem Betreiben unternehmerischer Systeme besitzt.

Singen zu können bedeutet nicht, dass jemand das System des Marketings, der Finanzen, der Buchhaltung, des Verkaufs, der Einstellung und des Entlassens von Personal, das Rechtssystem und viele andere Systeme versteht, die nötig sind, um ein Unternehmen am Laufen zu halten und es erfolgreich zu betreiben.

Damit ein Geschäft überlebt und floriert, müssen alle Systeme 100-prozentig und zuverlässig funktionieren.

Aus diesem Grund ist es nicht einfach, ein funktionierendes unternehmerisches System aufzubauen, das sich bewährt. Deshalb investiere ich selten in ein neues Produkt oder eine neue Idee einer Person, die auf den Feldern „A" oder „S" operiert. Professionelle Kapitalanleger investieren in der Regel in bewährte Geschäftssysteme von Menschen, die wissen, wie man diese Systeme betreibt.

Wenn also Banken nur auf der Basis bewährter Geschäftssysteme Kredite geben und sich denjenigen ansehen, der diese Systeme betreiben wird, sollten Sie dasselbe tun – wenn Sie ein cleverer Kapitalanleger sein wollen.

3. ***Network-Marketing:*** wird auch als Multilevel-Marketing oder Direktvertrieb bezeichnet.

Nachdem ich meine Vorurteile überwunden und mit der Erkundung des Network-Marketings begonnen hatte, entdeckte ich, dass es viele Leute gab, die ernsthaft und fleißig erfolgreiche Network-Marketing-Unternehmen aufbauten. Als ich diese Leute traf, sah ich die Auswirkungen, die ihr Unternehmen auf das Leben und die finanzielle Zukunft anderer Menschen hatte. Ich begann den Wert des Network-Marketing-Systems aufrichtig zu schätzen. Für eine vernünftige Gebühr (oft um die 200 Dollar) können sich Leute in ein bereits existierendes Geschäftssystem einkaufen und sofort anfangen, Geschäfte zu machen. Dank der technischen Fortschritte der Computerindustrie sind diese Organisationen total automatisiert und die Belastung durch den Papierkram, die Bearbeitung von Bestellungen, Distribution, Buchhaltung und Nachfragen wird Ihnen fast vollständig von den Network-Marketing-Softwaresystemen abgenommen. Neue Anbieter können ihre ganze Energie auf den Aufbau ihres Unternehmens konzentrieren, indem sie an dieser automatisierten Geschäftsgelegenheit teilhaben anstatt sich mit den normalen Anfangsschwierigkeiten eines Kleinunternehmens herumzuplagen.

Einer meiner langjährigen Freunde, der 1997 mehr als 1 Milliarde Dollar im Grundstücks- und Immobiliengeschäft verdient hat, meldete sich kürzlich als Network-Marketing-Anbieter an und begann sein eigenes Geschäft aufzubauen. Ich war erstaunt festzustellen, dass er so eifrig ein Network-Marketing-Unternehmen aufbaute, weil er das Geld wirklich nicht brauchte. Als ich ihn fragte, erklärte er es mir folgendermaßen:

„Ich ging zur Schule, um Wirtschaftsprüfer zu werden, und ich habe einen Abschluss in Betriebswirtschaftslehre mit dem Schwerpunkt Finanzwissenschaften. Wenn mich Leute fragen, auf welche Weise ich so reich geworden bin, erzähle ich ihnen von den Millionengeschäften, die ich mit Grundstücken und Immobilien mache, und von den Hunderttausenden von Dollar an passivem Einkommen, die mir jährlich aus meinen Grundstücks- und Immobiliengeschäften zufließen. Ich bemerke dann, wie einige von ihnen sich zurückziehen oder zurückscheuen. Wir wissen beide, dass ihre Chancen, Millionen ins Immobiliengeschäft zu investieren, so wie ich es tue, gleich null sind. Davon abgesehen, dass sie nicht über den bildungsmäßigen Hintergrund verfügen, besitzen sie auch nicht die nötigen zusätzlichen Mittel für derartige Investitionen. Also begann ich mich nach einem Weg umzusehen, wie ich ihnen helfen könnte, dasselbe passive Einkommen zu erzielen, das mir aus dem Immobiliengeschäft zufließt – ohne dass sie sechs Jahre lang auf die Schulbank zurückkehren und zwölf Jahre lang ins Grundstücks- und Immobiliengeschäft investieren müssen. Ich glaube, dass Network-Marketing Menschen die Chance bietet, sich das passive Einkommen zu schaffen, das sie für ihren Lebensunterhalt benötigen, während sie sich zu professionellen Investoren weiterbilden. Aus diesem Grund empfehle ich ihnen Network-Marketing. Selbst wenn sie nur wenig Geld haben, können sie fünf Jahre lang ihre persönliche Arbeitsenergie investieren und allmählich ausreichend passives Einkommen erzielen, um mit dem Investieren beginnen zu können. Durch den Aufbau ihres eigenen Unternehmens haben sie Zeit zu lernen sowie das Kapital, um mit mir zusammen in meine größeren Geschäfte investieren zu können."

Mein Freund schloss sich einer Network-Marketing-Firma als Verteiler an, nachdem er einige dieser Firmen unter die Lupe genommen hatte, und gründete ein Network-Marketing-Unternehmen zusammen mit Leuten, die beabsichtigten, eines Tages gemeinsam mit ihm zu investieren. Er ist inzwischen sowohl in seinem Network-Marketing-Unternehmen als auch in seinen Geschäften als Kapitalanleger erfolgreich. Er sagte zu mir: „Anfangs tat ich es, weil ich Menschen helfen wollte, das Geld zusammenzubekommen, das sie zum Investieren brauchten, und jetzt werde ich durch ein neues Unternehmen reich."

Zweimal monatlich hält er samstags Kurse ab. Beim ersten Mal unterrichtet er die Leute über Geschäftssysteme und Personal oder wie man zu einem erfolgreichen „G" wird. Beim zweiten Mal bringt er ihnen bei, Verständnis für Zahlen und finanzielle Intelligenz zu entwickeln. Er lehrt sie das Know-how von Unternehmern. Die Teilnehmerzahl seiner Kurse wächst ständig.

Das von ihm empfohlene Muster ist dasselbe, das auch ich empfehle.

Empfehlenswerter Weg

Eine persönliche Lizenz

Heute rate ich Menschen aus folgendem Grund, das Network-Marketing in Betracht zu ziehen: Viele bekannte Lizenzen kosten 1 Million Dollar oder mehr. Network-Marketing ist wie der Erwerb einer persönlichen Lizenz, häufig für weniger als 200 Dollar.

Ich weiß, dass ein großer Teil des Network-Marketings harte Arbeit ist. Aber in jedem Feld des Cashflow-Quadranten ist Erfolg mit harter Arbeit verbunden.

Wenn ich Ihnen eine Empfehlung für die Suche nach einer guten Organisation geben kann, die Ihnen hilft, auf die rechte Seite des Quadranten zu wechseln, würde ich sagen, der Schlüssel liegt nicht so sehr im Produkt, sondern in der Anleitung, die die Organisation anbietet. Es gibt Network-Marketing-Organisationen, die ausschließlich daran interessiert sind, dass Sie ihr Geschäftssystem Ihren Freunden verkaufen. Und es gibt andere Organisationen, denen hauptsächlich daran liegt, Sie anzuleiten und Ihnen zum Erfolg zu verhelfen.

Im Rahmen meiner Studien des Network-Marketings habe ich zwei wichtige Dinge herausgefunden, die Sie durch die Programme dieser

Organisationen lernen können und die grundlegend sind, um ein erfolgreicher „G“ zu werden:

1. Um Erfolg zu haben, müssen Sie lernen, Ihre Angst vor Zurückweisungen zu überwinden, und aufhören, sich Gedanken darüber zu machen, was andere Menschen über Sie sagen werden. Sehr häufig sind mir Menschen begegnet, die allein deshalb davor zurückschreckten, einen neuen Weg zu beschreiten, weil sie sich Gedanken darüber machten, was ihre Freunde sagen würden, wenn sie etwas Neues tun würden. Ich kenne das, weil ich genauso war. Ich komme aus einer Kleinstadt, in der jeder wusste, was die anderen vorhatten. Wenn jemandem das, was man tat, nicht gefiel, hörte die ganze Stadt davon und machte die Sache zu ihrer Angelegenheit.

Einer der besten Sätze, die ich mir immer und immer wieder selbst vorsagte, lautete: „Was du über mich denkst, geht mich nichts an. Wichtig ist, was ich über mich selbst denke.“

Einer der Gründe dafür, dass mich mein reicher Vater dazu ermutigte, vier Jahre lang als Verkäufer für die Firma Xerox zu arbeiten, war nicht, dass er Kopiergeräte mochte, sondern dass er wollte, dass ich meine Schüchternheit und meine Angst vor Zurückweisungen überwand.

2. Lernen Sie als nächsten Schritt die Kunst der Menschenführung. Mit verschiedenartigen Menschen zu arbeiten ist das Schwierigste an der Geschäftswelt. Die in dieser Kunst erfolgreichen Menschen, die ich kenne, sind so genannte „Führernaturen“. Die Fähigkeit, mit Menschen zurechtzukommen und sie zu inspirieren, ist eine unbezahlbare Gabe. Eine Gabe, die man erlernen kann.

Wie ich bereits sagte, ist der Wechsel von der linken auf die rechte Seite des Cashflow-Quadranten nicht so sehr eine Sache dessen, was Sie tun, sondern wer Sie werden müssen. Lernen Sie, wie Sie mit Zurückweisungen umzugehen haben, wie Sie es schaffen, sich nicht dadurch beeinflussen zu lassen, was andere Menschen von Ihnen denken. Lernen Sie zudem die Kunst der Menschenführung und Sie werden zu Wohlstand gelangen. Daher empfehle ich jede Network-Marketing-Organisation, die sich in der Hauptsache darauf konzentriert, Sie als Mensch weiterzubilden anstatt Sie nur zu einem Verkäufer auszubilden. Ich würde nach Organisationen suchen, die:

1. sich bewährt haben und gute Leistungen sowie einen über Jahre hinweg erfolgreichen Vergütungsplan vorzuweisen haben;
2. eine Geschäftsgelegenheit bieten, mit der Sie Erfolg haben können, an die Sie glauben und die Sie zuversichtlich mit anderen teilen;
3. bereits laufende, langfristig angelegte und auf die persönliche Entwicklung ausgerichtete Ausbildungsprogramme haben. Selbstvertrauen ist auf der rechten Seite des Cashflow-Quadranten unbedingt notwendig;
4. ein effektives Mentorenprogramm haben. Sie wollen von Führungskräften und nicht von Beratern lernen. Von Menschen, die sich auf der rechten Seite des Quadranten bereits in Führungspositionen befinden und wollen, dass Sie Erfolg haben;
5. Mitglieder haben, die Sie respektieren und in deren Gesellschaft Sie sich wohl fühlen.

Erfüllt die Organisation diese fünf Kriterien, dann – und nur dann – sehen Sie sich das Produkt an. Zu viele Menschen schauen sich das Produkt, aber nicht das Geschäftssystem und die hinter dem Produkt stehende Organisation an.

Einer meiner Freunde und Kollegen erinnerte mich an den Wert der Zeit, eines unserer wertvollsten Vermögenswerte. Von einer echten Erfolgsgeschichte in einem Network-Marketing-Unternehmen können Sie reden, wenn sich Ihr Einsatz an Zeit und harter Arbeit nach kurzer Zeit und auf lange Sicht in einem bedeutenden passiven Einkommen niederschlägt. Wenn Sie erst eine effektive Organisation aufgebaut haben, können Sie aufhören zu arbeiten, und Ihr Einkommen wird Ihnen im Weiteren aus den Leistungen der von Ihnen aufgebauten Organisation zufließen. Der wesentlichste Gesichtspunkt für einen Erfolg mit einem Network-Marketing-Unternehmen ist jedoch nach wie vor ein langfristiges Engagement Ihrerseits sowie vonseiten der Organisation, um Sie zu dem Unternehmensführer heranzubilden, der Sie werden wollen.

Ein System ist eine Brücke in die Freiheit

Obdachlos zu sein war eine Erfahrung, die ich nicht wiederholen möchte. Dennoch war diese Erfahrung für Kim und mich unschätzbar. In unserer heutigen Zeit finden wir finanzielle Unabhängigkeit und Sicherheit nicht so sehr in dem, was wir haben, sondern in dem, von dem wir wissen, dass wir es mit Selbstvertrauen aufbauen können.

Seit dieser Zeit haben wir eine Immobilienfirma, eine Ölfirma, ein Bergbauunternehmen und zwei Bildungseinrichtungen aufgebaut. Es hat sich für uns also ausgezahlt zu lernen, wie man ein erfolgreiches Geschäftssystem aufbaut. Trotzdem würde ich diesen Weg niemandem empfehlen, es sei denn, er möchte ihn wirklich gehen.

Bis vor wenigen Jahren war die Möglichkeit, auf dem „G"-Feld erfolgreich zu sein, nur denjenigen vorbehalten, die reich oder kühn waren. Kim und ich müssen kühn gewesen sein, denn reich waren wir mit Sicherheit nicht. Der Grund dafür, dass so viele Leute auf der linken Seite des Cashflow-Quadranten stecken bleiben, ist, dass sie das Gefühl haben, die mit dem Aufbau ihres eigenen Systems verbundenen Risiken seien zu groß. Für sie ist es klüger, wenn sie weiterhin an einem sicheren Arbeitsplatz verbleiben.

Heutzutage sind die Risiken eines erfolgreichen Unternehmensinhabers dank technologischer Veränderungen bedeutend gesunken – und die Chance, ein eigenes Geschäftssystem zu besitzen, steht inzwischen praktisch jedem offen.

Lizenzen und Network-Marketing nehmen Ihnen den anstrengendsten Teil des Aufbaus Ihres eigenen unternehmerischen Systems ab. Sie erwerben die Rechte an einem bewährten System, und Ihre einzige Aufgabe besteht darin, Ihr Personal zu schulen.

Stellen Sie sich diese Geschäftssysteme als Brücken vor. Brücken, die einen Weg schaffen, auf dem Sie sicher von der linken auf die rechte Seite des Cashflow-Quadranten gelangen können – Ihre Brücke zur finanziellen Unabhängigkeit.

Im folgenden Kapital werden wir uns der zweiten Hälfte der rechten Seite des Quadranten, dem „I"-Feld bzw. dem Investor, zuwenden.

5 Die 7 Investorentypen

Mein reicher Vater stellte mir einmal die Frage: „Worin besteht der Unterschied zwischen einer Person, die auf Pferde wettet, und einer Person, die Aktien auswählt?“

„Ich weiß nicht“, antwortete ich.

„Es gibt keinen großen Unterschied“, erwiderte er. „Sei niemals die Person, die die Aktie kauft. Was du sein solltest, wenn du erwachsen bist, ist die Person, die die Aktie auf den Markt bringt, die die Börsenmakler verkaufen und die andere Leute kaufen.“

Lange Zeit begriff ich nicht, was mein reicher Vater damit meinte. Erst als ich begann, anderen Leuten beizubringen, wie man investiert, verstand ich das Konzept der unterschiedlichen Investorentypen.

Mein besonderer Dank für dieses Kapitel geht an John Burley. John wird als einer der klügsten Köpfe der Welt auf dem Gebiet des Kapitalanlegens auf dem Grundstücks- und Immobilienmarkt angesehen. Ende seiner 20er und Anfang seiner 30er kaufte er mehr als 130 Objekte, ohne dafür sein eigenes Geld anzutasten. Im Alter von 32 Jahren war er finanziell unabhängig und musste nie mehr arbeiten. Also entschied er sich, wie ich auch, zu lehren. Aber sein Wissen reicht weit über das Grundstücks- und Immobiliengeschäft hinaus. Er begann seine Karriere als Finanzplaner und verfügt daher über einen weit reichenden Einblick in die Welt der Finanzen und Steuern. Aber er besitzt auch die einzigartige Fähigkeit, diese Dinge klar verständlich zu erklären. Er hat die Gabe, den Themenkomplex oder das abstrakte Thema in einfach verständlicher Form darzustellen. Durch seine beim Lehren gemachten Erfahrungen entwickelte er eine Methode, mittels der er Investoren auf der Basis ihres Geschicks beim Investieren sowie anhand der unterschiedlichen Aspekte ihrer Persönlichkeit in sechs Kategorien einordnen konnte. Ich habe diese Kategorien überarbeitet und um eine siebte erweitert.

Freiwillige Übung

Am Ende der Darstellung jeder Kategorie finden Sie einen freien Platz, in den Sie die Person oder die Personen eintragen können, die Ihrem Urteil nach dieser Kategorie zuzuordnen ist. Wenn Sie auf die Kategorie stoßen, in der Sie sich bewegen, können Sie Ihren eigenen Namen eintragen.

Wie gesagt, handelt es sich hier lediglich um eine freiwillige Übung, die dazu dienen soll, Ihr Verständnis der unterschiedlichen Kategorien bzw. Levels zu vertiefen. Sie ist in keiner Weise darauf ausgerichtet, Ihre Freunde zu degradieren oder zu demütigen. Das Thema Geld ist ebenso heikel wie Politik, Religion oder Sex. Aus diesem Grund empfehle ich Ihnen, Ihre persönlichen Ansichten für sich zu behalten.

Ich verwende diese Liste oft zu Beginn meiner Investment-Kurse. Es macht das Lernen effektiver und hat vielen Kursteilnehmern geholfen, sich darüber klar zu werden, auf welchem Level sie sich befinden und in welche Kategorie sie kommen möchten.

Im Laufe der Jahre habe ich – mit Johns Erlaubnis – den Inhalt etwas abgeändert, um meine eigenen Erfahrungen einarbeiten zu können. Bitte lesen Sie sich die Beschreibung der sieben Kategorien von Investoren sorgfältig durch.

Die 7 Investorentypen

Level 0: Personen, die nichts zu investieren haben

Diese Menschen haben kein Geld, das sie investieren können. Entweder geben sie alles aus, was sie verdienen, oder sie geben mehr aus, als sie verdienen. Es gibt viele „reiche“ Leute, die unter diese Kategorie fallen, weil sie ebenso viel ausgeben, wie sie verdienen, oder weil die Summe ihrer Ausgaben die ihrer Einnahmen übersteigt. Leider gehören etwa 50 Prozent der erwachsenen Bevölkerung dieser Kategorie an.

Kenne ich 0-Level-Investorentypen? (freiwillig)

____

____

Level 1: Kreditnehmer

Diese Menschen lösen finanzielle Probleme dadurch, dass sie sich Geld leihen. Oft investieren sie das geliehene Geld sogar. Ihre Vorstellung von Finanzplanung sieht so aus, dass sie ein Loch mit einem anderen stopfen. In ihrem finanziellen Leben bewegen sie sich mit dem Kopf im Sand vorwärts wie ein Vogel Strauß, hoffend und betend, dass alles gut ausgeht. Sie mögen zwar einige wenige Vermögenswerte besitzen, haben aber zu hohe Schulden. Meistenteils sind sie sich der Funktion und Arbeitsweise des Geldes und ihrer Ausgabegewohnheiten nicht bewusst.

An all ihren Besitztümern kleben Schulden. Sie benutzen Kreditkarten ohne nachzudenken und wandeln diese Schulden dann in eine Hypothek mit langer Laufzeit um, sodass sie ihre Kreditkartenschulden bezahlen und sie dann wieder benutzen können. Falls der Wert ihres Hauses steigt, nehmen sie eine weitere Hypothek auf oder bauen ein größeres, teureres Haus. Sie glauben, dass der Wert einer Immobilie immer nur steigt.

Die Worte „niedrige monatliche Ratenzahlungen“ erregen grundsätzlich ihre Aufmerksamkeit. Mit diesen Worten im Hinterkopf kaufen sie häufig irgendwelchen Tand oder „Spielzeuge“, die an Wert verlieren, wie zum Beispiel Schiffe, Swimmingpools, Urlaubsreisen und Autos. Sie ordnen diese im Wert sinkenden Spielereien als Vermögenswerte ein, gehen wieder zur Bank, um einen weiteren Kredit aufzunehmen, und wundern sich, weshalb man ihre Bitte ablehnt.

Am liebsten kaufen sie ein. Sie kaufen Dinge, die sie nicht brauchen, wobei sie sich selbst folgenden Spruch vorsagen: „Nun mach doch schon. Du verdienst es"; „Du bist es wert"; „Wenn du es jetzt nicht kaufst, wirst du es vielleicht nie wieder zu einem so großartigen Preis finden"; „Es ist im Angebot" oder „Ich will, dass meine Kinder das haben, was ich nie hatte."

Sie halten es für clever, Schulden über einen langen Zeitraum auszudehnen, und machen sich selbst vor, dass sie härter arbeiten und irgendwann ihre Rechnungen bezahlen werden. Sie geben alles aus, was sie verdienen, und mehr. Sie sind für ihre Konsumgewohnheiten bekannt. Ladeninhaber und Autohändler lieben diese Leute. Wenn sie Geld haben, wird es ausgegeben. Wenn sie das nötige Geld nicht haben, leihen sie es sich.

Fragt man sie, was ihr Problem sei, sagen sie, dass sie einfach nicht genügend Geld verdienen. Sie denken, dass mehr Geld das Problem lösen würde. Egal wie viel sie verdienen – sie verschulden sich immer tiefer. Den meisten von ihnen ist kaum bewusst, dass das Geld, das sie heute verdienen, ihnen erst gestern noch wie ein Vermögen oder ein Traum erschien. Aber heute – obwohl sie ihr Traumeinkommen erzielt haben – ist es nicht genug.

Sie sind nicht imstande zu sehen, dass das Problem nicht unbedingt bei ihrem Einkommen (oder einem Mangel daran) liegt, sondern in ihren finanziellen Lebensgewohnheiten. Einige von ihnen glauben schließlich in ihrem tiefsten Inneren, dass ihre Situation hoffnungslos ist, und haben aufgegeben. Also vergraben sie ihren Kopf noch tiefer im Sand und machen genauso weiter wie zuvor. Ihre Gewohnheiten in Bezug auf Anleihen, Kaufen und Ausgeben sind außer Kontrolle. So wie ein „Fresssack" im Übermaß isst, wenn er deprimiert ist, geben diese Menschen Geld aus, wenn sie deprimiert sind. Sie geben Geld aus, werden niedergeschlagen und geben noch mehr aus.

Häufig streiten sie sich mit nahe stehenden Menschen über Geld und verteidigen vehement ihr Bedürfnis, dieses oder jenes zu kaufen. Sie verschließen sich ihrer finanziellen Situation gegenüber vollkommen und tun so, als würden ihre Geldprobleme eines Tages auf wundersame Weise verschwinden, oder sie geben vor, dass sie immer ausreichend viel Geld zur Verfügung haben würden, um sich alles kaufen zu können, was sie sich wünschen.

Dieser Investorentypus kann oft nach außen hin reich erscheinen. Diese Menschen haben große Häuser und auffallende Wagen – aber wenn man näher hinsieht, stellt man fest, dass sie diese Dinge mit geliehenem Geld kaufen. Eventuell verdienen sie eine Menge Geld, aber sie sind nur ein geschäftliches Missgeschick weit vom finanziellen Ruin entfernt.

Ich hatte einen ehemaligen Geschäftsinhaber in einem meiner Kurse. Er war in der Kategorie „groß Kohle machen, viel Kohle ausgeben" wohl bekannt. Er besaß jahrelang eine Kette von hervorragend florierenden Juweliergeschäften. Aber nach einem Einbruch der Wirtschaft verschwand sein Unternehmen. Seine Schulden jedoch verschwanden nicht. Es dauerte weniger als sechs Monate, bis ihn diese Schulden bei lebendigem Leib aufgefressen hatten. Er hatte meinen Kurs belegt, weil er nach neuen Lösungsmöglichkeiten suchte, und weigerte sich, die Idee, dass er und seine Frau Level-1-Investoren seien, auch nur in Erwägung zu ziehen. Er kam aus dem „G"-Feld und hoffte nun im Feld „I" glücklich zu werden. Er klammerte sich an die Vorstellung, dass er ja einmal ein erfolgreicher Geschäftsmann gewesen war und dass er nun dieselben Rezepte auf das Investieren anwenden und dadurch seinen Weg zur finanziellen Unabhängigkeit finden könne. Es war der klassische Fall eines Geschäftsmanns, der dachte, dass er automatisch ein erfolgreicher Investor werden könne. Die Regeln für Unternehmen sind nicht immer dieselben, die für das Investieren gelten.

Solange diese Investoren nicht bereit sind, sich zu ändern, sieht ihre finanzielle Zukunft trübe aus – es sei denn, sie heiraten reiche Partner, die sich mit diesen Gewohnheiten abfinden.

Kenne ich Level-1-Investorentypen? (freiwillig)

____

____

Level 2: Sparer

Diese Leute legen (meist) regelmäßig einen „kleinen" Geldbetrag auf die Seite. Das Geld ist mit geringem Risiko und zu einem niedrigen Zinssatz angelegt, wie beispielsweise auf einem Sparbuch oder in Form von Sparbriefen.

Sie sparen oft, um zu konsumieren, und weniger, um zu investieren (sie sparen z. B. für einen neuen Fernseher, einen neuen Wagen, eine Urlaubsreise usw.). Sie glauben an Barzahlung. Sie fürchten sich vor Kreditaufnahmen und Schulden. Stattdessen gefällt ihnen die „Sicherheit“ von Geld, das auf der Bank liegt.

Selbst wenn man ihnen zeigt, dass die heutige wirtschaftliche Situation eine negative Zinslage nach sich zieht (nach der Inflation und den Steuern), sind sie nicht bereit, besondere Risiken einzugehen. Sie haben keine Ahnung davon, dass der amerikanische Dollar seit 1950 90 Prozent seines Wertes verloren hat und weiterhin an Wert verliert, und zwar in einem Prozentsatz, der größer ist als die Zinsen, die ihnen eine Bank zahlt.

Die Menschen, die dieser Gruppe angehören, verschwenden häufig ihren wertvollsten Vermögenswert – die Zeit – mit dem Versuch, Cents zu sparen. Sie verbringen Stunden damit, Gutscheine aus Zeitungen auszuschneiden, und halten alle anderen Kunden im Supermarkt auf, weil sie nach den Supersparangeboten wühlen.

Anstatt zu versuchen Centbeträge zu sparen, hätten sie ihre Zeit darauf verwenden können zu lernen, wie man investiert. Stattdessen hält sie ihr tief sitzendes, auf Furcht beruhendes Sicherheitsbedürfnis dazu an, ihr Geld in Sparguthaben anzulegen, die niedrige Zinsen bringen.

Ich höre diese Menschen oft sagen: „Ein gesparter Cent ist ein verdienter Cent.“ Oder: „Ich spare für die Kinder.“ Die eigentliche Wahrheit dahinter ist oft eine tief sitzende Unsicherheit, die diese Menschen und ihr Leben beherrscht. In Wirklichkeit machen sie häufig sich selbst und den Menschen, für die sie sparen, etwas vor. Sie sind nahezu das genaue Gegenteil der Level-1-Investoren.

Geldsparen war ein gutes Konzept für das Agrarzeitalter. Doch nach Anbruch der industriellen Ära war Sparen keine besonders clevere Idee mehr. Eine noch schlechtere Entscheidung stellte das Sparen während der Inflation dar. Leute, die während einer Inflation sparen, enden als Verlierer. Wenn natürlich eine Phase der Deflation kommt, können diese Menschen die Gewinner sein – aber nur dann, wenn das gedruckte Geld noch etwas wert ist.

Es ist gut, einige Ersparnisse zu haben. Es empfiehlt sich, dass Sie den nötigen Lebensunterhalt für ein halbes oder ein Jahr in Bargeld zur Verfügung haben. Doch darüber hinaus gibt es weitaus bessere und sicherere Investitionsmöglichkeiten, als das Geld auf die Bank zu bringen. Ihr Geld auf der Bank anzulegen und 5 Prozent Zinsen zu bekommen, während andere Leute 15 oder mehr Prozent erhalten, ist keine kluge Kapitalanlagestrategie.

Wenn Sie jedoch keine Lust haben, sich mit dem Investieren näher zu beschäftigen und in permanenter Furcht vor finanziellen Risiken leben, ist Sparen eine bessere Möglichkeit für Sie als Investieren. Sie müssen nicht viel nachdenken, wenn Sie das Geld einfach nur auf der Bank anlegen und dort lassen – und Ihre Banker werden Sie lieben. Weshalb sollten sie auch nicht? Banken in Amerika verleihen zwischen 10 und 20 Dollar für jeden Dollar, der auf dem Sparkonto liegt, und erheben bis zu 19 Prozent Zinsen, während sie Ihnen hingegen weniger als 5 Prozent zahlen. Wir sollten alle Banker sein.

Kenne ich Level-2-Investorentypen? (freiwillig)

____

____

Level 3: „Clevere" Investoren

In dieser Gruppe gibt es drei verschiedene Typen von Kapitalanlegern. Die zu dieser Kategorie gehörenden Investoren sind sich der Notwendigkeit des Investierens bewusst. Bisweilen besitzen sie offene Investmentfonds, Aktien oder Bonds.

Im Allgemeinen handelt es sich um intelligente Menschen mit einer soliden Ausbildung. Sie machen die zwei Drittel der Bevölkerung aus, die wir als „die Mittelschicht" bezeichnen. Wenn es ums Investieren geht, fehlt ihnen jedoch oft die Ausbildung – oder auch die Raffinesse. Sie werden selten den Jahresbericht oder das Programm einer Firma lesen. Wie auch? Sie sind nicht darin ausgebildet, Finanzberichte zu lesen. Sie können keine Zahlen lesen. Sie mögen hohe akademische Grade haben, Ärzte oder sogar Buchhalter sein, aber nur wenige von ihnen haben eine professionelle Ausbildung und Übung im Umgang mit der Gewinn-und-Verlust-Welt des Investierens.

In dieser Kategorie gibt es drei Hauptgruppen. Es sind häufig kluge Leute, die eine gute Ausbildung besitzen und oftmals über ein beträchtliches Einkommen verfügen und auch investieren. Doch es gibt Unterschiede.

Level 3-A: Menschen, die auf diesem Level operieren, bilden die sog. „Ich-habe-keine-Lust"-Gruppe. Sie haben sich selbst eingeredet, dass sie nicht verstünden, wie Geld arbeitet, und es nie verstehen würden. Sie sagen Dinge wie:

„Ich bin einfach nicht sehr gut im Umgang mit Zahlen."

„Ich werde nie begreifen, wie das Investieren funktioniert."

„Ich habe einfach zu viel zu tun."

„Es gibt zu viel Papierkram."

„Es ist einfach zu kompliziert."

„Investieren ist zu riskant."

„Ich ziehe es vor, die Entscheidungen in Geldangelegenheiten den Experten zu überlassen."

„Es macht zu viele Umstände."

„Mein Mann/meine Frau erledigt die Kapitalanlagen für unsere Familie."

Diese Leute lassen das Geld einfach liegen und tun wenig für ihren Rentenplan oder sie übergeben es einem Finanzplaner, der ihnen „Diversifikation" vorschlägt. Sie verbannen ihre finanzielle Zukunft aus ihren Gedanken, arbeiten tagtäglich hart und sagen zu sich selbst: „Zumindest habe ich einen Rentenplan."

Wenn sie dann in den Ruhestand treten, schauen sie sich an, was aus ihren Investitionen geworden ist.

Kenne ich Level-3-A-Investorentypen? (freiwillig)

____

____

Level 3-B: In der zweiten Kategorie ist der „Zyniker" angesiedelt. Diese Leute kennen sämtliche Gründe dafür, weshalb bei einer Investition nichts herauskommen wird. Ihre Gesellschaft ist gefährlich. Oft hört sich das, was sie sagen, intelligent an, es klingt kompetent, sie sind erfolgreich in ihrem Fachbereich. Unter ihrem intellektuellen äußeren Erscheinungsbild jedoch verbirgt sich ein jämmerlicher Feigling. Sie können Ihnen ganz genau sagen, wie und warum Sie mit jeder nur denkbaren Kapitalanlage, die es auf der Welt gibt, hereinfallen werden. Wenn Sie sich nach der Ansicht dieser Menschen über eine Aktie oder andere Investitionen erkundigen, gehen Sie mit einem schrecklichen Gefühl, häufig sogar erfüllt mit Angst und Zweifeln, weg. Die von ihnen im Allgemeinen am häufigsten wiederholten Worte lauten: „Nun, ich wurde schon einmal hereingelegt. Noch einmal wird das niemand mit mir machen."

Oft lassen sie Namen fallen und sagen Dinge wie z. B.: „Mein Broker bei Merrill Lynch oder Dean Witter ..." Namen zu erwähnen hilft, ihre tief sitzende Unsicherheit zu verbergen.

Aber seltsamerweise verfolgen dieselben Zyniker den Markt, wie Schafe dem Leithammel folgen. An ihrem Arbeitsplatz lesen sie immer den Finanzteil der Zeitungen oder das „Wall Street Journal". Sie studieren die Zeitung und teilen dann während der Kaffeepause allen anderen Leuten mit, was sie wissen. Ihr Vokabular ist voller Begriff aus der Welt der Investoren und wimmelt vor Fachtermini. Sie reden über die großen Geschäfte, sind jedoch nie an ihnen beteiligt. Sie suchen nach den Aktien auf Seite 1 und kaufen sie häufig, wenn der Bericht vorteilhaft ist. Das Problem ist, dass sie zu spät kaufen, denn wenn man die Nachrichten aus der Zeitung bekommt ... ist es zu spät. Die wirklich cleveren Investoren haben bereits gekauft, lange bevor die Nachricht die Runde macht. Der Zyniker weiß das nicht.

Gibt es schlechte Nachrichten, kritisieren diese Menschen sie und sagen Dinge wie: „Ich wusste es ja." Sie denken, sie würden am Spiel teilnehmen, während sie in Wirklichkeit nur Zuschauer am Rande des Spielfelds sind. Oftmals wollen sie sich am Spiel beteiligen, aber tief in ihrem Inneren haben sie schreckliche Angst davor, verletzt zu werden. Sicherheit ist wichtiger als Vergnügen.

Psychiater berichten, dass Zynismus eine Kombination aus Furcht und Ignoranz ist, aus welcher wiederum Arroganz resultiert. Diese Menschen schließen sich den Trends am Markt oft erst spät an, weil sie auf die anderen Leute oder die gesellschaftliche Bestätigung dafür warten, dass ihre Investmententscheidung richtig ist. Weil sie auf die gesellschaftliche Bestätigung warten, kaufen sie zu Zeiten von Spitzenwerten spät und verkaufen zu Zeiten von Tiefständen, genau dann, wenn der Markt zusammenbricht. Das Einkaufen zu Spitzenwerten und Verkaufen zu Tiefstständen bezeichnen sie als „wieder einmal hereingelegt worden“ zu sein. Alles, was sie so sehr befürchtet hatten ... passiert, wieder und wieder.

Häufig sind Zyniker das, was professionelle Händler als „Schlachtschweine“ bezeichnen. Sie quieken laut und rennen dann zu ihrer eigenen Schlachtung. Weshalb kaufen sie zu Spitzenzeiten ein und verkaufen zu Zeiten des Tiefstands? Weil sie so „clever“ sind, sind sie übervorsichtig geworden. Sie sind clever, haben aber Angst davor, Risiken einzugehen und Fehler zu machen, also studieren sie angestrengter, werden cleverer. Je größer ihr Wissen wird, desto mehr Risiken sehen sie, und deshalb studieren sie noch angestrengter. Ihre zynische Vorsicht bringt sie dazu, so lange zu warten, bis es zu spät ist. Sie kommen zum Markt, wenn die Gier schließlich ihre Furcht überwiegt. Zusammen mit den anderen „Schlachtschweinen“ kommen sie zum Trog und werden geschlachtet.

Das Schlimmste am Zyniker ist jedoch, dass er die Leute um sich herum mit seiner tief sitzenden, als Intelligenz getarnten Angst ansteckt. In Bezug auf das Investieren kann er Ihnen erzählen, weshalb es nicht funktionieren wird, aber er kann Ihnen nicht sagen, wie es funktionieren könnte. Die Hochschulen, die Regierungen, die Religionen und die Medien sind voller solcher Menschen.

Sie lieben es, von finanziellen Katastrophen oder Fehlern zu hören, da sie sich dann überall über die Nachricht verbreiten können. Über finanzielle Erfolge haben sie selten etwas Gutes zu sagen. Einem Zyniker fällt es leicht, Fehler zu entdecken. Dies ist ihre Methode, sich vor der Enthüllung ihres mangelnden Wissens bzw. fehlenden Mutes zu schützen.

Ursprünglich waren die Zyniker eine griechische Sekte, die man aufgrund ihrer Arroganz und ihrer sarkastischen Verachtung von Verdiensten und Erfolg verachtete. Sie wurden mit dem Spitznamen „die Hundemenschen“ bedacht (Zyniker ist von der griechischen Bezeichnung für Hund abgeleitet). Wenn es um Geld geht, gibt es viele „Hundemenschen“ – von denen viele clever und sehr gebildet sind. Erlauben Sie „Hundemenschen“ nicht, Ihre finanziellen Träume zu zerstören. Es stimmt zwar, dass die Welt des Geldes voller Gauner, Schwindler und Scharlatane ist, aber welcher Geschäftszweig ist das nicht?

Es ist möglich, schnell, mit wenig Geld und geringem Risiko reich zu werden. Es ist möglich, aber nur dann, wenn Sie bereit sind, Ihren Teil dazu beizutragen. Eine Voraussetzung dafür sind Offenheit und Aufmerksamkeit, um sowohl Zyniker als auch Betrüger zu erkennen. Beide Sorten von Menschen sind in finanzieller Hinsicht gefährlich.

Kenne ich Level-3-B-Investorentypen? (freiwillig)

____

____

Level-3-C: In der dritten Kategorie dieses Levels finden wir den sog. „Spieler". Auch diese Gruppe wird von professionellen Händlern als „Schlachtschweine" bezeichnet. Doch während der „Zyniker" übervorsichtig ist, ist diese Gruppe nicht vorsichtig genug. Sie sehen sich den Aktienmarkt oder irgendeinen anderen Markt in fast derselben Art und Weise an, wie sie einen Würfeltisch in Las Vegas anschauen würden. Es ist einfach nur Glück – würfle und bete.

Diese Gruppe hat keine festen Regeln oder Prinzipien für ihr Verhalten. Sie möchten wie die „Großen" handeln, also imitieren sie sie, bis sie es schaffen oder alles verlieren. Letzteres ist das Wahrscheinlichste. Sie suchen nach dem „Geheimnis" des Investierens, dem „Heiligen Gral". Beständig befinden sie sich auf der Suche nach neuen, spannenden Investitionsmöglichkeiten. Statt langfristig Fleiß aufzubringen und sich Kenntnisse und Wissen anzueignen, suchen diese Menschen „Tipps" oder „Patentlösungen".

Sie stürzen sich ins „Spiel", ohne die Spieler und diejenigen, die die Regeln aufstellen, zu kennen.

Diese Menschen sind die schlimmste Gruppe von Investoren, die es überhaupt gibt. Ständig versuchen sie, das große Los zu ziehen. Beim „Spiel" sind sie in der Regel „aus". Wenn man sie fragt, wie es bei ihnen so läuft, haben sie immer „in etwa genauso viel herausbekommen", wie sie „hineingesteckt" haben, oder „ein bisschen mehr". In Wirklichkeit haben sie Geld verloren. Viel Geld. Oft enorme Geldbeträge. Dieser Investorentypus verliert in über 90 Prozent aller Fälle. Diese Leute sprechen nie über ihre Verluste. Sie erinnern sich nur an den „Riesengewinn", den sie vor sechs Jahren gemacht haben. Sie meinen, sie seien clever gewesen, und sind nicht in der Lage zu merken, dass sie einfach nur Glück hatten. Sie denken, dass sie lediglich einmal „das große Geschäft ihres Lebens" machen müssten und dann im Wohlstand leben würden. Die Gesellschaft bezeichnet eine solche Person als „unheilbaren Spieler". Tief in ihrem Inneren sind diese Menschen ganz einfach träge, wenn es um finanzielle Investitionen geht.

Kenne ich Level-3-C-Investorentypen? (freiwillig)

____

____

Level 4: Der Typ, der langfristig investiert

Diesen Menschen ist die Notwendigkeit des Investierens deutlich bewusst. Sie sind aktiv an ihren eigenen Investitionsentscheidungen beteiligt. Sie haben einen klar umrissenen, langfristig angelegten Plan, der es ihnen ermöglicht, ihre finanziellen Zielvorstellungen zu verwirklichen. Sie investieren zunächst in ihre Fortbildung, bevor sie tatsächlich eine Kapitalanlage tätigen. Sie nutzen die Vorteile regelmäßiger Investitionen und legen ihr Geld, wenn irgend möglich, in steuerlich vorteilhafter Art und Weise an. Und vor allem suchen sie Rat bei kompetenten Finanzplanern.

Diese Menschen gehören nicht zu den Kapitalanlegern, die in großem Stil investieren. Sie sind weit davon entfernt. Es ist zu bezweifeln, dass sie ihr Geld in Grundbesitz und Immobilien, Unternehmen, Produkte oder anderen spannenden Investitionsmöglichkeiten anlegen. Vielmehr gehen sie nach der konservativen langfristigen Methode vor, die von Investoren wie beispielsweise Peter Lynch oder Warren Buffet empfohlen wird.

Wenn Sie noch keine langfristigen Investionen getätigt haben, holen Sie das so schnell wie möglich nach. Was heißt das? Es bedeutet, dass Sie sich hinsetzen und einen Plan ausarbeiten. Bekommen Sie Ihre Ausgabegewohnheiten in den Griff. Reduzieren Sie Ihre Schulden und finanziellen Verbindlichkeiten auf ein Minimum. Leben Sie innerhalb Ihres persönlichen finanziellen Rahmens, und erweitern Sie dann Ihre Möglichkeiten. Rechnen Sie aus, wie viele Monate es dauern wird, bis Sie Ihre Ziele erreichen werden, wenn Sie monatlich zu einem bestimmten realistischen Zinssatz investieren. Ziele wie: In welchem Alter möchte ich aufhören zu arbeiten? Wie viel Geld werde ich monatlich brauchen?

Wenn Sie ganz einfach nur einen langfristigen Plan zur Reduzierung Ihrer Konsumschulden haben und gleichzeitig (regelmäßig) einen geringen Geldbetrag in einem hervorragenden offenen Investmentfonds anlegen, wird ihnen das einen Vorteil einbringen – Sie werden reich in den Ruhestand gehen, wenn Sie frühzeitig genug anfangen und genau auf Ihre Unternehmungen achten.

Halten Sie die Sache einfach, wenn Sie sich auf diesem Level bewegen. Machen Sie nichts Ausgefallenes. Vergessen Sie die raffinierten Kapitalanlagemöglichkeiten. Investieren Sie nur in solide Aktien und offene Investmentfonds. Lernen Sie schnell, geschlossene Fonds zu kaufen, wenn Sie es noch nicht getan haben. Versuchen Sie nicht, den Markt auszutricksen. Nützen Sie Versicherungsmöglichkeiten klug als Schutz, aber nicht zur Anhäufung von Reichtümern.

Hören Sie auf, auf das „ganz große Geschäft" zu warten. Steigen Sie mit niedrigen Einsätzen ins „Spiel" ein (wie beispielsweise meine erste kleine Eigentumswohnung, die es mir ermöglichte, mit nur ein paar Dollar anzufangen zu investieren). Hören Sie auf, sich zu Beginn den Kopf darüber zu zerbrechen, ob Sie Recht oder Unrecht haben, sondern fangen Sie einfach an. Sie werden eine Menge dazulernen, wenn Sie ein bisschen Geld angelegt haben – nur einen kleinen Betrag für den Anfang. Geld hat die Eigenschaft, Sie schnell klüger werden zu lassen. Angst und Zögern hemmen Sie hier nur. Denn Sie können jederzeit den Einsatz erhöhen, aber Sie können niemals die Zeit und die Erfahrungsmöglichkeiten wiedergewinnen, die Sie verloren haben, indem Sie darauf gewartet haben, das Richtige zu tun oder das „große Geschäft" zu machen. Denken Sie stets daran, dass kleine Geschäfte häufig zu größeren führen – aber Sie müssen einen Anfang machen.

Beginnen Sie heute, warten Sie nicht. Vernichten Sie Ihre Kreditkarten, befreien Sie sich von ihrem „Tand" und kümmern Sie sich um einen guten No-load-Fonds (obgleich es keinen wirklichen „No-load"-Fonds gibt). Setzen Sie sich mit den Menschen zusammen, die Ihnen nahe stehen, und arbeiten Sie einen Plan aus. Rufen Sie einen Finanzplaner an oder gehen Sie in die Bücherei; machen Sie sich kundig über Finanzplanung und beginnen Sie, Geld für sich selbst auf die Seite zu legen (und wenn es nur 50 Dollar im Monat sind). Je länger Sie warten, desto mehr verschwenden Sie einen Ihrer wertvollsten Vermögenswerte – den immateriellen, unbezahlbaren Vermögenswert Zeit.

Eine interessante Anmerkung: Die meisten amerikanischen Millionäre sind der Level-4-Kategorie zuzuordnen.

Für Leute, die Risiken nicht mögen und sich lieber auf ihren Beruf oder ihre Karriere konzentrieren wollen anstatt viel Zeit mit dem Studium des Themas Investition zu verbringen, ist Level 4 ein Muss, wenn sie in Wohlstand und finanzieller Unabhängigkeit leben wollen. Für diese Menschen ist es noch wichtiger, den Rat von Finanzplanern zu suchen. Sie können ihnen helfen, ihre persönliche Kapitalanlagestrategie zu entwerfen und sie mit einem langfristig angelegten Investitionsplan auf den richtigen Weg führen.

Der dieser Kategorie zuzuordnende Investitonstypus ist geduldig und macht sich den Zeitvorteil zunutze. Wenn Sie frühzeitig anfangen und regelmäßig investieren, können Sie es zu phänomenalem Reichtum bringen. Wenn Sie zu einem späten Zeitpunkt in Ihrem Leben anfangen, nach dem 45. Lebensjahr, zahlt sich dieser Level möglicherweise nicht für Sie aus, speziell nicht zwischen dem heutigen Zeitpunkt und dem Jahr 2010.

Kenne ich Level-4-Investorentypen? (freiwillig)

____

____

Level 5: Der Typus, der ausgeklügelte Investitionen tätigt

Diese Leute können es sich „leisten", nach aggressiveren oder riskanteren Kapitalanlagestrategien zu suchen. Weshalb? Weil sie gut mit Geld umgehen können, über eine solide finanzielle Grundlage sowie Knowhow in Bezug auf das Investieren verfügen. Für sie ist das Spiel nicht neu. In der Regel konzentrieren sie ihre Kapitalanlagen, anstatt zu diversifizieren. Sie haben viele, regelmäßige Gewinne vorzuweisen und ausreichend viele Verluste erlebt, die ihnen die Erkenntnisse verschafft haben, die man nur erhält, wenn man aus gemachten Fehlern lernt.

Dieser Investorentyp kauft häufig eher im „Großhandel" als im „Einzelhandel" ein. Diese Leute stellen ihre eigenen Geschäfte für ihren eigenen Gebrauch zusammen. Oder sie sind „raffiniert" genug, um in Geschäfte einzusteigen, die ihre Level-6-Kollegen in die Wege geleitet haben und für die Investitionskapital gebraucht wird.

Was sind die Kennzeichen eines Investors, der „ausgeklügelt" operiert? Diese Leute verfügen über eine stabile finanzielle Grundlage, die durch ihren Beruf, ihr Unternehmen oder ihre Rente gebildet wird, oder sie haben eine solide, konservative Basis von Kapitalanlagen. Diese Menschen haben ihr persönliches Soll und Haben unter Kontrolle, was bedeutet, dass ihr Einkommen weit höher ist als ihre Ausgaben. Sie besitzen fundierte Kenntnisse über das Investieren und suchen aktiv nach neuen Informationen. Sie sind vorsichtig, aber nicht zynisch, und haben einen offenen Geist. Sie riskieren weniger als 20 Prozent in Spekulationsvorhaben. Häufig fangen sie klein an, indem sie eine geringe Summe Geld anlegen, sodass sie das Geschäft des Kapitalanlegens erlernen können – sei es in Aktien, für den Kauf eines Unternehmens, in einen Zusammenschluss von Grundstücks- und Immobilienhändlern, für den Kauf von zwangsversteigerten Objekten. Wenn sie diese 20 Prozent verlieren, fügt ihnen das keinen ernsthaften Schaden zu und zwingt sie nicht zu hungern. Sie betrachten einen solchen Verlust als eine Lektion, lernen daraus und kehren wieder auf das Spielfeld zurück, um noch mehr zu lernen, weil sie wissen, dass Verlieren ein Teil des Prozesses des Gewinnens ist. Sie hassen es zwar zu verlieren, fürchten sich aber nicht davor. Verlieren treibt sie dazu an, weiter vorwärts zu gehen, zu lernen, anstatt sich in ihr emotionales Kämmerlein zurückzuziehen und ihren Anwalt anzurufen.

Wenn Menschen ausgeklügelt operieren, können sie ihre eigenen Geschäfte mit einem Zinssatz von 25 Prozent, den sie für den Rest ihres Lebens erhalten, in die Wege leiten. Sie fallen in die Kategorie „ausgeklügelt“, weil sie über die nötigen Mittel sowie ein Team handverlesener professioneller Berater verfügen und viele Leistungen vorzuweisen haben, die dies belegen.

Wie oben bereits erwähnt, leiten diese Leute ihre eigenen Geschäfte in die Wege. So wie es einige Leute gibt, die ihren Computer direkt aus dem Regal des Händlers kaufen, gibt es andere Leute, die Einzelteile kaufen und ihr eigenes, individuell aufgemachtes Computersystem zusammenstellen. Der Level-5-Investorentyp ist in der Lage, seine eigenen Investionen zusammenzustellen, indem er unterschiedliche Komponenten kombiniert.

Diese Investoren wissen, dass ihnen wirtschaftlich schlechte Zeiten oder Märkte die besten Chancen für Erfolg bieten. Sie steigen in Märkte ein, wenn andere aussteigen. In der Regel wissen sie, wann es Zeit ist, auszusteigen. Auf diesem Level ist eine Ausstiegsstrategie wichtiger als ein Einstieg in den Markt.

Sie sind sich im Klaren über ihre persönlichen „Prinzipien“ und ihre „Regeln“ in Bezug auf das Investieren. Die von ihnen gewählten Kapitalanlagemöglichkeiten könnten Grundbesitz und Immobilien, Diskontzertifikate, Unternehmen, Konkursunternehmen oder neu auf den Markt gebrachte Aktien sein. Sie gehen zwar höhere Risiken ein als der Normalverbraucher, aber sie verabscheuen das Glücksspiel. Sie haben einen Plan und spezifische Zielsetzungen. Sie bilden sich täglich fort. Sie lesen die Zeitung, Zeitschriften, abonnieren Investment-Mitteilungsblätter und belegen Seminare über das Kapitalanlegen. Sie beteiligen sich aktiv an der Verwaltung ihrer Investitionen. Sie verstehen, wie Geld arbeitet, und lassen das Geld für sich arbeiten. Sie richten ihr Hauptaugenmerk auf die Zunahme ihrer Vermögenswerte und weniger auf das Investieren, sodass sie ein paar Extradollar machen können, die sie ausgeben können. Sie reinvestieren ihre Gewinne, um eine größere Basis an Vermögenswerten zu schaffen. Sie wissen, dass der Aufbau einer soliden Grundlage von Vermögenswerten, die große Gewinne oder hohe Zinsen mit minimaler Besteuerung abwerfen, der Weg zu großem, langfristigem Reichtum ist.

Sie reichen dieses Wissen oft an ihre Kinder weiter und geben das Familienvermögen in Form von Firmen, Trusts und Personengesellschaften an die nachfolgenden Generationen weiter. Privat besitzen sie wenig. Auf ihren Namen findet man nichts als Schutz vor der Steuer sowie vor „Robin Hoods“, die daran glauben, dass man von den Reichen nehmen und den Armen geben sollte. Aber obwohl sie nichts besitzen, kontrollieren sie alles durch Firmen. Sie kontrollieren die rechtlichen Personen, die ihre Vermögenswerte besitzen.

Ihnen untersteht ein persönlicher Stab von Direktoren, die ihnen helfen, ihre Vermögenswerte zu verwalten. Sie nehmen Ratschläge entgegen und lernen. Dieser Informationsstab setzt sich aus einem Team von Bankern, Beratern, Anwälten und Brokern zusammen. Sie geben ein kleines Vermögen für soliden professionellen Rat aus, nicht nur, um ihren Reichtum zu vermehren, sondern auch, um ihr Vermögen vor ihrer Familie, Freunden, Prozessen und dem Staat zu schützen. Selbst nach ihrem Tod bestimmen sie weiterhin das Schicksal des von ihnen gemachten Geldes.

Kenne ich Level-5-Investorentypen? (freiwillig)

____

____

Level 6: Kapitalisten

Nur wenige Menschen auf der Welt erreichen dieses Level von Brillanz im Investieren. In Amerika liegt die Anzahl echter Kapitalisten unter 1 Prozent. Diese wenigen Leute sind in der Regel sowohl exzellente Unternehmer als auch brillante Investoren, weil sie gleichzeitig ein Unternehmen aufbauen und Investitionsmöglichkeiten schaffen können.

Die Absicht eines Kapitalisten besteht darin, mehr Geld zu verdienen, indem er das Zusammenwirken des Geldes, der Talente und/oder der Zeit anderer Leute steuert. Häufig sind sie die „Triebfedern", durch die Amerika oder andere große Nationen zu großen Finanzmächten werden. Sie sind die Kennedys, Rockefellers, Fords, J. Paul Gettys und Ross Perots der Welt. Die Kapitalisten stellen das Geld für die Schaffung von Arbeitsplätzen, Unternehmen und Produkte bereit, die ein Land wohlhabend machen.

Level-5-Investorentypen schaffen Investitionsmöglichkeiten in der Regel ausschließlich für ihren eigenen Wertpapierbestand und bedienen sich dabei ihrer eigenen Geldmittel. Echte Kapitalisten hingegen schaffen Investitionsmöglichkeiten für sich selbst und für andere und greifen dabei auf die Talente und das Geld anderer Leute zurück. Wirkliche Kapitalisten schaffen Investitionsmöglichkeiten und verkaufen sie dem Markt. Echte Kapitalisten brauchen ganz einfach deshalb kein Geld, um Geld zu machen, weil sie wissen, wie man die Geldmittel und die Zeit anderer Leute einsetzt. Level-6-Investorentypen schaffen die Investitionsmöglichkeiten, die andere Menschen kaufen.

Oft machen sie andere Leute reich, schaffen Arbeitsplätze, sorgen dafür, dass etwas entstehen oder ausgeführt werden kann. Geht es der Wirtschaft gut, geht es echten Kapitalisten gut. Während wirtschaftlich schlechter Zeiten werden wirkliche Kapitalisten sogar noch reicher. Kapitalisten wissen, dass wirtschaftliches Chaos neue Möglichkeiten schafft. Oft sind sie frühzeitig an einem Projekt, Produkt, Unternehmen oder den Möglichkeiten, die ein bestimmtes Land bietet, beteiligt, Jahre bevor die breite Masse es populär findet. Wenn Sie Zeitungsberichte über ein Land lesen, das in Schwierigkeiten steckt, sich im Kriegszustand befindet oder von einer Katastrophe heimgesucht wird, können Sie sicher sein, dass ein wirklicher Kapitalist seine Hände bald nach diesem Land ausstreckt oder sich vielleicht bereits dort befindet. Ein echter Kapitalist begibt sich in etwas hinein, während die meisten Menschen sagen: „Bleib weg. In diesem Land oder in diesem Unternehmen herrscht ein Durcheinander. Es ist zu riskant."

Kapitalisten erwarten einen permanenten Gewinn von 100 Prozent. Das liegt daran, dass sie wissen, wie man mit Risiken umgeht und wie man Geld ohne Geld macht. Sie sind dazu in der Lage, weil sie wissen, dass Geld kein Gegenstand ist, sondern lediglich ein in ihren Köpfen geschaffenes Konzept. Diese Menschen haben zwar dieselben Ängste wie jedermann, aber sie machen sich diese Angst zunutze und verwandeln sie in Spannung. Sie verwandeln Furcht in Wissen und neuen Reichtum. Das Spiel ihres Lebens ist Geld, das neues Geld kreiert. Sie lieben das Spiel des Geldes mehr als jedes andere Spiel. Dieses Spiel hält sie lebendig. Unabhängig davon, ob sie Geld gewinnen oder verlieren, kann man sie stets sagen hören: „Ich liebe dieses Spiel." Das macht sie zu charakteristischen Kapitalisten.

Gleich den Level-5-Investorentypen sind auch diese Menschen exzellente Finanzmanager. Die meisten Leute, die sich auf diesem Level befinden, sind großzügig ihren Freunden, ihrer Familie, der Kirche und Bildungseinrichtungen gegenüber. Rockefeller hat den Aufbau der University of Chicago unterstützt und J. P. Morgan hat Harvard mit mehr als nur Geld beeinflusst. Weitere Kapitalisten, die den Einrichtungen, bei deren Aufbau sie mithalfen, ihren Namen gaben, sind u. a. Vanderbilt, Duke und Stanford. Sie sind die großen Kapitäne nicht nur der Industrie, sondern auch des Bildungswesens.

Heute gibt Sir John Templeton großzügige Geldbeträge für Religion und Spiritualität und George Soros spendet Millionen für Sachen, an die er glaubt. Und vergessen Sie nicht die Ford Foundation und die Getty Foundation, sowie Ted Turner, der den Vereinten Nationen eine Milliarde Dollar zugesichert hat.

Im Gegensatz zu dem, was vielleicht viele intellektuelle Zyniker und Kritiker in unseren Schulen, unserer Regierung, unseren Kirchen und unseren Medien sagen, haben echte Kapitalisten ihren Beitrag in vielfältigerer Form geleistet als nur in der Rolle von Kapitänen der Industrie – durch die Schaffung von Arbeitsplätzen und durch Geldverdienen. Um eine bessere Welt zu schaffen, brauchen wir mehr Kapitalisten, nicht weniger, wie viele Zyniker Sie gern glauben machen wollen.

In Wirklichkeit gibt es wesentlich mehr Zyniker als Kapitalisten. Zyniker, die mehr Lärm machen und in Millionen von Menschen Angst schüren, weil sie Sicherheit anstatt Freiheit suchen. Wie mein Freund Keith Cunningham zu sagen pflegt: „Ich habe nie eine Statue gesehen, die zu Ehren eines Zynikers errichtet wurde, oder eine Universität, die ein Zyniker gegründet hat."

Kenne ich einen Level-6-Investorentypen? (freiwillig)

____

____

Bevor Sie weiterlesen ...

Hiermit ist der Teil des Buches abgeschlossen, in dem ich das Konzept des Cashflow-Quadranten erkläre. Dieses letzte Kapitel beschäftigte sich mit dem „I"-Feld des Quadranten. Bevor wir fortfahren, gibt es noch eine weitere Frage zu beantworten:

1. Welchem Investoren-Level ordnen Sie sich selbst zu?

____

Wenn es Ihnen wirklich ernst damit ist, schnell reich zu werden, studieren Sie die sieben Kategorien immer wieder. Jedes Mal, wenn ich die Beschreibung der einzelnen Kategorien durchlese, sehe ich in sämtlichen Levels ein wenig von mir selbst. Ich entdecke nicht nur Stärken, sondern auch, wie Zig Ziglar es ausdrückt, „Charaktermängel", die mich blockieren. Der Weg zu großem finanziellen Reichtum besteht darin, dass Sie Ihre positiven Anlagen weiterentwickeln und an Ihren Charaktermängeln arbeiten. Und dies tun Sie, indem Sie diese zunächst erkennen, anstatt so zu tun, als seien Sie makellos.

Wir wollen alle das Beste von uns selbst denken. Ich habe die meiste Zeit meines Lebens davon geträumt, ein Level-6-Investorentypus zu sein. Ich wusste, dass ich das werden wollte, seit mir mein reicher Vater die Ähnlichkeit eines Menschen, der Aktien auswählt, mit einem, der auf Pferde wettet, erklärte. Aber nachdem ich die aufgelisteten unterschiedlichen Levels studiert hatte, konnte ich die Charakterschwäche erkennen, die mich blockierte. Obwohl ich heute als Level-6-Investor operiere, lese ich weiterhin die Beschreibung der sieben Kategorien immer wieder durch und arbeite daran, mich zu verbessern.

Ich habe bei mir Level-3-C zuzuordnende Charaktermängel entdeckt, die häufig zum Vorschein kommen, wenn ich unter Druck stehe. Der „Spieler" in mir hatte Vor- und Nachteile. Also begann ich sofort mithilfe meiner Frau und meiner Freunde meine charakterlichen Schwächen in Angriff zu nehmen und sie in Stärken zu verwandeln. Dies zahlte sich sofort in einem steigenden Erfolg als Level-6-Investor aus.

Sie können sich nun einer weiteren Frage zuwenden:

2. Welcher Investorenkategorie wollen oder müssen Sie in naher Zukunft angehören?

Wenn Ihre Antwort auf die zweite Frage genauso ausfällt wie die auf die erste Frage, dann befinden Sie sich auf dem von Ihnen gewünschten Level. Wenn Sie mit Ihrer Position als Investor zufrieden sind, besteht keine besondere Notwendigkeit für Sie, mit der Lektüre dieses Buches fortzufahren. Sind Sie zum Beispiel ein solider Level-4-Investor und verspüren kein Bedürfnis, in Kategorie 5 oder 6 zu wechseln, dann lesen Sie nicht weiter. Eines der erfreulichsten Dinge im Leben ist es, in der Situation glücklich zu sein, in der man gerade ist. Herzlichen Glückwunsch!

Warnung

Jeder, der das Ziel verfolgt, ein Level-5- oder Level-6-Investor zu werden, muss zunächst seine Fähigkeiten als Investor in Level 4 entwickeln. Jeder, der versucht, als Investor in Level 5 oder 6 zu operieren, ohne über die Fähigkeiten eines Level-4-Investors zu verfügen, ist in Wirklichkeit ein Level-3-Investor – ein „Spieler"!

Wenn Sie in Bezug auf das Thema Finanzen mehr lernen wollen und müssen und weiterhin darin interessiert sind, finanziell unabhängig zu werden, dann fahren Sie mit der Lektüre dieses Buches fort. Alle noch folgenden Kapitel beschäftigen sich hauptsächlich mit den spezifischen Merkmalen der Felder „G“ und „I“. In diesen Kapiteln werden Sie lernen, auf einfache Art und Weise und mit geringem Risiko von der linken auf die rechte Seite des Cashflow-Quadranten überzuwechseln. Beim Wechsel von der linken zur rechten Hälfte des Quadranten liegt das Hauptgewicht weiterhin auf immateriellen Vermögenswerten, die den Erwerb materieller Vermögenswerte auf der rechten Seite des Quadranten ermöglichen.

Bevor ich fortfahre, habe ich eine letzte Frage: Auf welchem Investoren-Level haben Kim und ich Ihrer Meinung nach operiert, um von Obdachlosen zu Millionären zu werden? Die Antwort finden Sie im nächsten Kapitel, in dem ich einige lehrreiche Erfahrungen aus meinem persönlichen Weg zur finanziellen Unabhängigkeit mit Ihnen teilen werde.

6 Geld kann man nicht mit den Augen sehen

Ende 1974 kaufte ich eine kleine Eigentumswohnung im Randbezirk von Waikiki; dies war eine meiner ersten Investitionen. Der Preis betrug 56 000 Dollar für eine nette 2-Zimmerwohnung mit Bad in einem durchschnittlichen Haus. Es war ein perfektes Mietobjekt, und ich wusste, dass es schnell vermietet sein würde.

Ich fuhr zum Büro meines reichen Vaters und war ganz begeistert davon, ihm das Geschäft zu zeigen. Er warf einen Blick auf die Dokumente, blickte in weniger als einer Minute wieder auf und fragte: „Wie viel Geld verlierst du pro Monat?"

„Etwa 100 Dollar monatlich", erwiderte ich.

„Sei nicht dumm", sagte mein reicher Vater. „Ich habe mir die Zahlen noch nicht angesehen, aber ich kann dir aus den schriftlichen Unterlagen bereits sagen, dass du mehr als diese Summe verlieren wirst. Und außerdem: Weshalb investierst du um Himmels willen bewusst in etwas, das dir einen finanziellen Verlust zufügt?"

„Nun ja, das Objekt sah hübsch aus und ich dachte, es sei ein gutes Geschäft. Ein bisschen Farbe und die Wohnung wäre so gut wie neu", sagte ich.

„Das ist keine Rechtfertigung dafür, dass du einen bewussten finanziellen Verlust auf dich nimmst“, grinste mein reicher Vater.

„Nun, mein Immobilienagent sagte, ich solle mir über den monatlichen finanziellen Verlust nicht den Kopf zerbrechen. Er sagte, in einigen Jahren werde sich der Preis dieses Objekts verdoppeln und zudem gewährt mir der Staat eine steuerliche Vergünstigung für das Geld, das ich verliere. Außerdem war es ein so gutes Geschäft, dass ich befürchtete, jemand anders würde es kaufen, wenn ich es nicht täte.“

Mein reicher Vater stand auf und schloss die Bürotür. Immer wenn er das tat, wusste ich, dass er mich zur Schnecke machen und mir zugleich eine wichtige Lektion erteilen würde.

„Also, wie viel Geld verlierst du pro Monat?“, fragte mein reicher Vater noch einmal.

„Ungefähr 100 Dollar monatlich“, antwortete ich nervös.

Mein reicher Vater schüttelte den Kopf, während er die Dokumente überflog. Gleich würde die Lektion beginnen. An diesem Tag lernte ich mehr über das Thema Geld und Investieren, als ich es in meinen vorhergehenden 27 Lebensjahren getan hatte. Mein reicher Vater war froh darüber, dass ich die Initiative ergriffen und in ein eigenes Besitzobjekt investiert hatte – aber ich hatte einige schwere Fehler gemacht, die eine finanzielle Katastrophe zur Folge hätten haben können. Doch die Lektionen, die ich aufgrund dieser einen Investition lernte, haben mir im Laufe der Jahre Millionen eingebracht.

Geld sieht man mit seinem Geist

„Es kommt nicht auf das an, was man mit seinen Augen wahrnimmt“, sagte mein reicher Vater. „Eine Immobilie ist eine Immobilie. Eine Firmenaktie ist eine Firmenaktie. Du kannst diese Dinge sehen. Wichtig ist jedoch das, was du nicht sehen kannst: das Geschäft, das finanzielle Übereinkommen, der Markt, das Management, die Risikofaktoren, der Kapitalfluss, die Firmenstruktur, die Steuergesetze und Tausende anderer Faktoren, die bestimmen, ob etwas eine gute Investition ist oder nicht.“

Er fuhr dann fort, das Geschäft durch Fragen in der Luft zu zerreißen. „Weshalb hast du dich darauf eingelassen, so hohe Zinsen zu zahlen? Was meinst du, wirst du für einen Gewinn mit dieser Investition erzielen? Wie fügt sich diese Kapitalanlage in deine langfristige Finanzstrategie ein? Was machst du, wenn die Wohnung leer steht? Welche Cap Rate hast du? Hast du die Wertentwicklung des Objekts überprüft? Hast du die Hausverwaltungskosten überschlagen? Hast du eine Kostenrechnung in Hinsicht auf Reparaturen erstellt? Wusstest du, dass die Stadt gerade erst angekündigt hat, dass sie in dieser Gegend die Straßen aufreißen und das Verkehrskonzept ändern wird? Eine Hauptdurchgangsstraße wird direkt vor deinem Haus entlangführen. Die Mieter ziehen aus, um diesem einjährigen Projekt zu entfliehen. Wusstest du das? Ich weiß, dass sich die Wirtschaft heute im Aufschwung befindet, aber weißt du, wodurch dieser Trend verursacht wird? Geschäfte oder Gier? Wie lange, meinst du, wird dieser Trend anhalten? Was passiert, wenn deine Wohnung nicht vermietet wird? Und wenn sie nicht vermietet wird, wie lange kannst du sie und dich selbst über die Runden bringen? Und noch einmal: Was geht in deinem Kopf vor, dass du denkst, ein finanzieller Verlust sei ein gutes Geschäft? Das hat mich wirklich in Sorge versetzt."

„Es sah nach einem guten Geschäft aus", sagte ich, am Boden zerstört.

Mein reicher Vater lächelte, erhob sich und schüttelte mir die Hand. „Ich freue mich darüber, dass du die Initiative ergriffen hast", sagte er. „Die meisten Leute denken, handeln aber nie. Wenn du handelst, machst du Fehler, und aus unseren Fehlern lernen wir am meisten. Denk daran, dass man alle wirklich wichtigen Dinge nicht in der Schule lernen kann. Sie müssen durch aktives Handeln erlernt werden, durch das Begehen von Fehlern und deren anschließende Korrektur. So beginnt der Erwerb von Einsicht."

Ich fühlte mich ein wenig besser, und nun war ich bereit zu lernen.

„Die meisten Menschen", sagte mein reicher Vater, „tätigen ihre Investitionen zu 95 Prozent mit den Augen und nur zu 5 Prozent mit ihrem Verstand."

Mein reicher Vater erklärte mir dann, dass die Leute eine Immobilie oder den Namen einer Aktie anschauen und häufig ihre Entscheidung auf der Grundlage dessen fällen, was sie mit ihren Augen wahrnehmen, was ein Börsenmakler ihnen erzählt oder aufgrund eines heißen Tipps von einem Arbeitskollegen. Oft sind ihre Käufe emotional und nicht rational.

„Das ist der Grund dafür, weshalb 9 von 10 Investoren kein Geld machen“, sagte mein reicher Vater. „Sie verlieren zwar nicht unbedingt Geld, aber sie verdienen ganz einfach keines. Ihre Einnahmen decken in etwa ihre Ausgaben, indem sie ein bisschen gewinnen und ein bisschen verlieren. Das kommt davon, dass sie mit ihren Augen und ihren Emotionen investieren, anstatt mit ihrem Verstand. Viele Leute investieren, weil sie schnell reich werden wollen. Also werden sie keine echten Investoren, sondern sie enden als Träumer, Arbeitstiere, Spieler und Gauner. Die Welt wimmelt vor solchen Leuten. Also setzen wir uns hin, sehen uns dieses Verlustgeschäft, das du gerade abgeschlossen hast, noch einmal genau an und ich werde dir beibringen, wie du es in ein profitables Geschäft verwandeln kannst. Ich werde anfangen, dir beizubringen, das zu sehen, was deine Augen nicht wahrnehmen können.“

Vom Verlust- zum Gewinngeschäft

Am nächsten Morgen ging ich zum Immobilienhändler zurück, widerrief das Abkommen und stieg wieder in die Verhandlungen ein. Es war keine angenehme Prozedur, aber ich lernte eine Menge.

Drei Tage später ging ich wieder zu meinem reichen Vater. Der Preis war der gleiche geblieben, der Agent hatte seine volle Provision bekommen, weil er sie verdient hatte. Er hatte hart dafür gearbeitet. Aber während der Preis der gleiche blieb, waren die Bedingungen für den Abschluss des Geschäfts enorm verändert worden. Durch das neue Aushandeln des Zinssatzes, der Zahlungsmodalitäten und des Amortisierungsszeitraums war mir nun anstelle eines finanziellen Verlusts ein Nettogewinn von 80 Dollar monatlich sicher, eingerechnet der Hausverwaltungskosten und eventueller Mietausfallszeiten. Ich konnte meinen Mietpreis sogar senken und trotzdem noch immer Geld verdienen, wenn der Markt sich schlecht entwickeln würde. Wenn die Wirtschaft sich erholen würde, würde ich die Miete auf jeden Fall erhöhen.

„Ich habe geschätzt, dass du mindestens 150 Dollar monatlich verlieren würdest“, sagte mein reicher Vater. „Wahrscheinlich mehr. Wenn du dauernd 150 Dollar pro Monat verloren hättest, basierend auf der Differenz deiner Einnahmen und Ausgaben – wie viele solcher Geschäfte hättest du dir leisten können?“

„Kaum ein einziges“, erwiderte ich. „Die meisten Monate habe ich keine 150 Dollar übrig. Hätte ich das ursprüngliche Geschäft abgeschlossen, hätte ich jeden Monat einen finanziellen Kampf auszustehen gehabt. Auch unter Berücksichtigung der steuerlichen Vorteile. Ich hätte unter Umständen sogar einen Nebenjob annehmen müssen, um für diese Investition aufkommen zu können.“

„Und wie viele Geschäfte dieser Art, die dir 80 Dollar pro Monat Einkommen einbringen, könntest du dir jetzt leisten?“, fragte mein reicher Vater.

Ich lächelte und sagte: „So viele, wie ich an Land ziehen kann.“

Mein reicher Vater nickte zustimmend. „Jetzt mach dich auf den Weg und zieh dir mehr dieser Geschäfte an Land.“

Wenige Jahre später schnellten die Immobilienpreise auf Hawaii steil nach oben. Aber statt nur ein einziges kleines im Wert gestiegenes Objekt zu besitzen, hatte ich sieben Objekte, die das Doppelte wert waren. Das ist die Macht einer kleinen Portion finanzieller Intelligenz.

„Das können Sie nicht tun“

Eine wichtige Anmerkung zu meiner ersten Immobilieninvestition: Als ich dem Immobilienhändler mein neues Angebot vorlegte, sagte er zu mir: „Das können Sie nicht tun.“

Die meiste Zeit wurde damit verbraucht, dass ich den Agenten überzeugen musste, darüber nachzudenken, wie wir das tun könnten, was ich getan haben wollte. Auf alle Fälle zog ich viele Lehren aus dieser einen Investition, und eine dieser Lektionen bestand darin zu erkennen, dass, wenn jemand zu Ihnen sagt „Das können Sie nicht tun“, dies vielleicht zu einem Teil auf Sie gemünzt ist – sich aber zu drei Teilen auf den, der dies sagt, selbst bezieht.

Mein reicher Vater lehrte mich, dass „Sie können das nicht tun“ nicht unbedingt heißt: „Sie können nicht“, sondern häufiger: „Die anderen können es nicht.“

Ein Paradebeispiel gab es vor vielen Jahren, als die Leute zu den Wright-Brüdern sagten: „Sie können das nicht machen.“ Gott sei Dank hörten die Brüder Wright nicht darauf.

1,4 Billionen Dollar suchen ein Zuhause

Täglich wandern 1,4 Billionen Dollar auf elektronischem Wege um den Globus und die Summe wächst. Es wird mehr Geld gemacht und es steht mehr Geld zur Verfügung als jemals zuvor. Das Problem ist, dass Geld unsichtbar ist. Heutzutage zirkuliert die große Masse des Geldes auf elektronischem Wege. Wenn sich die Menschen also bemühen, Geld sichtbar vor ihre Augen zu bekommen, können sie überhaupt nichts sehen. Die meisten Leute strampeln sich von einer Lohnzahlung zur nächsten ab und dennoch wandern täglich 1,4 Billionen Dollar um die Welt und suchen nach jemandem, der sie will. Nach jemandem, der weiß, wie man mit Geld umgeht und es vermehrt. Wenn Sie wissen, wie man mit Geld umgeht, wird das Geld zu Ihnen kommen, man wird es Ihnen nachwerfen. Die Leute werden Sie bitten, es zu nehmen.

Wenn Sie hingegen nicht wissen, wie man mit Geld umgeht, wird Ihnen das Geld fernbleiben. Erinnern Sie sich daran, wie mein reicher Vater finanzielle Intelligenz definiert hat: „Es bedeutet nicht, wie viel Geld du verdienst, sondern wie viel Geld du behälst, wie effektiv es für dich arbeitet und für wie viele Generationen du es bewahren kannst."

Wenn Blinde Blinde führen

„Der Durchschnittsmensch besteht zu 95 Prozent aus Augen und nur zu 5 Prozent aus Verstand, wenn er investiert", sagte mein reicher Vater. „Wenn du auf der G- und I-Hälfte des Cashflow-Quadranten professionell operieren willst, musst du deinen Augen beibringen, nur 5 Prozent zu sehen, und deinen Verstand lehren, die restlichen 95 Prozent zu erkennen." Mein reicher Vater erklärte mir, dass die Leute, die ihren Verstand trainierten, Geld zu sehen, enorme Macht über Menschen hätten, die dazu nicht in der Lage seien.

Er beharrte hartnäckig auf dem Punkt, von wem ich Ratschläge in finanzieller Hinsicht annehmen sollte. „Die meisten Menschen kämpfen sich deshalb finanziell ab, weil sie sich von Leuten beraten lassen, die ebenfalls mental blind für Geld sind. Es ist die klassische Geschichte vom Blinden, der einen anderen Blinden führt. Wenn du willst, dass dir Geld zufließt, musst du wissen, wie du damit umzugehen hast. Wenn sich das Geld nicht zuerst in deinem Kopf befindet, wird es nicht in deinen Händen verbleiben. Wenn es nicht in deinen Händen bleibt, dann werden dir das Geld und Leute, die Geld haben, fernbleiben."

Trainieren Sie Ihren Verstand, Geld zu sehen

Worin besteht der erste Schritt, wenn Sie Ihrem Verstand beibringen wollen, Geld zu sehen? Ganz einfach: Die Antwort ist das Beherrschen der Kunst des Zahlenlesens. Es beginnt mit der Fähigkeit, das Vokabular und die Zahlensysteme des Kapitalismus zu verstehen. Wenn Sie den Wortschatz oder die Zahlen nicht begreifen, ist das, als würden Sie eine Fremdsprache sprechen – und in vielen Fällen stellen einzelne Felder des Quadranten „Fremdsprachen" dar.

Der Cashflow-Quadrant

Wenn Sie einen Blick auf den Cashflow-Quadranten werfen, stellen Sie sich vor, jedes Feld sei ein anderes Land. In den einzelnen Ländern wird nicht die gleiche Sprache gesprochen, und wenn Sie die Wörter nicht verstehen, begreifen Sie die Zahlen nicht.

Wenn Ihnen beispielsweise ein Arzt sagt: „Ihre Systole ist 120 und Ihre Diastole 80" – ist das gut oder schlecht? Ist das alles, was Sie in Bezug auf Ihre Gesundheit wissen müssen? Die Antwort lautet ganz klar: „Nein." Dennoch ist es ein Anfang.

Es wäre, als würde man fragen: „Das Kurs-Gewinn-Verhältnis meiner Aktien beträgt 12; die Höhe der Cap Rate meines Wohnhauses beträgt

12. Ist das alles, was ich wissen muss, um reich zu sein?" Auch in diesem Fall ist die Antwort: „Nein", aber es ist ein Beginn. Zumindest fangen wir an, dieselben Worte und Zahlen zu benutzen. Und genau an diesem Punkt beginnt die Fähigkeit des Zahlenlesens, was die Basis der finanziellen Intelligenz bildet. Sie fängt mit der Kenntnis der Fachtermini und Zahlen an.

Der Arzt spricht vom „S"-Feld aus, der andere verwendet das Vokabular und die Zahlen des „I"-Feldes. Es könnte sich ebenso gut um unterschiedliche Fremdsprachen handeln.

Ich teile nicht die Meinung der Leute, die sagen: „Man braucht Geld, um Geld zu machen."

Meiner Ansicht nach beginnt die Fähigkeit, aus Geld mehr Geld zu machen, damit, das entsprechende Vokabular und die Zahlen zu verstehen. Wie mein reicher Vater immer sagte: „Wenn sich das Geld nicht zuerst in deinem Kopf befindet, wird es nicht in deinen Händen bleiben."

Was ist ein wirkliches Risiko?

Der zweite Schritt, der auf dem Programm steht, wenn Sie Ihrem Verstand beibringen wollen, Geld zu sehen, besteht darin, erkennen zu lernen, was ein wirkliches Risiko ist. Wenn jemand zu mir sagt, investieren sei riskant, sage ich ganz einfach: „Investieren ist nicht riskant. Aber ohne entsprechende Kenntnisse ist es riskant."

Das Investieren hat große Ähnlichkeit mit dem Fliegen. Wenn Sie eine Flugschule besuchten und eine Reihe von Jahren an Erfahrungen hinter sich haben, macht das Fliegen Spaß und ist spannend. Waren Sie jedoch nie auf einer Flugschule, würde ich Ihnen empfehlen, das Fliegen jemand anderem zu überlassen.

Schlechter Rat ist ein Risiko

Mein reicher Vater glaubte fest daran, dass jeder finanzielle Ratschlag besser sei als überhaupt kein finanzieller Rat. Er war ein Mann mit einem offenen Geist. Er war höflich und hörte vielen Menschen zu. Aber letztendlich verließ er sich bei seinen Entscheidungen auf seine eigene finanzielle Intelligenz: „Wenn du überhaupt keine Ahnung hast, dann ist jeder Rat besser als überhaupt keiner. Aber wenn du den Unterschied zwischen einem guten und einem schlechten Rat nicht erkennen kannst, dann ist das riskant."

Mein reicher Vater war fest davon überzeugt, dass sich die meisten Menschen deshalb finanziell so abrackern, weil sie auf der Basis von finanziellen Informationen operieren, die von den Eltern an die Kinder weitergegeben werden – und die meisten Leuten kommen nicht aus Familien, in denen gute finanzielle Verhältnisse herrschen. „Schlechter Rat in finanzieller Hinsicht ist riskant und der größte Teil der schlechten Ratschläge wird zu Hause gegeben", sagte er oft. „Es ist nicht so sehr das, was ausgesprochen wird, sondern das, was getan wird. Kinder lernen mehr von Vorbildern als aus Worten."

Ihre Berater sind nur so clever wie Sie selbst

Mein reicher Vater sagte: „Deine Berater können nur so clever sein wie du selbst. Wenn du nicht clever bist, können sie dir nicht so viel vermitteln. Wenn du über fundierte finanzielle Kenntnisse verfügst, können dir kompetente Finanzberater klügere finanzielle Ratschläge geben. Wenn du in finanzieller Hinsicht naiv bist, müssen sie dir gesetzlich festgelegt nur sichere finanzielle Strategien aufzeigen. Wenn du ein ungebildeter Investor bist, können sie dir nur zu Wegen raten, die ein niedriges finanzielles Risiko bergen, zu Investitionen, die geringe Gewinne abwerfen. Sie raten Investoren, die keine Kenntnisse der Materie besitzen, häufig zur ‚Diversifikation'. Es gibt nur wenige Berater, die sich die Zeit nehmen, dich zu unterweisen. Auch ihre Zeit ist Geld. Wenn du es also auf dich nehmen willst, dich finanziell weiterzubilden und dein Geld gut anzulegen und zu verwalten, kann dich ein kompetenter Berater über Investitionsmöglichkeiten und Strategien informieren, die nur wenige Menschen je zu Gesicht bekommen werden. Aber zuerst musst du deinen Teil dazu beitragen, dir die entsprechende Bildung anzueignen. Denk immer daran, dass dein Berater immer nur so clever sein kann, wie du selbst es bist."

Belügt Sie Ihr Banker?

Mein reicher Vater hatte mit verschiedenen Bankern geschäftlich zu tun. Sie waren ein wichtiger Teil seines finanziellen Teams. Er pflegte zwar enge Beziehungen zu seinen Bankern und respektierte sie, aber er hatte immer das Gefühl, er müsse selbst Acht darauf geben, was für ihn am besten sei, so wie er von den Bankern erwartete, dass sie ihrerseits auf ihren Vorteil schauen würden.

Nach meiner im Jahr 1974 gemachten Investitionserfahrung fragte er mich: „Wenn ein Banker sagt, dein Haus sei ein Vermögenswert, sagt er dir dann die Wahrheit?“

Da es den meisten Menschen an finanzieller Bildung mangelt und sie die Regeln des Spiels des Geldes nicht kennen, sind sie häufig gezwungen, die Meinung und den Rat von Leuten anzunehmen, von denen sie glauben, ihnen vertrauen zu können. Wenn Sie auf finanziellem Gebiet nicht beschlagen sind, müssen Sie jemandem vertrauen, von dem Sie hoffen, dass er finanziell versiert ist. Viele Menschen investieren oder verwalten ihr Geld mehr aufgrund der Empfehlungen anderer Leute als auf der Basis ihrer eigenen Meinung. Und das ist riskant.

Sie lügen nicht – sie sagen Ihnen nur nicht die Wahrheit

Tatsächlich verhält es sich so, dass Ihr Banker Sie nicht wirklich anlügt, wenn er Ihnen sagt, Ihr Haus sei ein Vermögenswert. Er sagt Ihnen nur nicht die ganze Wahrheit. Ihr Haus stellt zwar einen Vermögenswert dar, aber Ihr Banker sagt Ihnen ganz einfach nicht, wessen Vermögenswert es ist. Wenn Sie Finanzberichte lesen, ist es einfach zu erkennen, dass Ihr Haus nicht Ihr Vermögenswert ist. Es ist der Vermögenswert der Bank. Erinnern Sie sich daran, wie mein reicher Vater in dem Buch „Reichtum kann man lernen. Was Millionäre schon als Kinder wussten“ die Begriffe „Vermögenswert“ und „Verbindlichkeit“ definiert hat:

„Ein Vermögenswert lässt Geld in meine Taschen fließen.
Eine Verbindlichkeit zieht mir Geld aus der Tasche.“

Leute, die auf der linken Seite des Cashflow-Quadranten operieren, kennen diesen Unterschied nicht wirklich. Die meisten von ihnen sind froh, dass sie sich an ihrem Arbeitsplatz sicher fühlen, ein schönes Haus haben, das sie für ihr eigenes halten, auf das sie stolz sind und von dem sie meinen, die Kontrolle darüber zu haben. Niemand wird es ihnen wegnehmen, solange sie ihre Zahlungen leisten. Und sie leisten ihre Zahlungen.

Aber Leute, die auf der rechten Seite des Quadranten operieren, müssen den Unterschied kennen. Zahlen lesen zu können und über finanzielle Intelligenz zu verfügen bedeutet, dass man in der Lage ist, die Arbeitsweise des Geldes im Ganzen zu begreifen. Finanziell aufgeweckte, beschlagene Menschen wissen, dass eine Hypothek in einer Bilanz nicht als ein Vermögenswert, sondern als eine Verbindlichkeit zu Buche schlägt. Ihre Hypothek erscheint in den Bilanzen der Bank – nicht in Ihren – als Vermögenswert.

Ihre Bilanz

Vermögenswerte	**Verbindlichkeiten**
	Hypothek

Jeder, der einen Kurs in Buchhaltung absolviert hat, weiß, dass Soll und Haben einer Bilanz ausgeglichen sein müssen. Aber wo ist es ausgeglichen? In Ihrer Bilanz gleicht es sich nicht wirklich aus. Wenn Sie sich die Bilanz der Bank auf der folgenden Seite anschauen, dann sehen Sie, welche Geschichte die Zahlen tatsächlich erzählen.

Jetzt ist die Bilanz ausgeglichen. Jetzt ergibt das Ganze einen Sinn. Das ist Buchhaltung in den Feldern „G“ und „I“. Aber in dieser Weise wird es nicht im Grundkurs Buchhaltung gelehrt. In einem solchen Grundkurs würden Sie den „Wert“ Ihres Hauses als Vermögenswert und die Hypothek als Verbindlichkeit aufführen. Wichtig ist auch die Anmerkung, dass der „Wert“ Ihres Hauses der jeweiligen Einschätzung des Marktes unterliegt, während Ihre Hypothek eine feste Verbindlichkeit darstellt, die von

Bilanz der Bank

Vermögenswerte	Verbindlichkeiten
Ihre Hypothek	

der Fluktuation des Marktes nicht beeinflusst wird. Für jemanden, der auf den Feldern „G“ oder „I“ operiert, ist der „Wert“ Ihres Hauses kein Vermögenswert, weil er keinen Cashflow erzeugt.

Was geschieht, wenn Sie Ihre Hypothek abzahlen?

Von vielen Leuten werde ich gefragt: „Was geschieht, wenn ich meine Hypothek abzahle? Ist mein Haus dann ein Vermögenswert?“

Und meine Erwiderung lautet: „In den meisten Fällen ist meine Antwort immer noch ‚Nein‘. Es ist nach wie vor eine Verbindlichkeit.“

Es gibt verschiedene Gründe für meine Antwort. Einer davon sind die Instandhaltungskosten. Ein solcher Besitz ist wie ein Auto. Selbst wenn es schuldenfrei ist, kostet es immer noch Geld, es zu unterhalten – und wenn an einer Stelle erst einmal ein Schaden aufgetreten ist, nimmt es kein Ende mehr. Und in den meisten Fällen zahlen die Leute nach Abzug der Steuern für die Reparaturen ihres Hauses und ihrer Autos. Jemand, der auf den Feldern „G“ und „I“ operiert, zählt Grundbesitz nur dann als Vermögenswert, wenn er durch einen positiven Kapitalfluss Einkommen abwirft.

Doch der Hauptgrund dafür, dass ein Haus selbst dann, wenn es nicht mehr durch eine Hypothek belastet ist, noch immer eine Verbindlichkeit darstellt, ist der, dass Sie es nach wie vor nicht – wirklich – besitzen. Der Staat besteuert es, auch wenn Sie es besitzen. Hören Sie einfach auf, Ihre Grundsteuern zu bezahlen, und Sie werden merken, wer Ihren Grundbesitz wirklich besitzt. Dies ist der Ursprung der Steuer-Pfandbriefe, über die ich in „Reichtum kann man lernen. Was Millionäre schon als Kinder wussten" geschrieben habe. Derartige Zertifikate sind ein exzellenter Weg, mindestens 16 Prozent Zinsen für Ihr Geld zu bekommen. Wenn Hausbesitzer ihre Grundsteuern nicht bezahlen, berechnet ihnen der Staat zwischen 10 und 50 Prozent Zinsen für den ausstehenden Steuerbetrag. Sie können meinetwegen von Wucher reden. Wenn Sie Ihre Grundsteuern nicht bezahlen und ein anderer, zum Beispiel ich, sie für Sie bezahlt, dann ist es in vielen amerikanischen Bundesstaaten so, dass Sie mir dann die Steuern plus Zinsen schulden. Wenn Sie die Steuern und die Zinsen nicht innerhalb eines bestimmten zeitlichen Rahmens zurückbezahlen, nehme ich Ihr Haus in Besitz, und zwar nur für die Summe, die ich bezahlt habe. In den meisten amerikanischen Bundesstaaten genießen Grundsteuern Vorrang vor Schuldenrückzahlung, selbst vor der Hypothekenabzahlung. Ich hatte die Gelegenheit, Häuser, für die ich die Grundsteuern bezahlt hatte, für weniger als 3 500 Dollar zu kaufen.

Wie definiert man Grund- und Hausbesitz?

Auch in diesem Fall gilt: Um Geld sehen zu können, müssen Sie es mit Ihrem Verstand und nicht mit Ihren Augen wahrnehmen. Um Ihren Verstand zu trainieren, müssen Sie die tatsächliche Bedeutung von Begriffen und das entsprechende Zahlensystem kennen.

Mittlerweile sollte Ihnen der Unterschied zwischen einem Vermögenswert und einer Verbindlichkeit bekannt sein und Sie sollten die Bedeutung von „Hypothek", die ein „Vertrag bis in den Tod"[3] ist, ebenso kennen wie die Definition des Begriffs „Finanzen", der Strafe bedeutet. Nun werden Sie den Ursprung der Begriffe „Grundbesitz" und „Derivate" kennen lernen. Viele Leute denken, „Derivate" seien etwas Neues, dabei sind sie in Wirklichkeit schon uralt.

Eine einfache Definition von „Derivat" lautet: „etwas, das aus etwas anderem entsteht." Ein Beispiel für ein Derivat ist Orangensaft. Orangensaft ist ein Derivat aus einer Orange.

Ich habe früher immer gedacht, Grundbesitz (real estate) sei etwas Reales, etwas „Handfestes". Mein reicher Vater erklärte mir, dass das Wort in Wahrheit von dem spanischen Wort „real" abgeleitet sei und

[3] Hypothek heißt im Englischen „mortgage"; „mort" (franz.) heißt „Tod" und „gage" (franz.) „(Unter)Pfand"; Anm. d. Ü.

„königlich" bedeute. El Camino Real ist die königliche Straße. Grundbesitz (real estate) bedeutet im Englischen „königlicher Besitz".

Als um das Jahr 1500 das Agrarzeitalter zu Ende ging und die industrielle Ära begann, war Macht nicht länger mit dem Land und der Landwirtschaft verbunden. Den Monarchen wurde bewusst, dass sie infolge der Bodenreform, die den Bauern das Recht auf Landbesitz zusprach, Änderungen vornehmen mussten. Zu diesem Zeitpunkt schufen die Monarchen Derivate. Derivate wie beispielsweise „Steuern" auf Grundbesitz und „Hypotheken" als ein Mittel, die Bürger ihr Land finanzieren zu lassen. Steuern und Hypotheken sind Derivate, weil sie ihren Ursprung im Grundbesitz haben. Ihr Banker würde eine Hypothek nicht als Derivat bezeichnen; er würde sagen, das Land sei die „Sicherheit" für die Hypothek – andere Worte, ähnliche Bedeutungen. Als die Monarchen feststellten, dass das Geld nicht länger mit dem Land, sondern mit den „Derivaten" verbunden war, die ihren Ursprung im Land hatten, gründeten sie Banken, um das sich ständig ausweitende Geschäft zu verwalten. Heutzutage wird Land im Englischen noch immer als „real estate" bezeichnet, weil es Ihnen nie gänzlich gehört, ganz egal wie viel Sie dafür bezahlen. Es gehört noch immer den „Königen".

Wie hoch ist Ihr Zinssatz ... tatsächlich?

Mein reicher Vater kämpfte und verhandelte zäh um jedes einzelne Prozent Zinsen, die er zahlte. Er stellte mir die folgende Frage: „Wenn dir ein Banker sagt, dein Zinssatz betrüge 8 Prozent jährlich – stimmt das wirklich?" Ich fand heraus, dass dies nicht stimmte, wenn man lernt, Zahlen zu lesen.

Sagen wir, Sie kaufen ein Haus für 100 000 Dollar, leisten eine Anzahlung von 20 000 Dollar und leihen sich die restlichen 80 000 Dollar zu einem Zinssatz von 8 Prozent jährlich, mit einer Laufzeit von 30 Jahren von Ihrer Bank.

Innerhalb von 5 Jahren zahlen Sie insgesamt 35 220 Dollar an die Bank: 31 276 Dollar Zinsen und lediglich 3 944 Dollar Tilgung.

Wenn Sie die Laufzeit des Kredits, also 30 Jahre, nehmen, zahlen Sie letztendlich 211 323 Dollar Kreditrückzahlung plus Zinsen, abzüglich der ursprünglich geliehenen 80 000 Dollar. An Zinsen zahlen Sie dann insgesamt 131 323 Dollar.

Übrigens sind in diese 131323 Dollar die Grundsteuern und die Versicherung des Kredits nicht eingeschlossen.

Merkwürdig: Diese 211323 Dollar scheinen ein wenig mehr zu sein als 8 Prozent von 80000 Dollar. Es sind mehr als 160 Prozent Zinsen, über einen Zeitraum von 30 Jahren verteilt. Wie ich bereits sagte: Sie lügen nicht – sie sagen Ihnen nur nicht die volle Wahrheit. Und wenn Sie keine Zahlen lesen können, würden Sie es sicherlich nie merken. Und wenn Sie zufrieden und glücklich mit Ihrem Haus sind, wird Sie das nie sonderlich kümmern. Aber die Branche weiß natürlich, dass Sie in ein paar Jahren ein neues Haus, ein größeres oder ein kleineres, oder ein Ferienhaus wollen oder dass Sie Ihre Hypothek neu finanzieren möchten. Sie weiß es und sie zählt sogar darauf.

Der Durchschnitt der Branche

In der Bankwelt wird mit einer durchschnittlich 7-jährigen Dauer einer Hypothek gerechnet. Das heißt, die Bank erwartet von einem Durchschnittskunden, dass er alle 7 Jahre ein neues Haus kauft oder alle 7 Jahre neu finanziert. Auf unser Beispiel bezogen bedeutet das, dass die Banken ihre ursprünglich ausgeliehenen 80000 Dollar alle 7 Jahre zurückerwarten, plus 43291 Dollar Zinsen.

Aus diesem Grund heißt das Wort Hypothek im Englischen „mortgage" – ein Begriff, der aus dem Französischen abgeleitet ist und „Abkommen bis in den Tod" bedeutet. Die Realität sieht so aus, dass die meisten Menschen weiter hart arbeiten werden, Gehaltserhöhungen bekommen und neue Häuser kaufen – auf die sie neue Hypotheken aufnehmen. Hinzu kommt noch, dass der Staat Steuervergünstigungen schafft, um die Steuerzahler zu ermutigen, noch mehr teure Häuser zu kaufen, was höhere Einnahmen an Grundsteuern für den Staat bedeutet. Nicht zu vergessen die Versicherung, die jede Hypothekenbank Ihnen für Ihre Hypothek abverlangt.

Immer wenn ich den Fernseher anschalte, sehe ich Werbespots, in denen Ihnen attraktive professionelle Baseball- und Footballspieler lächelnd erzählen, dass Sie Ihre gesamten Kreditkartenschulden in eine „Konsolidierungsanleihe" umwandeln sollen. Auf diese Art und Weise können Sie Ihre Kreditkartenschulden tilgen und haben eine neue Anleihe zu einem niedrigeren Zinssatz aufgenommen. Und dann teilen sie Ihnen mit, weshalb es finanziell intelligent sei, dies zu tun: „Eine Konsolidierungsanleihe ist ein cleverer Schachzug Ihrerseits, weil der Staat Ihnen eine steuerliche Ermäßigung für die Hypothekenzinsen für Ihr Haus einräumt."

Die Zuschauer meinen, nun seien ihnen die Augen geöffnet worden, laufen zu ihrer Bank, finanzieren ihr Haus neu, bezahlen ihre Kreditkartenschulden und halten sich für intelligent.

Einige Wochen später gehen sie einkaufen und sehen ein neues Kleid, einen neuen Rasenmäher, merken, dass ihr Kind ein neues Fahrrad braucht, oder stellen fest, dass sie Urlaub machen müssen, weil sie sich erschöpft fühlen. Sie haben nun wieder eine volle Kreditkarte – oder erhalten plötzlich eine neue Kreditkarte mit der Post, weil sie die Schulden der anderen Karte getilgt haben. Sie haben einen hervorragenden Kreditrahmen, zahlen ihre Rechnungen, ihr Herz schlägt höher und sie sagen zu sich selbst: „Ach, komm schon. Du verdienst es. Du kannst jeden Monat ein bisschen davon abzahlen."

Die Emotionen siegen über den Verstand und die volle Kreditkarte wird wieder hervorgeholt.

Wie ich schon sagte: Wenn die Banker sagen, Ihr Haus sei ein Vermögenswert – dann lügen sie nicht. Wenn der Staat Ihnen eine steuerliche Erleichterung verschafft, weil Sie Schulden haben, dann tut er das nicht, weil ihm Ihre finanzielle Zukunft am Herzen liegt. Dem Staat liegt seine eigene finanzielle Zukunft am Herzen. Wenn Ihnen also Ihr Banker, Ihr Berater, Ihr Anwalt oder Ihr Lehrer in der Schule sagt, Ihr Haus sei ein Vermögenswert, unterlassen sie es lediglich zu sagen, wessen Vermögenswert es ist.

Wie steht es mit Sparguthaben? Sind das Vermögenswerte?

Nun, Ihre Sparguthaben sind tatsächlich ein Vermögenswert. Das sind die guten Nachrichten. Aber auch in diesem Fall gilt: Wenn Sie Finanzberichte lesen, erhalten Sie den Gesamtüberblick. Es stimmt zwar, dass Ihre Sparguthaben einen Vermögenswert darstellen, wenn Sie jedoch die Bilanzen der Bank anschauen, stellen Sie fest, dass Ihr Sparguthaben als Verbindlichkeit geführt wird. Das Guthaben auf Ihrem Sparbuch und der Saldo Ihres Girokontos ergeben in Ihrer Vermögenswerte-Spalte folgendes Bild:

Ihre Bilanz

Vermögenswerte	Verbind-lichkeiten
Sparguthaben	
Saldo Girokonto	

Und so gestaltet sich das Bild Ihres Sparguthabens und Ihres Girokontos in den Bilanzen Ihrer Bank:

Bilanz der Bank

Vermögenswerte	Verbind-lichkeiten
	Ihr Sparguthaben
	Saldo Ihres Girokontos

Weshalb sind Ihr Sparguthaben und der Saldo Ihres Girokontos für die Bank eine Verbindlichkeit? Sie muss Ihnen Zinsen für Ihr Geld zahlen, und es kostet sie Geld, es zu schützen.

Wenn Sie die Bedeutung dieser wenigen Zeichnungen und Begriffe erfassen können, beginnen Sie vielleicht Verständnis für das zu entwickeln, was für die Augen im „Spiel des Geldes“ unsichtbar ist.

Weshalb gibt es für das Sparen keine Steuervergünstigungen?

Vielleicht ist Ihnen schon aufgefallen, dass Sie für den Kauf eines Hauses und Ihre Verschuldung steuerliche Vergünstigungen erhalten – aber Sie bekommen keine steuerlichen Vergünstigungen für das Sparen von Geld. Haben Sie sich schon einmal überlegt, weshalb das so ist?

Ich kenne die genaue Antwort nicht, aber ich kann Vermutungen darüber anstellen. Ein gewichtiger Grund ist, dass Ihr Sparguthaben eine Verbindlichkeit für die Bank darstellt. Weshalb sollten die Banken die Regierung um ein Gesetz ersuchen, das Sie anspornt, Ihr Geld auf die Bank zu bringen – Geld, das eine Verbindlichkeit für die Bank darstellt?

Sie brauchen Ihr Sparguthaben nicht

Im Übrigen brauchen die Banken Ihr Sparguthaben nicht wirklich. Sie brauchen keine großen Einlagen, weil sie Geld mindestens verzehnfachen können. Wenn Sie eine einzige 1-Dollar-Note auf die Bank bringen, kann die Bank aufgrund der gesetzlichen Regelung 10 Dollar verleihen und auf der Basis der von der Zentralbank festgesetzten Grenzen möglicherweise sogar 20 Dollar. Das heißt, dass aus Ihrem einzigen Dollar plötzlich 10 oder mehr Dollar werden. Es ist Zauberei! Als mir mein reicher Vater das zeigte, verliebte ich mich in diese Vorstellung. In diesem Moment wusste ich, dass ich eine Bank besitzen wollte anstatt zur Schule zu gehen, um ein Banker zu werden.

Zudem zahlt die Bank Ihnen unter Umständen lediglich 5 Prozent Zinsen für diesen einen Dollar. Sie als Kunde fühlen sich sicher, weil die Bank Ihnen ein bisschen Geld für Ihr Geld zahlt. Die Banken betrachten das als ein gutes Verhältnis zum Kunden, weil Sie, wenn Sie ein Sparguthaben bei ihnen haben, zu ihnen kommen und einen Kredit aufnehmen können. Sie wollen, dass Sie Kredite aufnehmen, weil sie 9 Prozent oder mehr für die Summe berechnen, die Sie von ihnen leihen. Während Sie vielleicht 5 Prozent Zinsen an Ihrem einen Dollar verdienen, kann die Bank 9 Prozent oder mehr Zinsen auf die 10 Dollar Schulden erheben, die Ihr einer Dollar hervorgebracht hat. Kürzlich erhielt ich eine neue Kreditkarte, die mit einem Zinssatz von 8,9 Prozent warb – aber wenn man die juristischen Fachtermini im Kleingedruckten versteht, stellt man fest, dass es in Wirklichkeit 23 Prozent sind. Es erübrigt sich zu sagen, dass ich diese Kreditkarte entzweischnitt und an den Absender zurückschickte.

Sie bekommen Ihr Sparguthaben sowieso

Der andere Grund dafür, weshalb es keine steuerlichen Vergünstigungen für Sparguthaben gibt, ist offensichtlicher. Wenn Sie die Zahlen lesen und die Richtung des Cashflows erkennen können, werden Sie merken, dass die Banken Ihre Sparguthaben sowieso bekommen. Das Geld, das Sie in Ihrer Vermögenswerte-Spalte sparen könnten, fließt stattdessen aus Ihrer Verbindlichkeits-Spalte hinaus, und zwar in Form von Zinszahlungen für Ihre Hypotheken in die Vermögenswerte-Spalte der Banken. Die Struktur des Kapitalflusses ergibt folgendes Bild:

Ihre Einkommensverhältnisse

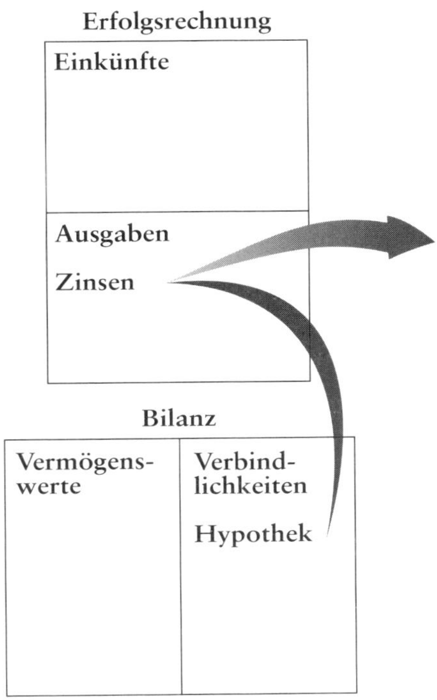

Die Einkommensverhältnisse Ihrer Bank

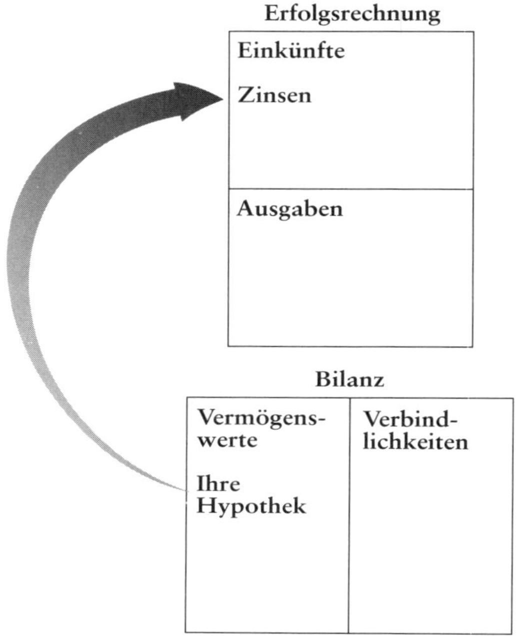

Dies ist der Grund, weshalb die Banken den Staat nicht brauchen, um Ihnen einen steuerlichen Anreiz zum Sparen zu geben. Sie bekommen Ihr Sparguthaben ohnehin – in Form von Überziehungszinsen.

Die Politiker denken nicht daran, sich in dieses System einzumischen, weil die Banken, Versicherungsgesellschaften, die Bauindustrie, Makler und andere Branchen eine Menge Geld in politische Wahlkämpfe stecken – und die Politiker kennen die Spielregeln.

Die Spielregeln

1974 regte sich mein reicher Vater auf, weil das Spiel zu meinen Ungunsten gespielt wurde und ich es nicht wusste. Ich hatte diese Immobilieninvestition getätigt und war in die Position eines Verlierers geraten – doch man hatte mich glauben gemacht, es handelt sich um die Position eines Gewinners.

„Ich bin froh, dass du ins Spiel eingestiegen bist“, sagte mein reicher Vater. „Aber weil dir nie jemand gesagt hat, wie das Spiel funktioniert, bist du für dumm verkauft worden und ins Team der Verlierer geraten.“

Dann erklärte mir mein reicher Vater die Grundregeln des Spiels. „Der Name des Spiels des Kapitalismus lautet: ‚Wer ist bei wem verschuldet?‘“

Würde ich erst das Spiel kennen, sagte er, könnte ich ein besserer Spieler sein anstatt jemand, der das Spiel einfach nur über sich hinwegrollen lässt.

Je mehr Leuten Sie etwas schulden, desto ärmer sind Sie

„Bei je mehr Leuten du Schulden hast, desto ärmer bist du“, sagte mein reicher Vater. „Und je mehr Leute bei dir in Schulden stehen, desto reicher bist du. Das ist das Spiel.“

Wie ich schon sagte, bemühte ich mich, immer offen zu sein. Also blieb ich ruhig und ließ ihn erklären.

„Wir schulden alle irgendjemandem irgendetwas. Probleme ergeben sich dann, wenn die Schulden außer Kontrolle geraten. Leider sind die Armen dieser Welt so heftig vom Spiel überfahren worden, dass sie sich überhaupt nicht mehr weiterverschulden können. Das Gleiche gilt für die armen Länder. Die Welt nimmt ganz einfach von den Armen, den Schwachen, den auf finanziellem Gebiet Uninformierten. Wenn du zu hohe Schulden hast, nimmt dir die Welt alles, was du hast: deine Zeit, deine Arbeit, dein Heim, dein Leben, deine Zuversicht, und schließlich nimmt sie dir deine Würde, wenn du es zulässt. Ich habe dieses Spiel nicht kreiert, ich mache nicht die Spielregeln, aber ich kenne das Spiel – und ich spiele das Spiel gut. Ich werde dir das Spiel erklären. Ich will, dass du es spielen lernst. Sobald du das Spiel beherrschst, kannst du entscheiden, was du mit deinem Wissen anfangen willst.“

Schulden sind Geld

Mein reicher Vater fuhr fort zu erklären, dass nicht einmal unsere Währung ein Mittel des Kapitalgewinns sei, sondern ein Mittel zur Verschuldung. Jede Dollarnote wurde durch Gold oder Silber gestützt, ist jedoch jetzt ein Schuldschein, dessen Bezahlung durch die Steuerzahler des Landes garantiert wird, in welchem er herausgegeben wird. Solange die restliche Welt darauf vertraut, dass die amerikanischen Steuerzahler arbeiten und für diesen Schuldschein namens Geld bezahlen, wird die Welt Vertrauen in unseren Dollar haben. Wenn dieses wesentliche Element der Geldwirtschaft – das Vertrauen – plötzlich verschwindet, bricht die Wirtschaft wie ein Kartenhaus zusammen – und das Kartenhaus ist im Laufe der Geschichte viele Male zusammengebrochen.

Nehmen wir zum Beispiel die Mark der Weimarer Republik, die vor dem Ausbruch des Zweiten Weltkriegs völlig wertlos geworden war. Es gibt eine Geschichte von einer alten Frau, die eine Schubkarre voller Markscheine schob, um einen Laib Brot zu kaufen. Als sie sich umdrehte, stahl jemand die Schubkarre und ließ den Haufen wertlosen Geldes über die Straße verstreut liegen.

Heutzutage hängt ein großer Teil der weltweiten Wirtschaft von Schulden und Vertrauen ab. Solange wir uns alle gegenseitig an den Händen halten und niemand aus der Reihe ausbricht, ist alles in bester Ordnung, im Englischen „fine“ – und dieses Wort ist mein persönliches Akronym für „Feeling insecure, neurotic and emotional“ (sich unsicher fühlen, neurotisch und emotional).

„Wer schuldet Ihnen etwas?“

Im Jahr 1974, als ich lernte, den Kaufvertrag über meine 56 000 Dollar teure Eigentumswohnung richtig abzuschließen, erteilte mir mein reicher Vater eine wichtige Lektion darüber, wie man ein Geschäft strukturiert.

„‚Wer schuldet wem etwas?‘ lautet der Name des Spiels“, sagte mein reicher Vater. „Und irgendjemand lässt dich mit den Schulden sitzen. Es ist, als würdest du mit zehn Freunden zum Abendessen gehen. Du gehst auf die Toilette, und wenn du zurückkommst, findest du die Rechnung vor, aber alle zehn Freunde sind verschwunden. Wenn du vorhast, am Spiel teilzunehmen, solltest du das Spiel lernen, die Regeln kennen, die gleiche Sprache sprechen und wissen, mit wem du spielst. Wenn du das nicht tust, spielst nicht du das Spiel, sondern das Spiel wird mit dir gespielt.“

Es ist nur ein Spiel

Zuerst wurde ich wütend über das, was mir mein reicher Vater erzählte – aber ich hörte zu und tat mein Bestes, um zu begreifen, was er sagte. Schließlich stellte er das Ganze in einen Kontext, den ich verstehen konnte. „Du liebst es, Football zu spielen, nicht wahr?“, fragte er.

Ich nickte. „Ich liebe dieses Spiel“, entgegnete ich.

„Nun, Geld ist mein Spiel“, sagte mein reicher Vater. „Ich liebe das Geld-Spiel.“

„Aber für viele Menschen ist Geld kein Spiel“, erwiderte ich.

„Das ist richtig“, sagte mein reicher Vater. „Für die meisten Menschen ist es ein Mittel zum Überleben. Für die meisten Leute ist Geld ein Spiel, das ihnen aufgezwungen wird, und sie hassen es. Leider wird Geld ein umso größerer Bestandteil unseres Lebens, je zivilisierter wir werden.“

Mein reicher Vater zeichnete den Cashflow-Quadranten auf.

Der Cashflow-Quadrant

„Sieh das einfach als einen Tennisplatz oder ein Footballfeld an. Wenn du vorhast, das Geld-Spiel zu spielen, welchem Team würdest du dich anschließen? Feld ‚A‘, ‚S‘, ‚G‘ oder ‚I‘? Oder: Auf welcher Seite des Spielfelds willst du sein, auf der rechten oder auf der linken?“

Ich zeigte auf die rechte Hälfte des Quadranten.

Wenn Sie Schulden und Risiken auf sich nehmen, sollte es sich für Sie auszahlen

„Gut“, sagte mein reicher Vater. „Genau aus diesem Grund kannst du nicht einfach anfangen, das Spiel zu spielen, und irgendeinem Immobilienhändler glauben, wenn er dir erzählt, dass es ein gutes Geschäft sei, 30 Jahre lang 150 Dollar monatlich zu verlieren – weil der Staat dir dafür, dass du Geld verlierst, eine steuerliche Erleichterung schafft und der Immobilienhändler erwartet, dass die Preise für Grundbesitz steigen. Du kannst das Spiel mit dieser geistigen Einstellung einfach nicht spielen. Zwar mögen diese Meinungen richtig sein, aber es ist nicht die Art und Weise, wie das Spiel auf der rechten Hälfte des Cashflow-Quadranten gespielt wird. Jemand sagt dir, du sollst dich verschulden, die ganzen Risiken auf dich nehmen und dafür bezahlen. Menschen, die auf der linken Seite des Quadranten tätig sind, halten das für ein gutes Konzept – aber nicht die Leute, die auf der rechten Seite operieren.“

Mir war etwas zittrig.

„Betrachte es aus meiner Warte“, sagte mein reicher Vater. „Du bist bereit, 56 000 Dollar für diese Eigentumswohnung zu bezahlen. Du nimmst die Schulden und die Risiken auf dich. Das, was der Mieter dir an Miete zahlt, ist weniger als die Kosten für den Unterhalt der Wohnung. Also subventionierst du diesen Mieter. Ergibt das einen Sinn für dich?“

Ich schüttelte den Kopf: „Nein.“

„Und dies ist die Art und Weise, wie ich das Spiel spiele“, sagte mein reicher Vater. „Von jetzt an sollte es sich für dich auszahlen, wenn du Schulden und Risiken auf dich nimmst. Hast du das begriffen?“

Ich nickte.

„Um Geld zu machen, braucht man gesunden Menschenverstand“, sagte mein reicher Vater. „Man muss kein Genie sein. Aber leider ist gesunder Menschenverstand keine allgemein verbreitete Eigenschaft, wenn es um Geld geht. Ein Banker erzählt dir, dass du dich verschulden sollst, dass der Staat dir eine steuerliche Vergünstigung für etwas bietet, was in wirtschaftlicher Hinsicht keinen Sinn ergibt, und schließlich sagt dir ein Immobilienhändler, dass du die Verträge unterschreiben sollst, weil er dir einen Mieter besorgen kann, der dir weniger zahlt als du ausgibst, nur weil seiner Meinung nach der Preis der Immobilie steigen wird. Wenn du darin einen Sinn entdeckst, dann haben wir zwei unterschiedliche Arten von gesundem Menschenverstand."

Ich stand einfach nur da. Ich hörte seinen Ausführungen zu und musste zugeben, dass ich so freudig erregt über das in meinen Augen gute Geschäft gewesen war, dass mein logischer Verstand ausgesetzt hatte. Ich war außerstande, das Geschäft zu analysieren. Weil das Geschäft gut „aussah", hatten mich Gier und freudige Erregung überwältigt, und ich war in meiner emotionalen Verfassung nicht mehr in der Lage wahrzunehmen, was die Zahlen und Begriffe mir zu sagen versuchten.

Damals erklärte mir mein reicher Vater eine wichtige Regel, an die er sich stets hielt: „Du machst Profit, wenn du kaufst – nicht wenn du verkaufst."

Mein reicher Vater wollte immer sichergehen, dass jede Art von Schulden oder Risiken von dem Tag an sinnvoll waren, an dem er den entsprechenden Kauf tätigte – es musste sinnvoll sein, wenn die wirtschaftliche Situation sich verschlechterte, und es musste Sinn ergeben, wenn die ökonomische Lage einen Aufschwung nahm. Er kaufte nie auf der Basis von Steuertricks oder nebulösen Zukunftsprognosen. Ein Geschäft musste sowohl in wirtschaftlich guten als auch in wirtschaftlich schlechten Zeiten sinnvoll sein.

Ich begann das Geld-Spiel aus seiner Perspektive zu erfassen. Und dieses Spiel bestand darin, dafür zu sorgen, dass sich andere Leute bei mir verschuldeten, und darauf zu achten, bei wem ich mich verschuldete. Noch heute kann ich seine Worte hören: „Wenn du Risiken und Schulden auf dich nimmst, achte darauf, dass du dafür bezahlt wirst."

Mein reicher Vater hatte Schulden, aber er ging achtsam vor, wenn er sich verschuldete. „Sei vorsichtig, wenn du Schulden machst", lautete sein Rat. „Wenn du privat Schulden machst, achte darauf, dass es ein geringer Betrag ist. Wenn du hohe Schulden machst, stell sicher, dass jemand anderer dafür bezahlt."

Er betrachtete das Geld-und-Schulden-Spiel als ein Spiel, das auf Ihrem, auf meinem, auf jedermanns Rücken ausgetragen wird. Es wird quer durch alle Branchen und in allen Ländern gespielt. Er betrachtete es als nichts anderes als nur ein Spiel. Das Problem liegt darin, dass Geld für die meisten Menschen kein Spiel ist. Für viele Menschen bedeutet Geld Überleben – häufig das Leben selbst. Und da ihnen niemand das Spiel erklärt hat, glauben sie nach wie vor Bankern, die ihnen sagen, dass ein Haus ein Vermögenswert sei.

Ein wesentlicher Punkt: Fakten kontra Meinungen

Mein reicher Vater setzte seine Lektion fort: „Wenn du auf der rechten Seite des Quadranten erfolgreich sein willst, musst du in Bezug auf Geld den Unterschied zwischen Fakten und Meinungen kennen. Du kannst nicht blindlings finanzielle Ratschläge befolgen, wie es die Menschen tun, die auf der linken Seite des Quadranten operieren. Du musst die Zahlen kennen. Du musst die Fakten kennen. Und Zahlen erzählen dir die Fakten. Dein finanzielles Überleben hängt von Fakten ab, nicht von den wortreich dargelegten Ansichten irgendeines Freundes oder Beraters."

„Das verstehe ich nicht. Was ist so wichtig daran, ob etwas eine Tatsache oder eine Meinung ist?", fragte ich. „Ist das eine besser als das andere?"

„Nein", entgegnete mein reicher Vater. „Du musst nur wissen, ob etwas eine Tatsache oder aber eine Meinung ist."

Ich stand immer noch mit verwirrtem Gesichtsaudruck da.

„Was ist das Haus deiner Eltern wert?", fragte mein reicher Vater. Er griff zu einem Beispiel, um mir aus meiner Verwirrung zu helfen.

„Ach, ich weiß", erwiderte ich schnell. „Meine Eltern überlegen sich, das Haus zu verkaufen, und haben deshalb einen Immobilienverkäufer bestellt, um es schätzen zu lassen. Es wurde auf 36 000 Dollar geschätzt. Das bedeutet, dass der Nettowert um 16 000 Dollar gestiegen ist, weil mein Vater vor fünf Jahren nur 20 000 Dollar dafür gezahlt hat."

„Sind die Schätzung und der Nettowert nun ein Faktum oder eine Meinung?", fragte mein reicher Vater.

Ich dachte eine Weile darüber nach und begriff, worauf er hinauswollte. „Beides sind Meinungen, nicht wahr?"

Mein reicher Vater nickte zustimmend. „Sehr gut. Die meisten Leute haben finanziell zu kämpfen, weil sie ihr Leben damit zubringen, sich nach Meinungen anstatt nach Fakten zu richten, wenn sie finanzielle Entscheidungen treffen. Meinungen wie „Dein Haus ist ein Vermögenswert", „Der Wert von Grundbesitz steigt grundsätzlich", „Bluechip-Aktien sind deine beste Investitionsmöglichkeit", „Man braucht Geld, um Geld zu machen", „Aktien haben schon immer Grundbesitz ausgestochen", „Du solltest deine Kapitalanlagen breit streuen", „Du musst unehrlich sein, um reich zu werden", „Investieren ist riskant" und „Spiel auf Sicherheit".

Ich saß tief in Gedanken versunken da, und es wurde mir klar, dass das meiste, was ich zu Hause über Geld gehört hatte, in Wirklichkeit die Meinungen von Leuten waren und keine Fakten.

„Ist Gold ein Vermögenswert?" Mit dieser Frage riss mich mein reicher Vater aus meinen Tagträumen.

„Ja. Natürlich", antwortete ich. „Es ist das einzig reale Zahlungsmittel, das sich durch alle Zeiten hindurch bewährt hat."

„Siehst du, da haben wir es wieder", lächelte mein reicher Vater. „Du wiederholst lediglich die Meinung anderer Leute darüber, was ein Vermögenswert ist, anstatt die Fakten zu überprüfen."

„Gold ist nach meiner Definition nur dann ein Vermögenswert, wenn du es für weniger Geld einkaufst als verkaufst", sagte mein reicher Vater langsam. „Anders ausgedrückt: Wenn du es für 100 Dollar eingekauft hast und für 200 Dollar verkaufst, war es ein Vermögenswert. Wenn du aber eine Unze für 200 Dollar gekauft hast und sie für 100 Dollar verkaufst, dann war das Gold in dieser Transaktion eine Verbindlichkeit. Es sind die tatsächlichen Zahlen dieses Geschäfts, die dir letztendlich die Fakten mitteilen. In Wirklichkeit ist es so, dass der einzige Faktor, der ein Vermögenswert oder aber eine Verbindlichkeit ist, du selbst bist – denn letzten Endes bist du es, der Gold zu einem Vermögenswert oder zu einer Verbindlichkeit machen kann. Deshalb ist finanzielle Bildung so wichtig. Ich kenne so viele Leute, die ein florierendes Unternehmen oder eine Immobilie übernommen und sie in einen finanziellen Albtraum verwandelt haben. Viele Menschen tun dasselbe in ihrem Privatleben. Sie nehmen ihr hart verdientes Geld und schaffen sich lebenslange Verbindlichkeiten."

Nun war ich noch verwirrter, innerlich ein bisschen verletzt, und wollte etwas dagegensetzen. Mein reicher Vater spielte ein Spiel mit meinem Gehirn.

„Viele Menschen sind hereingelegt worden, weil sie die Fakten nicht kannten. Täglich höre ich Horrorgeschichten über jemanden, der sein gesamtes Geld verloren hat, weil er eine Meinung für eine Tatsache hielt. Es ist in Ordnung, sich an eine Meinung zu halten, wenn man eine finanzielle Entscheidung trifft – aber du musst unbedingt den Unterschied kennen. Millionen und Abermillionen von Menschen haben lebenswichtige Entscheidungen auf der Basis von Meinungen getroffen, die von einer Generation zur nächsten weitergegeben wurden – und dann wundern sie sich, weshalb sie sich finanziell abstrampeln müssen."

„Welche Art von Meinungen?", fragte ich.

Mein reicher Vater grinste in sich hinein, bevor er antwortete. „Nun, ich werde dir ein paar allgemein verbreitete Ansichten nennen, die wir alle schon gehört haben."

Mein reicher Vater begann einige davon aufzuzählen, während er grinste und sich offensichtlich über die menschliche Natur lustig machte.

1. „Du solltest ihn heiraten. Er wird einen guten Ehemann abgeben."
2. „Such dir einen sicheren Arbeitsplatz und bleib dort dein ganzes Leben lang."
3. „Ärzte machen einen Haufen Geld."
4. „Sie haben ein großes Haus. Sie müssen reich sein."
5. „Er hat starke Muskeln. Seine Gesundheit muss blendend sein."
6. „Das ist ein schöner Wagen, nur wird er von einer kleinen alten Frau gefahren."
7. „Es gibt nicht genügend Geld, als dass jeder reich sein könnte."
8. „Die Erde ist flach."
9. „Menschen werden niemals fliegen."
10. „Er ist cleverer als seine Schwester."
11. „Bonds sind sicherer als Aktien."
12. „Menschen, die Fehler machen, sind dumm."
13. „Er wird nie zu einem so niedrigen Preis verkaufen."
14. „Sie wird niemals mit mir ausgehen."
15. „Investieren ist riskant."
16. „Ich werde niemals reich sein."
17. „Ich habe keine Collegeausbildung, also werde ich nie weiterkommen."
18. „Du solltest deine Kapitalanlagen breit streuen."
19. „Du solltest deine Investitionen nicht breit streuen."

Mein reicher Vater setzte die Liste immer weiter fort, bis er merkte, dass ich seiner Beispiele für Meinungen überdrüssig war.

„Okay!", sagte ich schließlich. „Ich habe genug gehört. Worauf willst du hinaus?"

„Ich dachte schon, du würdest mich ewig weiterreden lassen", lächelte mein reicher Vater. „Der springende Punkt ist, dass das Leben der meisten Menschen von ihren Ansichten und nicht von Fakten bestimmt wird. Wenn jemand sein Leben ändern möchte, muss er zuerst seine Ansichten ändern – und dann beginnen, die Fakten zu studieren. Wenn du Finanzberichte lesen kannst, bist du in der Lage, nicht nur die Fakten des finanziellen Erfolgs eines Unternehmens zu erkennen, sondern du kannst auch sofort sagen, wie es einer bestimmten einzelnen Person geht – anstatt dich auf deine persönlichen Ansichten oder die eines anderen zu verlassen. Wie ich bereits sagte: Kein Mensch ist besser als ein anderer. Um im Leben erfolgreich zu sein, speziell in finanzieller Hinsicht, musst du den Unterschied kennen. Wenn du nicht belegen kannst, dass etwas eine Tatsache ist, dann ist es eine Meinung. Finanzielle Blindheit bedeutet, dass eine Person nicht imstande ist, Zahlen zu lesen – und deshalb die Meinung irgendeines anderen übernehmen muss. Finanzieller Wahnsinn entsteht, wenn Meinungen als Fakten benutzt werden. Wenn du auf der rechten Seite des Cashflow-Quadranten operieren willst, musst du den Unterschied zwischen Fakten und Meinungen kennen. Es gibt nur wenige Lektionen, die wichtiger sind als diese eine."

Ich saß schweigend da und bemühte mich nach bestem Vermögen zu verstehen, was er sagte. Offensichtlich handelte es sich um ein ganz einfaches Konzept, aber es war trotzdem zu komplex, um es momentan in meinen Kopf zu bekommen.

„Weißt du, was ‚gebührender Fleiß' bedeutet?", fragte mein reicher Vater.

Ich schüttelte dem Kopf.

„Gebührender Fleiß bedeutet herauszufinden, wann es sich bei etwas um Meinungen und wann um Fakten handelt. In Bezug auf Geld sind die meisten Leute entweder faul oder suchen nach abkürzenden Methoden, also lassen sie nicht genügend gebührenden Fleiß walten. Und dann gibt es noch andere, die sich derart davor fürchten, Fehler zu machen, dass sie nur noch ‚gebührenden Fleiß' walten lassen und infolgedessen gar nichts tun. Ein Zuviel an ‚gebührendem Fleiß‘ nennt man auch ‚Lähmung durch Analyse‘. Das Wesentliche ist, dass du imstande sein musst, die Fakten und Meinungen auseinander zu sortieren und dann deine Entscheidung zu treffen. Wie ich schon sagte: Die meisten Menschen befinden sich heutzutage ganz einfach deshalb in finanziellen Schwierigkeiten, weil sie zu viele Abkürzungen genommen und die finanziellen Entscheidungen in ihrem Leben auf der Basis von Meinungen getroffen haben – häufig auf der Grundlage von Ansichten von Leuten, die auf den Feldern ‚A‘ oder ‚S‘ operieren – und nicht auf der Basis von Fakten. Wenn du auf den Feldern ‚G‘ oder ‚I‘ operieren willst, musst du dir dieses Unterschieds ganz genau bewusst sein.“

Ich erfasste an diesem Tag nicht die volle Bedeutung der Lektion meines reichen Vaters, aber wenige Lektionen waren mir dienlicher beim Herauskristallisieren des Unterschiedes zwischen Fakten und Meinungen, insbesondere auf finanziellem Gebiet.

Warren Buffet, Amerikas größter Investor, sagte einmal: „Wenn du an einem Pokerspiel teilnimmst und nach 20 Minuten nicht weißt, wer der Verlierer ist, bist du der Verlierer.“

Weshalb strampeln sich Menschen finanziell ab?

Kürzlich kam mir zu Ohren, dass die meisten Leute von dem Tag an, an dem sie von der Schule abgehen, bis zu dem Tag, an dem sie sterben, verschuldet sein werden.

Finanzielle Situation des durchschnittlichen Angehörigen der Mittelschicht

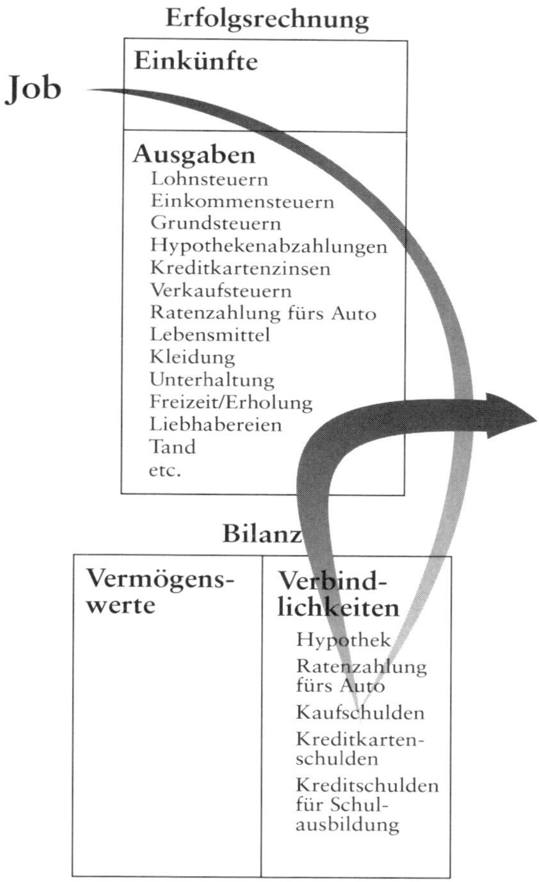

Die Bilanzen anderer Leute

Wenn Sie das Spiel mittlerweile verstehen, erkennen Sie vielleicht, dass die oben aufgelisteten Verbindlichkeiten in den Bilanzen einer anderen Institution folgendermaßen zu Buche schlagen müssen:

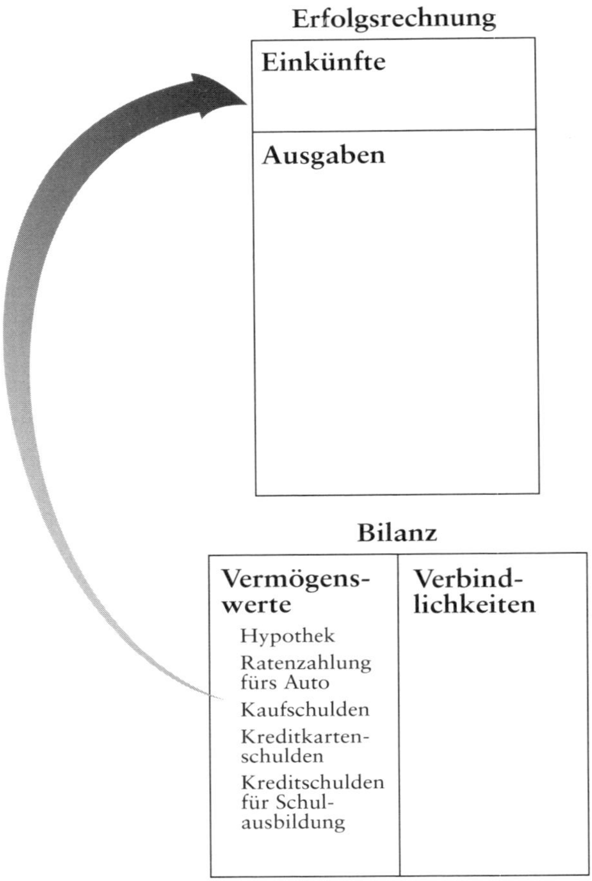

Immer dann, wenn Sie die Worte „Niedrige, einfache monatliche Ratenzahlung" oder „Machen Sie sich keine Gedanken – der Staat räumt Ihnen steuerliche Vergünstigungen für diese Verluste ein" hören, wissen Sie, dass Sie jemand für das Spiel ködern will. Wenn Sie finanziell unabhängig sein möchten, müssen Sie ein bisschen cleverer sein.

Die meisten Leute haben keine Schuldner. Sie besitzen keine echten Vermögenswerte (Objekte, die Geld in ihre Kasse fließen lassen) und häufig stehen sie bei jemand anderem in Schulden. Aus diesem Grund klammern sie sich an die Arbeitsplatzsicherheit und strampeln sich finanziell ab. Hätten sie ihre Arbeitsstelle nicht, wären sie im Nu ruiniert. Es wird behauptet, dass der Durchschnittsamerikaner weniger als drei Monatslöhne vom Bankrott entfernt sei, nur weil er nach einem besseren Leben gesucht hat und vom Spiel überfahren wurde. Die Chancen stehen schlecht für diese Menschen. Sie halten ihr Haus, ihr Auto, ihren Golfklub, ihre Kleidung, ihr Ferienhaus und andere Liebhabereien nach wie vor für Vermögenswerte. Sie glauben dem, was andere Leute ihnen gesagt haben. Sie müssen es glauben, weil sie keine Zahlen lesen können. Sie können Fakten von Meinungen nicht unterscheiden. Die meisten Menschen gehen zur Schule und lernen, wie man Teilnehmer beim Spiel wird, aber niemand erklärt ihnen das Spiel. Niemand sagt ihnen, dass der Name des Spiels lautet: „Wer ist bei wem verschuldet?“ Und weil niemand ihnen das beibringt, sind sie diejenigen, die bei allen anderen verschuldet sind.

Geld ist ein geistiges Konzept

Einer meiner Lieblingssongs ist „The Gambler“ (Der Spieler) von Kenny Rogers. Eine Zeile fasst das ganze Kapitel zusammen: „Wenn du am Spiel teilnehmen willst, Junge, musst du lernen, es richtig zu spielen.“

Ich hoffe, Sie haben nun die Grundlagen des Cashflow-Quadranten verstanden und wissen, dass Geld in Wirklichkeit ein geistiges Konzept ist, das Sie mit Ihrem Verstand klarer sehen als mit Ihren Augen. Das Erlernen des Geld-Spiels ist ein wesentlicher Teil Ihres Weges hin zur finanziellen Unabhängigkeit. Noch wichtiger ist allerdings, welche Persönlichkeitszüge Sie entwickeln müssen, um auf die rechte Hälfte des Cashflow-Quadranten überzuwechseln. Teil II dieses Buches gilt speziell dem Thema „Machen Sie das Beste aus sich selbst“ und der Analyse der Formel:

SEIN-TUN-HABEN

Teil II

Machen Sie das Beste aus sich selbst

7 Entfalten Sie Ihre eigene Persönlichkeit

„Nicht deine Obdachlosigkeit zählt“, sagte mein reicher Vater. „Es kommt darauf an, wer du bist. Streng dich an und du wirst jemand. Gib auf und du wirst ebenfalls jemand – aber nicht dieselbe Person.“

Welche Veränderungen durchlaufen Sie?

Für diejenigen unter Ihnen, die darüber nachdenken, von der Arbeitsplatzsicherheit zur finanziellen Sicherheit überzuwechseln, habe ich lediglich ermutigende Worte anzubieten. Kim und ich mussten erst obdachlos und verzweifelt werden, bevor ich den Mut fand, vorwärts zu gehen. Das war unser Weg, muss jedoch keineswegs auch der Ihre sein. Wie ich weiter oben bereits dargestellt habe, gibt es vorgefertigte unternehmerische Systeme, die Ihnen beim Übergang zur rechten Hälfte des Cashflow-Quadranten helfen können.

Das eigentliche Thema sind die Veränderungen, die Sie innerlich durchlaufen, und wer Sie im Verlauf des Prozesses werden. Für einige Menschen ist dies ein leichter Prozess. Für andere ist dieser Weg unmöglich.

Geld ist eine Droge

Mein reicher Vater sagte immer zu Mike und mir: „Geld ist eine Droge."

Der Hauptgrund dafür, dass er sich weigerte, uns zu bezahlen, als wir für ihn arbeiteten, war, dass er erreichen wollte, dass wir nie süchtig danach werden, für Geld zu arbeiten. „Wenn ihr geldsüchtig werdet", sagte er, „ist es sehr schwer, sich von dieser Sucht zu befreien."

Als ich ihn als erwachsener Mann von Kalifornien aus anrief, um ihn um Geld zu bitten, hatte er nicht vor, ein Muster zu durchbrechen, das er mit Mike und mir aufgebaut hatte, als wir 9 Jahre alt waren. Er gab uns als Kinder kein Geld und er hatte nicht vor, jetzt damit anzufangen. Stattdessen blieb er unnachgiebig und fuhr damit fort, mich von der Sucht des Arbeitens für Geld wegzubringen.

Er bezeichnete Geld als Droge, weil er Menschen beobachtet hatte, die glücklich waren, wenn sie Geld hatten, und ärgerlich oder verstimmt, wenn sie keines hatten. So wie ein Heroinabhängiger high ist, wenn er sich die Droge injiziert, und verstimmt und gewalttätig wird, wenn er sie nicht hat.

„Hüte dich vor der süchtig machenden Macht des Geldes", sagte er oft. „Sobald du dich daran gewöhnt hast, es zu bekommen, hält dich diese Sucht auf dem Weg, auf dem du es bekommen hast, gefangen."

Wenn Sie also beispielsweise Geld als Angestellter bekommen haben, gewöhnen Sie sich in der Regel an diese Art und Weise, es zu erhalten. Haben Sie sich daran gewöhnt, Geld durch Ausüben einer selbstständigen Tätigkeit zu verdienen, ist es häufig schwierig, diesen Weg des Geldverdienens zu verlassen. Auch wenn Sie staatliche Unterstützung erhalten, fällt es schwer, aus dieser Schiene auszubrechen.

„Das Schwierigste am Wechsel von der linken zu rechten Seite des Quadranten ist die Gewöhnung an den Weg, wie du dein Geld verdienst", sagte mein reicher Vater. „Es ist mehr als der Bruch mit einer Gewohnheit; es ist das Brechen mit einer Sucht."

Aus diesem Grund betonte er Mike und mir gegenüber ausdrücklich, nie für Geld zu arbeiten. Er beharrte darauf, dass wir lernten, unser eigenes System zum Geldverdienen aufzubauen.

Die Muster

Für Kim und mich bestand die größte Schwierigkeit, uns zu Menschen zu entwickeln, die ihr Einkommen aus dem „G"-Feld beziehen, darin, dass unsere zurückliegende „Programmierung" uns nach wie vor blockierte. Es war hart, wenn Freunde sagten: „Warum macht ihr das? Weshalb sucht ihr euch nicht einfach einen Job?"

Es war umso schwieriger, weil ein Teil von uns ebenfalls in die Sicherheit einer Lohn- oder Gehaltsabrechnung zurückwollte.

Mein reicher Vater erklärte Mike und mir, dass die Welt des Geldes ein einziges umfassendes System sei. Und wir als Individuen lernen, wie man in bestimmten Strukturen dieses Systems operiert. Zum Beispiel:

Ein „A" arbeitet für das System.
Ein „S" ist das System.
Ein „G" kreiert, besitzt oder kontrolliert das System.
Ein „I" investiert Geld in das System.

Die Struktur, von der mein reicher Vater sprach, war das Muster, das wir in unserem Körper, unserem Denken und unserer Seele tragen und nach dem wir auf das Thema Geld reagieren.

„Wenn ein Mensch das Gefühl hat, dass er Geld braucht", erklärte mein reicher Vater, „dann wird sich ein ‚A' automatisch nach einem Job umsehen, ein ‚S' wird häufig irgendeine selbstständige Tätigkeit aufnehmen, ein ‚G' wird ein unternehmerisches System aufbauen oder kaufen, das Geld hervorbringt, und ein ‚I' wird sich nach einer Möglichkeit umschauen, in einen Vermögenswert zu investieren, der mehr Geld abwirft."

Weshalb ist es schwierig, ein Muster zu ändern?

„Es ist deswegen so schwierig, ein Muster zu ändern", sagte mein reicher Vater, „weil Geld heutzutage unabdingbar für das Leben ist. Im Agrarzeitalter war Geld nicht derart wichtig, weil das Land die Menschen mit Nahrung, einer Behausung, Wärme und Wasser versorgen konnte, ohne dass man Geld brauchte. Sobald wir im Verlauf der industriellen Ära in die Städte zogen, war Geld gleichbedeutend mit Leben. Heutzutage kostet sogar Wasser Geld."

Mein reicher Vater fuhr fort zu erklären, dass beispielsweise bei einem Wechsel von Feld „A“ zu Feld „G“ der Teil eines Menschen, der süchtig danach ist, als „A“ zu operieren, oder Angst hat, dass dies das Ende seines Lebens sei, anfängt sich aufzubäumen und zu wehren. Es ist vergleichbar mit einem Ertrinkenden, der nach Luft ringt, oder einem Verhungernden, der alles essen würde, um zu überleben.

„Es ist dieser Kampf, der sich in dir selbst abspielt, der die Sache so schwer macht. Der Kampf zwischen der Person, die du nicht mehr bist, und der Person, die du werden willst, ist das Problem“, erklärte mir mein reicher Vater am Telefon. „Der Teil von dir, der nach wie vor nach Sicherheit sucht, befindet sich im Krieg mit deinem nach Freiheit strebenden Teil. Nur du kannst entscheiden, welcher Teil gewinnen wird. Du wirst entweder dieses Unternehmen aufbauen oder wieder zu deiner Suche nach einem auf alle Zeiten gesicherten Arbeitsplatz gehen.“

Entdecken Sie Ihre Leidenschaft

„Willst du wirklich vorankommen?“, fragte mein reicher Vater.

„Ja!“, beeilte ich mich zu sagen.

„Hast du vergessen, was du ursprünglich vorhattest? Hast du deine Leidenschaft und die eigentliche Ursache für dein Dilemma vergessen?“, fragte mein reicher Vater.

„Oh“, erwiderte ich ein wenig erschrocken. Ich hatte es vergessen. So stand ich am Münzfernsprecher und versuchte Klarheit in meine Gedanken zu bringen, um mich daran erinnern zu können, wodurch ich eigentlich in diesen Schlamassel geraten war.

„Ich wusste es“, sagte mein reicher Vater mit dröhnender Stimme. „Du machst dir größere Sorgen um dein persönliches Überleben als darum, deinen Traum lebendig zu halten. Deine Angst hat deine Leidenschaft verdrängt. Die beste Methode voranzukommen besteht darin, das Feuer in deinem Herzen am brennen zu erhalten. Denk immer an dein ursprüngliches Vorhaben und dein Weg wird einfach sein. Wenn du dich mehr um dich selbst sorgst, beginnt die Angst deine Seele zu zerfressen. Unternehmen werden durch Leidenschaft aufgebaut, nicht durch Furcht. Du hast es bis hierher geschafft. Du bist nahe am Ziel, also kehr jetzt nicht um. Denk an dein ursprüngliches Vorhaben, behalte dieses Ziel in deinem Herzen und halte das Feuer der Leidenschaft am brennen. Du kannst jederzeit aussteigen – also weshalb jetzt aufgeben?“

Dann wünschte mir mein reicher Vater viel Glück und legte auf.

Er hatte Recht. Ich hatte vergessen, weshalb ich diesen Weg eingeschlagen hatte. Ich hatte meinen Traum vergessen und meinen Ängsten gestattet, sowohl meinen Verstand als auch mein Herz zu okkupieren.

Erst wenige Jahre zuvor war ein Film mit dem Titel „Flashdance“ gelaufen. Im Titelsong kamen die Worte vor: „Take your passion and make it happen.“

Ja, ich hatte meine Leidenschaft vergessen. Nun war es an der Zeit, mein Vorhaben zu verwirklichen oder heimzugehen und es ad acta zu legen. Ich stand eine Weile da und hörte die letzten Worte meines reichen Vaters nachklingen: „Du kannst jederzeit aufhören. Also weshalb jetzt aufhören?“

Ich beschloss, die Beendigung aufzuschieben, bis ich mein Vorhaben verwirklicht haben würde.

Ein Lehrer werden, der das System besitzt

Nachdem mein reicher Vater und ich aufgelegt hatten, stand ich neben der Telefonzelle. Meine Ängste und meine Erfolglosigkeit machten mich fertig und ich hatte meinen Traum beiseite geschoben. Meinen Traum, ein alternatives Schulsystem aufzubauen. Ein Ausbildungsprogramm für Leute, die Unternehmer und Investoren werden wollten. Während ich dort stand, kehrten meine Gedanken zurück zu meiner Highschoolzeit.

Als ich 15 Jahre alt war, fragte mich mein Verbindungslehrer: „Was willst du tun, wenn du erwachsen bist? Wirst du Lehrer werden wie dein Vater?“

Ich sah meinem Lehrer direkt in die Augen und antwortete direkt und voller Nachdruck: „Ich werde nie Lehrer. Lehrer zu werden wäre das Letzte, was ich tun würde.“

Ich mochte die Schule nicht nur nicht – ich hasste sie. Ich verabscheute es zutiefst, dazu gezwungen zu sein, zu sitzen und jemandem, den ich nicht besonders mochte oder respektierte, monatelang über ein Thema reden zu hören, das mich nicht interessierte. Ich zappelte herum, rutschte hin und her, machte hinten im Klassenzimmer Probleme und erschien schließlich einfach überhaupt nicht mehr in der Klasse.

Also fuhr ich fast aus der Haut, als mich mein Verbindungslehrer fragte, ob ich eine Karriere anstrebte, bei der ich als Lehrer in die Fußstapfen meines Vater treten würde.

Ich hatte zu diesem Zeitpunkt keine Ahnung, dass Leidenschaft eine Kombination aus Liebe und Hass ist. Ich liebte das Lernen, hasste aber die Schule. Ich verabscheute es total, dazusitzen und zu etwas „programmiert" zu werden, was ich nicht werden wollte. Ich stand mit dieser Haltung nicht allein.

Bemerkenswerte Zitate zum Thema Ausbildung

Winston Churchill hat einmal gesagt: „Ich bin stets bereit zu lernen, mag es aber nicht immer, wenn man mir etwas beibringt."

Von John Updike stammt die Aussage: „Die Gründerväter beschlossen in ihrer Weisheit, dass die Kinder eine unnatürliche Belastung für ihre Eltern seien. Also schufen sie Gefängnisse, die sie Schulen nannten, in denen Foltern namens Ausbildung vollzogen wurden."

Norman Douglas sagte: „Ausbildung ist die staatlich kontrollierte Erzeugung von Echos."

H. L. Mencken tat den Ausspruch: „Ich glaube, die Schulzeit ist der unglücklichste Zeitabschnitt des menschlichen Lebens. Sie ist voller langweiliger, unverständlicher, neuer und unangenehmer Anordnungen, brutaler Verstöße gegen den gesunden Menschenverstand und den normalen Anstand."

Galilei hat gesagt: „Man kann einem Menschen nichts beibringen; man kann ihm nur helfen, es in sich selbst zu finden."

Von Mark Twain stammt das Zitat: „Ich lasse es nicht zu, dass die Schulausbildung meine Erziehung beeinträchtigt."

Albert Einstein sagte: „Es gibt insgesamt zu viel Ausbildung, speziell in amerikanischen Schulen."

Ein Geschenk meines beruflich hoch qualifizierten Vaters

Mein beruflich hoch qualifizierter, aber armer Vater teilte die in diesen Zitaten vertretenen Meinungen mit mir. Auch er verachtete das Schulsystem, obgleich er in seinem Job gut war. Er war Lehrer geworden, weil er davon träumte, das 300 Jahre alte Schulsystem zu ändern, aber stattdessen zermalmte das System ihn. Er nahm seine Leidenschaft, versuchte, das System zu ändern, und rannte gegen eine Mauer. Es war ein System, in dem zu viele Menschen Geld verdienten, und keiner wollte, dass es verändert wurde – obwohl es viele Diskussionen über die Notwendigkeit von Veränderungen gab.

Vielleicht verfügte mein Verbindungslehrer über hellseherische Fähigkeiten, denn etliche Jahre später trat ich tatsächlich in die Fußstapfen meines Vaters. Ich folgte ihm nur nicht in dasselbe System. Ich nahm dieselbe Leidenschaft und baute mein eigenes System auf. Das war der Grund für meine Obdachlosigkeit. Es war meine Leidenschaft, ein Ausbildungssystem zu schaffen, in dem Menschen in anderer Art und Weise lernten.

Als mein beruflich hoch qualifizierter Vater erfuhr, dass Kim und ich uns finanziell abstrampelten, weil wir unser Bestes taten, unser eigenes Ausbildungssystem auf die Beine zu stellen, schickte er uns die oben stehenden Zitate. Oben auf die Seite waren folgende Worte gekritzelt:

„Macht weiter so. In Liebe, Dad."

Bis zu diesem Augenblick hatte ich nicht gewusst, wie sehr mein beruflich hoch qualifizierter Vater das System und das, was es jungen Menschen antat, gehasst hatte. Nach dieser Geste der Ermutigung jedoch begann alles einen Sinn zu ergeben. Die Leidenschaft, die mich vorantrieb, war dieselbe, die ihn Jahre zuvor angetrieben hatte. Ich war genauso wie mein wirklicher Vater und hatte unwissentlich die Fackel von ihm übernommen. Ich war im Grunde meines Herzens Lehrer – vielleicht war das der Grund dafür, dass ich das System so sehr hasste.

Im Rückblick finde ich beide Väter in mir wieder. Von meinem reichen Vater habe ich das Geheimnis gelernt, ein Kapitalist zu werden. Von meinem beruflich hoch qualifizierten Vater habe ich die Leidenschaft für das Lehren geerbt. Aus der Kombination beider Väter konnte ich nun etwas in Hinblick auf das Ausbildungssystem tun. Ich hatte nicht den Wunsch oder die Fähigkeit, das herrschende System zu ändern. Aber ich besaß das nötige Wissen, mein eigenes System zu entwickeln.

Jahrelanges Training beginnt sich auszuzahlen

Jahrelang erzog mich mein reicher Vater zu einem Menschen, der Unternehmen und unternehmerische Systeme aufbaut. Das von mir im Jahr 1977 gegründete Unternehmen war eine Herstellungsfirma. Wir waren eine der ersten Firmen, die die aus Nylon gefertigten, mit einem Klettverschluss versehenen, lebhaft gefärbten sog. „Surfer-Brieftaschen" produzierten. Als Nachfolgeprodukt brachten wir die „Schuh-Tasche" auf den Markt – eine Minigeldbörse, gleichfalls aus Nylon gefertigt und mit Klettverschluss versehen, die an den Schnürsenkeln von Rennschuhen befestigt wurde. 1978 war Jogging der letzte Schrei, und Jogger suchten ständig nach einem Platz, wo sie ihre Schlüssel, ihr Geld oder ihren Personalausweis verstauen konnten.

Unser kometenhafter Erfolg war phänomenal, doch bald verflog die Begeisterung für das Produkt und das Geschäft flaute ab. Es verschlechterte sich, weil meine kleine Firma von der ausländischen Konkurrenz erdrückt wurde. Länder wie Taiwan, Korea und Hongkong verschifften ähnliche Erzeugnisse wie ich und löschten den Markt, den wir entwickelt hatten, aus. Ihre Preise waren so niedrig, dass wir keine Möglichkeit hatten, mit ihnen zu konkurrieren. Sie verkauften ihre Erzeugnisse im Einzelhandel zu Preisen, die unter unseren Produktionskosten lagen.

Unsere kleine Firma befand sich in einem Dilemma: Sollten wir gegen sie kämpfen oder uns ihnen anschließen? Unseren Partnern wurde klar, dass wir gegen die Konkurrenz nicht bestehen konnten. Die Firmen, die den Markt mit Billigprodukten überschwemmten, waren zu stark. Wir stimmten ab und entschlossen uns, uns mit ihnen zusammenzuschließen.

Das Tragische war, dass wir den größten Teil unserer treuen und hart arbeitenden Belegschaft entlassen mussten, um uns weiter über Wasser halten zu können. Das brach mir das Herz. Als ich ins Ausland flog, um die neuen Firmen zu inspizieren, mit denen wir für unsere Produktion in Korea und Taiwan Verträge abgeschlossen hatten, starb erneut ein kleiner Teil meiner Seele. Die Bedingungen, unter denen diese jungen Arbeiter zu arbeiten gezwungen waren, waren grausam und unmenschlich. Ich sah 5 Arbeiter übereinander gequetscht auf einem Platz, auf dem wir bei uns nur einen einzigen Arbeiter seine Tätigkeit auszuüben erlauben würden. Mein Gewissen begann mich ernsthaft zu quälen. Nicht nur wegen der entlassenen Arbeitskräfte in Amerika, sondern wegen des Personals in Korea und Taiwan, das nun für uns arbeitete.

Obwohl wir das finanzielle Problem der ausländischen Konkurrenz gelöst hatten und begonnen hatten, eine Menge Geld zu verdienen, war mein Herz nicht mehr bei dem Geschäft – und das Geschäft fing an zurückzugehen. Sein Herz war verschwunden, weil mein Herz nicht mehr im Unternehmen steckte. Ich wollte nicht mehr reich werden, wenn es bedeutete, so viele unterbezahlte Arbeitskräfte auszubeuten. Ich fing an darüber nachzudenken, Menschen zu Eigentümern anstatt zu Mitarbeitern von Unternehmen auszubilden. Als ich 32 Jahre alt war, begann ich meine Laufbahn als Lehrer, merkte es aber zu dem Zeitpunkt nicht. Mein Geschäft ging nicht aufgrund eines Mangels an unternehmerischen Systemen zurück, sondern aufgrund eines Mangels an Herz beziehungsweise Leidenschaft. Als Kim und ich unser neues geschäftliches Unternehmen starteten, gab es die Geldbörsen-Firma nicht mehr.

Der kommende Stellenabbau

1983 wurde ich eingeladen, einen Vortrag vor Studenten der Betriebswirtschaft an der University of Hawaii zu halten. Ich vermittelte ihnen meine Ansichten über die Arbeitsplatzsicherheit. Was ich sagte, gefiel ihnen nicht: „In ein paar Jahren werden viele von Ihnen Ihre Arbeitsstellen verlieren oder dazu gezwungen sein, für immer weniger Geld unter immer unsichereren Bedingungen zu arbeiten."

Weil ich beruflich die ganze Welt bereisen musste, sah ich mit eigenen Augen die Machtkombination von billiger Arbeitskraft und technologischen Innovationen. Ich stellte fest, dass ein Arbeiter in Asien, Europa, Russland oder Südamerika wirklich im Wettbewerb mit Arbeitern in Amerika stand. Ich wusste, dass das Konzept einer hohen Bezahlung und eines sicheren Arbeitsplatzes für Arbeiter und Manager der mittleren Führungsebene der Vergangenheit angehörte. Große Firmen würden bald sowohl in Bezug auf die Zahl ihrer Angestellten als auch in Hinsicht auf die Bezahlung ihrer Arbeitskräfte einschneidende Veränderungen vornehmen müssen, um auf dem Weltmarkt konkurrenzfähig bleiben zu können.

Man lud mich nie wieder in die University of Hawaii ein. Wenige Jahre später wurde der Stellenabbau zur Standardpraxis. Immer wenn eine große Firma fusionierte und Arbeitskräfte überflüssig wurden, strich man Stellen. Immer wenn die Besitzer ihre Aktionäre glücklich machen wollten, wurden Arbeitsplätze abgebaut. Ich beobachtete, wie mit jedem Stellenabbau die Leute an der Spitze immer reicher wurden, während die, die unten standen, den Preis zahlten.

Jedes Mal, wenn ich jemanden sagen hörte „Ich schicke mein Kind zur Schule, damit es einen guten, sicheren Arbeitsplatz bekommen kann", zuckte ich zusammen. Für einen bestimmten Job ausgebildet zu sein, ist kurzfristig betrachtet eine gute Idee, genügt jedoch auf lange Sicht gesehen nicht. Langsam, aber sicher wurde ich ein Lehrer.

Errichten Sie ein unternehmerisches System um Ihre Leidenschaft herum

Obwohl meine Herstellungsfirma aus der Krise heraus war und wieder florierte, war meine Leidenschaft verschwunden. Mein reicher Vater fasste meine Frustration mit den Worten zusammen: „Die Schulzeit ist vorbei. Es ist an der Zeit, dass du ein unternehmerisches System um dein Herz herum errichtest. Bau es um deine Leidenschaft herum. Trenn dich von der Herstellungsfirma und bau das auf, was du aufbauen musst. Du hast gut von mir gelernt, aber du bist noch immer der Sohn deines Vaters. Tief in eurer Seele seid ihr, du und dein Vater, Lehrer."

Kim und ich packten unsere Sachen und zogen nach Kalifornien, um neue Lehrmethoden zu erlernen, sodass wir ein Unternehmen um diese Methoden herum aufbauen konnten. Bevor wir das Unternehmen realisieren konnten, ging uns das Geld aus und wir saßen auf der Straße. Es waren jenes Telefongespräch mit meinem reichen Vater, die Unterstützung meiner Frau, Wut auf mich selbst und ein Wiederaufflammen der Leidenschaft, die uns aus dem Schlamassel holten, in dem wir uns befanden.

Bald bauten wir wieder ein Unternehmen auf. Das Unternehmen war eine Ausbildungsinstitution, in der mit Methoden gelehrt wurde, die denen der herkömmlichen Schulen fast genau entgegengesetzt waren. Anstatt die Studenten zu bitten stillzusitzen, ermunterten wir sie dazu, aktiv zu sein. Anstatt sie durch Vorträge zu instruieren, vermittelten wir ihnen den Stoff durch Spiele. Anstatt langweilig zu sein, bestanden wir darauf, dass unsere Lehrer dafür sorgten, dass die Studenten Spaß hatten. Anstelle von professionellen Lehrern suchten wir Geschäftsleute aus, die wirklich ihr eigenes Unternehmen aufgebaut hatten und in unserem Unterrichtsstil unterrichteten. Anstatt die Studenten zu bewerten, bewerteten die Studenten ihren Lehrer. Erhielt der Lehrer miserable Noten, musste er entweder ein weiteres Intensiv-Trainingsprogramm absolvieren oder wurde gebeten zu gehen.

Alter, Ausbildung, Geschlecht und religiöse Überzeugung waren keine Kriterien. Unsere einzige Anforderung bestand darin, dass die Studenten den ehrlichen Wunsch hatten zu lernen und auch schnell lernen wollten. Schließlich waren wir in der Lage, den Stoff eines Unterrichtsjahres in Buchführung innerhalb eines Tages zu vermitteln.

Obwohl wir hauptsächlich Erwachsene unterrichteten, hatten wir viele junge Leute, einige um die 16 Jahre alt, die neben hoch bezahlten, gut ausgebildeten 60-jährigen leitenden Geschäftsleuten „die Schulbank drückten". Anstatt sie bei Tests miteinander konkurrieren zu lassen, baten wir sie, in Gruppen zusammenzuarbeiten. Anschließend ließen wir ein Team gegen andere Teams antreten, die denselben Test machten. Anstelle des Strebens nach Noten setzten wir Geldwetten. Der Gewinner bekam alles. Der Wille zum Wettbewerb und sich als Team zu bewähren war leidenschaftlich. Der Lehrer musste die Klasse nicht motivieren. Der Lehrer musste nichts weiter tun als sich zurückzuhalten, sobald der Lernwettbewerb begonnen hatte. Anstelle der Ruhe während der Prüfungszeit wurde laut gerufen, geschrien, gelacht und geweint. Die Leute fanden das Lernen spannend. Sie wurden durch das Lernen „inspiriert" – und sie wollten mehr lernen.

Wir konzentrierten uns auf die Vermittlung von nur zwei Fächern: Unternehmertum und Investieren – die „G"- und „I"-Seite des Cashflow-Quadranten. Die Leute, die diese Fächer auf der Basis unseres Unterrichtsstils erlernen wollten, strömten in hellen Scharen herbei. Wir machten keine Werbung. Alles verbreitete sich durch Mundpropaganda. Diejenigen, die kamen, waren Menschen, die Arbeitsplätze schaffen wollten, nicht Leute, die nach Arbeitsstellen suchten.

Sobald ich mich in jener Nacht in der Telefonzelle entschlossen hatte nicht aufzugeben, begann das Projekt Fortschritte zu machen. In weniger als 5 Jahren hatten wir ein millionenschweres Unternehmen mit 11 Büros auf der ganzen Welt. Wir hatten ein neues Ausbildungssystem aufgebaut und der Markt liebte es. Unsere Leidenschaft hatte es in die Realität umgesetzt, weil Leidenschaft und ein gutes unternehmerisches System die Angst und die frühere „Programmierung" überwunden hatten.

Ein Lehrer kann reich sein

Immer wenn ich Lehrer sagen höre, dass sie nicht ausreichend bezahlt würden, fühle ich mit ihnen. Die Ironie daran ist, dass sie ein Produkt der Programmierung durch ihr eigenes System sind. Sie betrachten den Lehrerberuf aus der Perspektive des „A"-Felds, anstatt aus der des „G"- oder des „I"-Felds. Denken Sie daran: Sie können in jedem Feld des Quadranten alles sein, was Sie wollen – sogar Lehrer.

Wir können alles sein, was wir wollen

Die meisten Menschen verfügen über das Potenzial, auf allen Feldern des Quadranten erfolgreich zu sein. Es hängt ganz davon ab, wie entschlossen wir dazu sind, erfolgreich zu sein. Wie mein reicher Vater sagte: „Leidenschaft baut Geschäfte auf – nicht Angst."

Die Probleme, mit denen wir beim Wechseln von Feldern zu kämpfen haben, wurzeln häufig in unserer vergangenen „Programmierung". Viele Menschen kommen aus Familien, in denen das Gefühl der Angst als Hauptmotivator benutzt wurde, um ihr Denken und Handeln in eine bestimmte Richtung zu lenken. Zum Beispiel:

„Hast du deine Hausaufgaben gemacht? Wenn du deine Hausaufgaben nicht machst, wirst du in der Schule durchfallen und alle deine Freunde werden dich auslachen."

„Wenn du weiter Grimassen ziehst, wird dein Gesicht in dieser Position erstarren."

Und der „Klassiker": „Wenn du keine guten Noten schreibst, wirst du keinen sicheren Arbeitsplatz mit Zusatzleistungen bekommen."

Nun, heutzutage haben viele Leute gute Zensuren, aber es gibt weniger sichere Arbeitsstellen und noch weniger Arbeitsplätze mit Zusatzleistungen wie beispielsweise Rentenpläne. Also müssen sich viele Menschen, selbst diejenigen mit guten Noten, „um ihre eigenen Geschäfte kümmern" und nicht einfach nur nach einer Arbeitsstelle umsehen, wo sie das Geschäft von jemand anderem sind.

Auf der linken Seite ist's riskant

Ich habe viele Freunde, die noch immer Sicherheit in einer Arbeitsstelle oder einer beruflichen Position suchen. Ironischerweise vollzieht sich der Vormarsch der Technologie in einem noch schnelleren Tempo. Um auf dem Arbeitsmarkt konkurrieren zu können, muss sich jedermann laufend fortbilden, um auf dem neuesten Stand der Technik zu sein. Wenn Sie ohnehin umschulen müssen, weshalb sollten Sie nicht einige Zeit in das Erlernen der auf der rechten Hälfte des Quadranten erforderlichen Fähigkeiten investieren? Könnten die Leute das sehen, was ich auf meinen Weltreisen sehe, würden sie nicht nach mehr Sicherheit suchen. Sicherheit ist ein Ammenmärchen. Lernen Sie etwas Neues, und machen Sie sich auf in diese „schöne neue Welt". Verstecken Sie sich nicht vor ihr!

Auch für Selbstständige ist das Operieren auf der linken Seite des Quadranten meiner Meinung nach riskant. Wenn sie krank werden, sich verletzen oder sterben, wird ihr Einkommen davon direkt in Mitleidenschaft gezogen. Je älter ich werde, desto mehr Selbstständige in meinem Alter lerne ich kennen, die physisch, geistig und emotional von ihrer anstrengenden Arbeit ausgebrannt sind. Je erschöpfter ein Mensch ist, desto unsicherer wird er, und sein Risiko, einen Unfall zu haben, steigt ebenfalls.

Sicherer ist es auf der rechten Seite

Das Merkwürdige ist: Das Leben auf der rechten Hälfte des Quadranten ist tatsächlich sicherer. Wenn Sie zum Beispiel ein sicheres System haben, das immer mehr Geld durch immer weniger Arbeitseinsatz Ihrerseits hervorbringt, brauchen Sie eigentlich keinen Arbeitsplatz und Sie brauchen sich auch keine Sorgen um den Verlust Ihrer Arbeitsstelle zu machen oder darum, dass Sie unter Ihren Verhältnissen leben müssten. Anstatt unter Ihren Verhältnissen zu leben, dehnen Sie Ihre Verhältnisse aus. Um mehr Geld zu machen, expandieren Sie ganz einfach das unternehmerische System und stellen mehr Personal ein.

Leute, die im größeren Stil investieren, machen sich keine Sorgen darüber, ob der Markt einen Auf- oder Abschwung erlebt, weil ihnen ihr Wissen ermöglicht, in beiden Fällen Geld zu machen. Sollte es in den nächsten 30 Jahren einen wirtschaftlichen Zusammenbruch oder eine Depression geben, werden viele Menschen aus der Babyboom-Generation in Panik geraten und einen großen Teil des Geldes verlieren, das sie für den Altersruhestand zurückgelegt hatten. Wenn ihnen das im Alter passiert, können sie sich nicht zur Ruhe setzen, sondern werden so lange, wie sie können, arbeiten müssen.

Was die Angst vor einem finanziellen Verlust betrifft, so sind professionelle Kapitalanleger Menschen, die nur geringe Beträge ihres eigenen Geldes riskieren, aber trotzdem die höchsten Gewinne erzielen. Es sind die Leute, die wenig Ahnung vom Investieren haben, die die Risiken eingehen und die geringsten Gewinne machen. Aus meiner Sicht liegt das ganze Risiko auf der linken Hälfte des Cashflow-Quadranten.

Weshalb ist die linke Seite riskanter?

„Wenn du keine Zahlen lesen kannst, dann musst du dich nach der Meinung einer anderen Person richten“, sagte mein reicher Vater. „In Bezug auf einen Hauskauf übernimmt dein Vater einfach blind die Ansicht eures Bankers, sein Haus sei ein Vermögenswert.“

Mike und mir fiel auf, dass er das Wort „blind“ betonte.

„Die meisten Menschen, die auf der linken Seite des Quadranten operieren, müssen nicht übermäßig gut im Lesen von Zahlen sein. Wollt ihr jedoch auf der rechten Hälfte des Cashflow-Quadranten erfolgreich sein, werden Zahlen eure Augen. Zahlen versetzen euch in die Lage, das zu sehen, was den meisten Menschen entgeht“, fuhr mein reicher Vater fort. „Einen Blick für Finanzen zu besitzen verringert euer Risiko. Finanzielle Blindheit jedoch erhöht das Risiko. Aber diesen speziellen Blick benötigt ihr nur, wenn ihr auf der rechten Seite des Quadranten operieren wollt. Menschen, die auf der linken Seite tätig sind, denken in Worten. Um hingegen auf der rechten Hälfte, speziell auf dem „I“-Feld, erfolgreich zu sein, müsst ihr in Zahlen denken und nicht in Worten. Es ist wirklich riskant, sich als Kapitalanleger zu versuchen, wenn man noch immer vorwiegend in Worten denkt.“

„Willst du damit sagen, dass Leute, die auf der linken Seite des Quadranten operieren, nichts über Zahlen zu wissen brauchen?“, fragte ich.

„Auf die meisten von ihnen trifft das zu“, sagte mein reicher Vater. „Solange sie sich darauf beschränken, lediglich innerhalb der Grenzen des ‚A'- oder des ‚S'-Feldes zu operieren, genügt ihr schulisches Wissen von Zahlen. Wollen sie jedoch auf der rechten Hälfte überleben, ist das Verständnis von Zahlen und Finanzsystemen grundlegend. Wenn du ein kleines Unternehmen gründen willst, musst du keine besondere Begabung im Umgang mit Zahlen haben. Willst du jedoch ein großes, weltweites Unternehmen aufbauen, sind Zahlen alles. Nicht Worte. Aus diesem Grund werden so viele große Firmen von Erbsenzählern geleitet."

Mein reicher Vater setzte seine Lektion fort: „Wenn du auf der rechten Seite des Quadranten Erfolg haben willst, musst du in Bezug auf Geld den Unterschied zwischen Fakten und Ansichten kennen. Du musst deine Zahlen kennen. Du musst die Fakten kennen. Und Zahlen teilen dir die Fakten mit."

Wer zahlt für das Risiko?

„Die linke Seite des Quadranten ist nicht nur riskant – die Menschen, die dort operieren, zahlen auch noch dafür, dass sie das Risiko tragen", sagte mein reicher Vater.

„Was meinst du damit?", erkundigte ich mich. „Zahlt jedermann für das Risiko, das er eingeht?"

„Nein", erwiderte mein reicher Vater. „Nicht auf der rechten Seite."

„Willst du damit sagen, dass diejenigen, die auf der linken Seite tätig sind, dafür zahlen, Risiken einzugehen, während die Leute, die auf der rechten Hälfte operieren, dafür bezahlt werden, dass sie Risiken auf sich nehmen?"

„Genau das meine ich", lächelte mein reicher Vater. „Das ist der größte Unterschied zwischen der linken und der rechten Seite des Quadranten. Das ist der Grund dafür, weshalb die linke Seite riskanter als die rechte ist."

„Kannst du mir ein Beispiel geben?", fragte ich.

„Selbstverständlich", sagte mein reicher Vater. „Wenn du Aktienanteile einer Firma kaufst, wer geht dann das finanzielle Risiko ein – du oder die Firma?"

„Ich glaube, ich", sagte ich, noch immer verwirrt.

„Und wenn ich eine Krankenversicherungsgesellschaft bin, dich krankenversichere und das Risiko eingehe, dass du krank wirst, zahle ich dir dann etwas?"

„Nein“, erwiderte ich. „Wenn die Versicherung mich krankenversichert und das Risiko für meine Gesundheit trägt, bezahle ich dafür.“

„Das ist richtig“, sagte mein reicher Vater. „Die Versicherungsgesellschaft, die für den Fall einer Krankheit oder eines Unfalls versichert und dich für dieses Privileg bezahlt, kannst du lange suchen. Aber genau das tun die Menschen, die auf der linken Seite des Quadranten operieren.“

„Es ist irgendwie verwirrend“, sagte Mike. „Es ergibt immer noch keinen Sinn.“

Mein reicher Vater lächelte. „Wenn ihr erst die rechte Hälfte des Quadranten besser begreift, werdet ihr die Unterschiede klarer erkennen. Die meisten Leute wissen nicht, dass es einen Unterschied gibt. Sie nehmen einfach an, alles sei riskant – und sie zahlen dafür. Aber im Laufe der Jahre werdet ihr mehr Erfahrungen und Kenntnisse auf der rechten Seite sammeln und dadurch wird euer Blick klarer und ihr werdet anfangen zu sehen, was Leute, die auf der linken Hälfte des Quadranten operieren, nicht sehen können. Und ihr werdet begreifen, weshalb die Suche nach Sicherheit, um Risiken zu vermeiden, das Riskanteste ist, was ihr tun könnt. Ihr werdet euren persönlichen Blick für finanzielle Anlegenheiten schärfen und nicht die Meinungen anderer Leute nur aufgrund von deren beruflichen Titeln übernehmen müssen, das heißt nur deswegen, weil sie Banker, Aktienhändler, Buchhalter oder was auch immer sind. Ihr werdet fähig sein, euch selbst ein Bild zu machen und den Unterschied zwischen finanziellen Fakten und Meinungen zu erkennen.“

Das war eine der Lektionen, die mir im Gedächtnis haften geblieben sind. Sie war großartig, weil sie mir den Blick für Dinge eröffnete, die ich mit meinen Augen nicht sehen konnte.

Zahlen verringern das Risiko

Ich bezweifle, dass ich ohne diese einfachen Lektionen meines reichen Vaters in der Lage gewesen wäre, meiner Leidenschaft zu folgen und mein Traum-Ausbildungssystem aufzubauen. Ich weiß, dass ich ohne seine Beharrlichkeit in puncto Zahlen und Genauigkeit nicht so klug und mit so wenig Eigenkapital hätte investieren und so hohe Gewinne erzielen können. Ich erinnerte mich immer daran, dass man mit umso größerer Genauigkeit vorgehen muss, je größer das Projekt ist und je schneller man zu Erfolg gelangen will. Wollen Sie langsam reich werden, dann arbeiten Sie ganz einfach Ihr ganzes Leben lang und lassen jemand anderen Ihr Geld verwalten – in diesem Fall müssen Sie nicht so genau sein. Je rascher Sie reich werden möchten, desto akkurater müssen Sie in Bezug auf Zahlen sein.

Das Gute ist, dass es heutzutage aufgrund der technologischen Fortschritte und neuer Produkte viel leichter ist, die für den Aufbau Ihres eigenen unternehmerischen Systems notwendigen Fähigkeiten zu erlernen und Ihren Zahlensinn zu entwickeln.

Sie können schnell gehen – aber nehmen Sie keine Abkürzungen

Es steht Ihnen frei, jeden gewünschten Weg in jedem beliebigen Tempo zu gehen und so viel Geld zu machen, wie Sie wollen, aber Sie müssen den entsprechenden Preis dafür zahlen. Sie können schnell vorwärts gehen, aber denken Sie stets daran: Es gibt keine Abkürzungen.

In diesem Buch geht es nicht um Antworten. Es geht darum, finanzielle Herausforderungen und Zielvorstellungen aus einem anderen Blickwinkel zu betrachten. Keine Perspektive ist besser als eine andere; es ist nur einfach cleverer, über mehr als einen einzigen Blickwinkel zu verfügen.

Die Lektüre der nun folgenden Kapitel mag Sie vielleicht dazu anregen, die Welt der Finanzen, der Geschäfte und das Leben aus einer anderen Perspektive zu betrachten.

8 Wie werde ich reich?

Wenn ich gefragt werde, woher ich mein Rezept zum Reichwerden habe, antworte ich: „Von dem Spiel ‚Monopoly‘, das ich als Kind gespielt habe.“

Einige Leute denken dann, ich will sie auf den Arm nehmen, andere warten auf die Pointe des scheinbaren Witzes. Aber es ist nicht als Witz gemeint und ich will auch niemanden auf den Arm nehmen. Das in Monopoly vermittelte Rezept zum Reichwerden ist einfach und funktioniert im realen Leben ebenso wie in diesem Spiel.

Vier grüne Häuser – ein rotes Hotel

Vielleicht erinnern Sie sich daran, dass das Geheimnis des Reichwerdens beim Monopolyspielen darin besteht, vier grüne Häuser zu kaufen und sie dann zu verkaufen, um ein großes rotes Hotel zu erwerben. Mehr ist nicht notwendig, und genau dasselbe Investitionsrezept zum Reichwerden benutzten meine Frau und ich.

Als es dem Immobilienmarkt wirklich schlecht ging, kauften wir mit den uns zur Verfügung stehenden begrenzten Mitteln so viele kleine

Häuser wie wir konnten. Als der Markt sich erholte, verkauften wir die „vier kleinen Häuser" und erwarben ein „großes rotes Hotel". Wir müssen überhaupt nicht arbeiten, weil der Kapitalfluss aus unserem „großen roten Hotel", Wohnhäusern und kleinen Lagerräumen für die Finanzierung unseres Lebensstils ausreicht.

Es funktioniert auch bei Hamburgern

Wenn Sie keine Grundstücke und Immobilien mögen, müssen Sie nichts weiter tun als Hamburger produzieren, ein Unternehmen um diesen Hamburger herum aufbauen und auf Lizenz vergeben. Innerhalb weniger Jahre wird Ihnen der wachsende Cashflow mehr Geld in die Kasse bringen, als Sie ausgeben können.

Der Weg zu außerordentlich großem Reichtum kann ganz real so aussehen. In anderen Worten: In unserer hoch technisierten Welt bleiben die Prinzipien des Reichwerdens leicht und technisch einfach. Ich würde sagen, man braucht einfach gesunden Menschenverstand. Aber leider ist gesunder Menschenverstand wenig verbreitet, wenn es um Geld geht.

Beispielsweise ergibt es für mich keinen Sinn, Leuten steuerliche Erleichterungen zu verschaffen, damit diese Geld verlieren und ihr Leben lang verschuldet sind. Oder Ihr Haus als Vermögenswert zu bezeichnen, wenn es in Wirklichkeit eine Verbindlichkeit darstellt, die Ihnen täglich Geld aus der Tasche zieht. Oder eine Staatsregierung zu haben, die mehr Geld ausgibt, als sie in Form von Steuern einnimmt. Oder ein Kind in der Hoffnung zur Schule zu schicken, dass es eine Arbeitsstelle findet, diesem Kind aber nichts über Geld beizubringen.

Es ist einfach, das zu tun, was die Reichen tun

Es ist einfach, das zu machen, was reiche Leute tun. Einer der Gründe dafür, dass es so viele reiche Menschen gibt, die in der Schule nicht gut waren, ist der, dass der „Du-musst-unbedingt"-Teil des Reichwerdens einfach ist. Sie müssen nicht die Schule besuchen, um reich zu werden. Der „Du-musst-unbedingt"-Teil erfordert absolut keine Genialität.

Tatsache ist: Diejenigen, die sich am meisten abrackern, bringen es nicht zu Reichtum. Wenn Sie reich werden wollen, müssen Sie „denken". Denken Sie unabhängig, und gehen Sie nicht mit der Masse. Meiner Ansicht nach liegt ein großer „Vermögenswert" der Reichen darin, dass sich ihre Denkweise von der Masse unterscheidet. Wenn Sie das tun, was jeder tut, erreichen Sie das, was jeder andere auch erreicht. Und für die meisten Menschen bedeutet das Jahre harter Arbeit, ungerechte Steuern und lebenslange Verschuldung.

Wenn ich gefragt werde: „Was muss ich tun, um von der linken zur rechten Seite des Cashflow-Quadranten zu wechseln?", lautet meine Antwort: „Sie müssen nicht das verändern, was Sie ‚tun'. Sie müssen zunächst einmal Ihre Art zu ‚denken' ändern. Anders formuliert: Es kommt darauf an, wer Sie ‚sein' müssen, um das zu ‚tun', was getan werden muss."

Möchten Sie zu einem Menschen werden, der es für einfach hält, vier Häuser zu kaufen und sie dann wieder zu verkaufen, um ein rotes Hotel zu erwerben? Oder wollen Sie zu einer Person werden, die meint, es sei schwer, vier grüne Häuser zu kaufen und sie später wieder zu verkaufen, um ein rotes Hotel zu erwerben?

Mitte der 1970er-Jahre nahm ich an einem Kurs zum Thema „Zielsetzung" teil. Ich konnte selbst nicht glauben, dass ich 150 Dollar, einen schönen Samstag und einen wunderbaren Sonntag dafür investierte zu lernen, wie man Ziele setzt. Ich wäre lieber zum Surfen gegangen. Mehrere Male stieg ich beinahe aus, aber das, was ich in diesem Kurs lernte, hat mir geholfen das zu erreichen, was ich in meinem Leben erreichen wollte.

Die Kursleiterin schrieb die folgenden drei Wörter an die Tafel:

SEIN – TUN – HABEN

Dann sagte sie: „Ziele sind der ‚HABEN'-Teil dieser drei Wörter. Ziele wie einen hübschen Körper oder die perfekte Beziehung zu haben, Millionen Dollar oder eine blendende Gesundheit zu besitzen oder Berühmtheit zu erlangen. Sobald die Menschen herausgefunden haben, was sie haben wollen, also ihr Ziel erkannt haben, listen sie auf, was sie ‚tun' müssen. Aus diesem Grund haben die meisten Leute ‚Ich-muss-unbedingt'-Listen. Sie setzen ihre Ziele fest und beginnen dann etwas zu ‚tun'."

Als erstes Beispiel ging sie auf das Ziel eines perfekten Körpers ein. „Die meisten Menschen, die einen perfekten Körper haben wollen, machen zunächst eine Diät und gehen dann ins Fitnessstudio. Das dauert einige Wochen an, dann kehren die meisten von ihnen zu ihren alten Essgewohnheiten in Form von Pommes frites und Pizza zurück, und anstatt ins Fitnessstudio zu gehen, schauen sie sich Baseballspiele im Fernsehen an. Dies ist ein Beispiel dafür, etwas zu ‚tun' anstatt zu ‚sein'."

„Es kommt nicht auf die Diät an, es kommt darauf an, zu welcher Art von Mensch Sie sich entwickeln müssen, um diese Diät befolgen zu können. Dennoch suchen jedes Jahr Millionen von Menschen nach der perfekten Diät, die ihnen zum Schlankwerden verhelfen soll. Sie richten ihr Augenmerk darauf, was sie tun müssen, anstatt darauf, was für ein Mensch sie werden müssen. Eine Diät wird ihnen nicht helfen, wenn ihr gedankliches Muster sich nicht ändert."

Dann sprach sie über das Investieren: „Viele Leute denken, dass sie der Kauf von Aktien oder offenen Investmentfonds reich machen wird. Nun, das einfache Kaufen von Aktien, offenen Investmentfonds, Immobilien und Bonds wird Sie nicht reich machen. Einfach nur das nachzuahmen, was professionelle Investoren machen, garantiert keinen finanziellen Erfolg. Eine Person mit einer Verlierer-Mentalität wird stets verlieren, unabhängig davon, welche Aktien, Bonds, Immobilien oder offenen Investmentfonds sie kauft."

Als Nächstes brachte sie ein Beispiel für die Suche nach einem Liebespartner: „Sehr viele Menschen suchen in Bars, an ihrer Arbeitsstelle oder in ihrer Kirche nach dem perfekten Liebespartner, dem Menschen ihrer Träume. Das ist es, was sie ‚tun'. Sie machen sich auf die Suche nach dem ‚richtigen Menschen', anstatt daran zu arbeiten, selbst ‚die richtige Person zu sein'."

Eines der Beispiele, das sie uns im Zusammenhang mit Beziehungen gab, war das folgende: „In der Ehe versuchen viele Menschen den Partner zu ändern, um die Ehe zu verbessern. Anstatt zu versuchen, den anderen zu ändern, was oft zu Streit führt, ist es besser, zuerst sich selbst zu ändern", sagte sie. „Bearbeiten Sie nicht den anderen; arbeiten Sie vielmehr an Ihrer Denkweise in Hinblick auf diesen anderen."

Während sie über Beziehungen redete, wanderten meine Gedanken zu den vielen Menschen, die mir im Laufe der Jahre begegnet waren und die Absicht verfolgten, „die Welt zu verändern", aber nichts erreichten. Sie wollten alle anderen Menschen verändern, jedoch nicht sich selbst.

Im Verlauf dieses Wochenendkurses begann vieles von dem, was mein reicher Vater mir erzählt hatte, mehr Sinn zu ergeben. Jahrelang hatte er bescheiden gelebt. Anstatt sich abzurackern, um Rechnungen zu bezahlen, arbeitete er hart, um Vermögenswerte zu erwerben. Wenn man ihn auf der Straße sah, unterschied er sich nicht von anderen Leuten. Er fuhr einen Kleintransporter, keinen teuren Wagen. Eines Tages, im Alter von Ende 30, stellte sich dann heraus, dass er ein Mensch mit einer unerschöpflichen finanziellen Kapazität geworden war. Die Leute wurden aufmerksam, als er plötzlich eines der besten Immobilienobjekte von Hawaii kaufte. Nachdem sein Name in der Zeitung Schlagzeilen machte, merkten die Leute, dass dieser ruhige, bescheidene Mann viele weitere Unternehmen sowie hervorragende Immobilienobjekte besaß und seine Banker auf das hörten, was er sagte. Nur wenige Leute sahen jemals das bescheidene Haus, in dem er lebte. Nachdem er Geld im Überfluss hatte und das Geld aus seinen Vermögenswerten in seine Taschen floss, kaufte er ein großes neues Haus für seine Familie. Er nahm keinen Kredit auf. Er zahlte sofort.

Nach diesem Wochenendkurs über das Zielsetzen wurde mir bewusst, dass viele Leute versuchten, das zu „tun", was die Reichen ihrer Meinung nach tun, und das zu „haben", was die Reichen ihrer Ansicht nach „hatten". Häufig kaufen sie große Häuser und investieren auf dem Aktienmarkt, weil sie denken, das sei das, was die Reichen täten. Doch was mein reicher Vater mir zu vermitteln versuchte, war, dass sie am Schluss immer nur das haben würden, was die Armen und die Angehörigen der Mittelschicht haben, wenn sie an den Gedanken, Ansichten und Vorstellungen der Armen und der Mittelschicht festhielten. Das Schema „SEIN – TUN – HABEN" begann einen Sinn zu ergeben.

Beim Cashflow-Quadranten geht es um das „Sein" – nicht um das „Tun"

Beim Wechsel von der linken auf die rechte Seite des Cashflow-Quadranten geht es weniger um das „Tun" als vielmehr um das „Sein".

Der grundlegende Unterschied liegt nicht so sehr darin, was ein „G" oder ein „I" tut, sondern vielmehr darin, wie er „denkt". Darin, was für ein Mensch er im Grund seines Wesens ist.

Der Cashflow-Quadrant

Das Positive daran ist, dass Sie kein Geld dafür bezahlen müssen, Ihr Denken zu verändern. Es ist gratis. Die negative Seite ist, dass es manchmal hart ist, tief verwurzelte Denkmuster im Zusammenhang mit Geld zu verändern, die von einer Generation zu nächsten weitervermittelt wurden, oder Gedanken, die Sie von Freunden übernommen oder in Ihrer Arbeitsstelle oder in der Schule gelernt haben. Trotzdem ist es möglich. Und darum geht es in diesem Buch vorwiegend. Es ist weniger ein Werk mit spezifischen Anleitungen zum Erlangen finanzieller Unabhängigkeit, sondern ein Buch, das Ihnen helfen soll, Ihr Denken zu stärken (SEIN), sodass Sie die nötigen Schritte unternehmen können (TUN), um finanziell unabhängig zu werden (HABEN).

„A"-Leuten geht es hauptsächlich um Sicherheit

Im Allgemeinen legen Menschen, die auf Feld „A" tätig sind, in finanzieller Hinsicht großen Wert auf Sicherheit. Es trifft häufig zu, dass für diese Leute Geld weniger wichtig ist als Sicherheit. Sie können eventuell in anderen Lebensbereichen große Risiken eingehen, zum Beispiel Fallschirm springen, aber nicht im Hinblick auf Geld.

„S"-Leuten geht es hauptsächlich um perfekte Leistungen

Auch hier handelt es sich um eine Verallgemeinerung – doch habe ich bei vielen Menschen, die auf dem „S"-Feld operieren, aber gerade versuchen, von der linken auf die rechte Hälfte des Quadranten überzuwechseln, die „Do-it-yourself"-Mentalität beobachtet. Sie möchten „es selbst machen", weil sie häufig ein großes Bedürfnis haben sicherzugehen, dass die Dinge „richtig" erledigt werden. Und da sie Probleme damit haben, jemanden zu finden, der es „richtig" macht, machen sie es selbst.

Für viele auf Feld „S" tätige Menschen ist das eigentliche Thema „Kontrolle". Sie müssen die Kontrolle haben. Sie hassen es, Fehler zu machen. Noch mehr hassen sie es, wenn jemand anderer Fehler macht und sie dadurch in einem schlechten Licht erscheinen lässt. Diese Eigenschaft macht diese Menschen zu hervorragenden Selbstständigen und ist der Grund dafür, dass Sie sie mit der Erledigung bestimmter Arbeiten für Sie beauftragen. Sie wollen, dass Ihr Zahnarzt ein Meister seines Fachs ist. Sie wollen, dass Ihr Anwalt ein Ass ist. Sie wollen, dass Ihr Architekt ein Perfektionist ist. Dafür bezahlen Sie diese Leute. Darin liegt ihre Stärke – und zugleich ihre Schwäche.

Emotionale Intelligenz

Zum Menschsein gehören Gefühle. Alle Menschen haben dieselben Emotionen. Wir alle empfinden Angst, Trauer, Wut, Liebe, Hass, Enttäuschung, Freude, Glück und andere Emotionen. Was uns voneinander unterscheidet, ist unser individueller Umgang mit diesen Emotionen.

Wenn es um das Eingehen finanzieller Risiken geht, empfinden wir alle Furcht – sogar die Reichen. Der Unterschied liegt darin, wie wir mit dieser Angst umgehen. Bei vielen Leuten ruft dieses Gefühl den Gedanken hervor: „Geh auf Nummer sicher. Geh keine Risiken ein."

Bei anderen Menschen, speziell bei denen, die auf der rechten Seite des Quadranten operieren, löst die Angst vor einem finanziellen Verlust möglicherweise diesen Gedanken aus: „Geh clever vor. Lerne mit Risiken umzugehen."

Dasselbe Gefühl, unterschiedliche Gedanken, unterschiedliche Wesensarten, unterschiedliche Verhaltensweisen, unterschiedliche Besitzverhältnisse.

Die Angst, Geld zu verlieren

Meiner Meinung nach ist die Angst davor, Geld zu verlieren, der Hauptantrieb für den finanziellen Kampf der Menschen. Und aufgrund dieser Angst gehen Menschen häufig zu vorsichtig vor, halten sich zu sehr zurück oder überlassen ihr Geld jemand anderem, von dem sie hoffen, er sei Experte, und hoffen und beten, dass sie Geld haben mögen, wenn sie es brauchen.

Wenn Furcht Sie in einem der Felder des Cashflow-Quadranten gefangen hält, empfehle ich Ihnen die Lektüre des Buches „Emotional Intelligence" von Daniel Goleman. In diesem Buch löst Goleman die alte Rätselfrage, weshalb Menschen, die in der Schule ausgezeichnet abschneiden, im „wirklichen Leben" finanziell nicht immer erfolgreich sind. Seine Antwort lautet, dass der „emotionale IQ" einen wesentlich größeren Einfluss ausübt als der „akademische IQ". Aus diesem Grund sind Menschen, die Risiken eingehen, Fehler machen und wieder auf die Beine kommen, häufig erfolgreicher als Menschen, die gelernt haben, keine Fehler zu machen, weil sie sich vor Risiken fürchten. Zu viele Leute verlassen die Schule mit ordentlichen Zensuren, sind jedoch emotional nicht darauf vorbereitet, Risiken – speziell finanzielle Risiken – einzugehen. Außerordentlich viele Lehrer sind deshalb nicht reich, weil sie innerhalb einer Umgebung arbeiten, die nach dem Grundsatz „Bestrafe Menschen, die Fehler machen" funktioniert, und weil sie häufig selbst Menschen sind, die sich davor fürchten, Fehler zu machen. Um finanziell unabhängig zu werden, müssen wir stattdessen lernen, wie man Fehler macht und mit Risiken umgeht.

Wenn Menschen ihr Leben in der Furcht vor finanziellen Verlusten verbringen, in Angst davor, Dinge anders zu tun als die Masse, dann ist es für sie so gut wie unmöglich, reich zu werden, selbst wenn es im Prinzip so einfach ist wie der Kauf und Verkauf von vier grünen Häusern und der anschließende Erwerb eines großen roten Hotels.

Der emotionale IQ ist stärker

Nach der Lektüre von Golemans Buch gelangte ich zu der Erkenntnis, dass sich der finanzielle IQ zu 90 Prozent aus dem emotionalen IQ und nur zu 10 Prozent aus fachspezifischen Informationen im Hinblick auf

Finanzen und Geld zusammensetzt. Goleman zitiert Erasmus von Rotterdam, den Humanisten des 16. Jahrhunderts, der eine satirische Betrachtung über die fortwährende Spannung zwischen Verstand und Gefühl geschrieben hat. In seinem Werk verwendete er das Verhältnis von 24:1, um die Macht des emotionalen Teils des Gehirns mit dem rationalen Teil zu vergleichen. In anderen Worten: Wenn die Emotionen „auf Hochtouren" sind, sind sie 24-mal stärker als die Ratio.

24 : 1
Emotionen : Ratio

Wir alle haben schon Situationen erlebt, in denen unsere Gefühle unser rationales Denken „überwältigten". Ich bin sicher, die meisten Menschen haben

1. aus Zorn etwas gesagt, von dem sie sich später wünschten, sie hätten es nicht gesagt;
2. erlebt, dass sie sich zu einem Menschen hingezogen fühlten, von dem sie wussten, dass er nicht gut für sie sein würde – aber sich trotzdem mit ihm getroffen oder, noch schlimmer, ihn geheiratet haben;
3. um den Verlust eines geliebten Menschen hemmungslos geweint oder jemand anderen darum weinen sehen;
4. absichtlich etwas getan, um eine geliebte Person zu verletzen, weil sie selbst verletzt wurden;
5. ein gebrochenes Herz gehabt und sind lange nicht darüber hinweggekommen.

Dies sind nur einige wenige Beispiele für Situationen, in denen Emotionen stärker sind als das rationale Denken.

Es gibt Zustände, in denen Emotionen das Verhältnis 24:1 überschreiten, sie werden häufig bezeichnet als

1. Süchte, wie z. B. zwanghaftes Essen, Rauchen, Einkaufen, zwanghafter Sex oder Drogenkonsum;
2. Phobien, wie beispielsweise Angst vor Schlangen, vor engen Räumen, vor der Dunkelheit, vor Fremden oder Höhenangst.

Diese und andere Verhaltensweisen werden oft zu 100 Prozent von Emotionen gesteuert. Das rationale Denken vermag wenig Einfluss auf unser emotional gesteuertes Denken auszuüben, wenn es um derart emotionale Zustände wie Süchte und Phobien geht.

Geld-Phobie

Wenn es um ein finanzielles Risiko geht, springen Menschen mit einer „Geld-Phobie“ auf und rennen schreiend davon, anstatt Informationen über das Investitionsprojekt einzuholen.

Was das Thema Geld angeht, so gibt es zu viele tief sitzende Ängste, als dass man sie alle aufzählen könnte. Ich habe diese Ängste. Sie haben sie. Wir alle haben sie. Warum? Weil Geld ein emotionales Thema ist, ob es uns gefällt oder nicht. Und weil es ein emotionales Thema ist, können die meisten Menschen nicht logisch in Hinblick auf Geld denken. Wenn Sie meinen, Geld sei keine Sache der Emotionen, dann schauen Sie sich ganz einfach den Börsenmarkt an. In den meisten Märkten herrscht keine Logik, nur Gier und Angst. Oder sehen Sie sich an, wie Leute in ein neues Auto steigen und ihnen der Ledergeruch im Inneren des Wagens verlockend in die Nase steigt. Der Verkäufer braucht nichts weiter zu tun, als die magischen Worte „Niedrige, problemlose monatliche Zahlungen“ in ihr Ohr zu flüstern, und die ganze Logik ist wie weggeblasen.

Emotional gesteuerte Gedanken klingen logisch

Das Problem von Gedanken, die von tief sitzenden Emotionen gesteuert werden, liegt darin, dass sie sich logisch anhören. Verspürt eine im „A“-Feld operierende Person Furcht, so ist für sie der logische Gedanke: „Geh auf Nummer sicher, geh keine Risiken ein.“ Für jemanden, der auf dem „I“-Feld tätig ist, klingt dieser Gedanke jedoch nicht logisch.

Wenn ein auf Feld „S“ operierender Mensch vor der Frage steht, anderen Menschen zuzutrauen, ihre Arbeit gut zu machen, könnte sein logischer Gedanke sein: „Ich werde es einfach selbst machen.“

Dies ist einer der Gründe dafür, weshalb so viele Unternehmen des „S“-Typs häufig Familienunternehmen sind. Es herrscht mehr Vertrauen. Für diese Menschen ist „Blut dicker als Wasser“.

Also: unterschiedliche Felder des Quadranten, unterschiedliche Formen von Logik, unterschiedliche Denkmuster, unterschiedliche Handlungsweisen, unterschiedliche Besitzverhältnisse – aber dieselben Emotionen.

Ich fühle mich nicht danach

Eine Methode festzustellen, ob Sie emotional gesteuert oder rational denken, ist die Art und Weise, wie Sie das Wort „fühlen“ in Unterhaltungen verwenden. So werden beispielsweise viele Menschen, die von ihren Gefühlen gesteuert werden, Dinge sagen wie: „Ich fühle mich heute nicht danach, zu trainieren.“ Von ihrer Logik her wissen sie, dass sie trainieren sollten.

Viele Leute, die sich finanziell abrackern, sind nicht imstande, ihre Gefühle zu kontrollieren, oder lassen ihre Emotionen ihr Denken bestimmen. Ich höre sie sagen:

„Ich fühle mich nicht danach, etwas über das Investieren zu lernen. Es macht zu viel Mühe.“

„Ich habe das Gefühl, investieren ist nichts für mich.“

„Ich fühle mich nicht danach, meinen Freunden etwas über mein Unternehmen zu erzählen.“

„Ich hasse das Gefühl, zurückgewiesen zu werden.“

Eltern – Kind – Erwachsener

Hierbei handelt es sich um Gedanken, die Emotionen entspringen und weniger der Vernunft. Die Populärpsychologie redet in diesem Fall von einem Kampf zwischen Eltern und Kindern. Die Eltern gebrauchen gewöhnlicherweise die Wendung „du solltest“. Sie sagen beispielsweise: „Du solltest deine Hausaufgaben machen.“ Kinder hingegen reden in Form von Gefühlen. Als Reaktion auf die Hausaufgabe würde ein Kind sagen: „Aber ich fühle mich nicht danach, sie zu machen.“

Auf das Thema Finanzen bezogen würde Ihre elterliche innere Stimme sagen: „Du solltest mehr Geld sparen.“ Das Kind in Ihnen jedoch würde entgegnen: „Aber ich fühle mich wirklich danach, Urlaub zu machen. Ich bezahle den Urlaub einfach mit meiner Kreditkarte.“

Wann sind Sie erwachsen?

Wenn wir den Wechsel von der linken auf die rechte Seite des Cashflow-Quadranten vollziehen, müssen wir erwachsen sein. Wir müssen alle in finanzieller Hinsicht erwachsen werden. Anstatt eine elterliche oder kindliche Rolle einzunehmen, müssen wir Geld, Arbeit und das Investieren aus der Erwachsenenperspektive betrachten. Erwachsen sein bedeutet zu wissen, was man zu tun hat, und es zu tun, auch wenn man sich vielleicht nicht danach fühlt, es zu tun.

Ihre inneren „Stimmen"

Für Menschen, die den Wechsel von einem Feld des Quadranten zu einem anderen erwägen, ist es wichtig, während dieses Übergangsprozesses ihren inneren Dialog bewusst zu verfolgen, sorgfältig auf ihre unausgesprochenen Gedanken zu achten und stets im Sinn zu behalten, dass das, was von einem Feld aus betrachtet logisch klingt, in einem anderen Feld keinen Sinn ergibt. Der Wechsel von der Arbeitsplatzsicherheit oder finanzieller Sicherheit zu finanzieller Unabhängigkeit ist vor allem ein Prozess der Veränderung Ihres Denkmusters. Zu diesem Prozess gehört es, dass Sie Ihr Bestes tun, um herauszukristallisieren, welche Ihrer Gedanken von Emotionen und welche durch Logik gesteuert sind. Wenn Sie Ihre Gefühle in Schach halten und der Logik folgen können, haben Sie die besten Aussichten, es zu schaffen. Unabhängig davon, was Außenstehende Ihnen sagen mögen – die wichtigste Unterhaltung ist in diesem Fall Ihr innerer Monolog.

Als Kim und ich vorübergehend obdachlos waren und in unsicheren finanziellen Verhältnissen lebten, hatten wir unsere Emotionen nicht unter Kontrolle. Viele Male war das, was logisch klang, pures emotionales Reden. Unsere Gefühle sagten uns dasselbe wie unsere Freunde: „Geht auf Nummer sicher. Sucht euch einfach einen sicheren Arbeitsplatz und genießt das Leben."

Trotzdem waren wir uns vom logischen Standpunkt aus betrachtet darüber einig, dass Freiheit für uns sinnvoller war als Sicherheit. In der von uns angestrebten finanziellen Unabhängigkeit, das wussten wir, würden wir eine Art der Sicherheit finden, die Arbeitsplatzsicherheit uns nie würde verschaffen können. Das ergab einen Sinn für uns. Das

Einzige, was uns im Weg stand, waren unsere emotionsgesteuerten Gedanken. Gedanken, die sich logisch anhörten, aber auf lange Sicht gesehen keinen Sinn ergaben. Das Positive war, dass, sobald wir den Wechsel geschafft hatten, die alten Gedanken aufhörten, ihre Stimme zu erheben, und das neue Denken, das wir uns gewünscht hatten, unsere Realität wurde – das Denken der Felder „G" und „I".

Heute verstehe ich die Emotionen, die jemanden bewegen, wenn er sagt:

„Ich kann keine Risiken eingehen. Ich muss an meine Familie denken. Ich muss einen sicheren Arbeitsplatz haben."

Oder: „Man braucht Geld, um Geld zu machen. Aus diesem Grund kann ich nicht investieren."

Oder: „Ich werde es allein machen."

Ich kann mich in ihre Gedanken emotional hineinversetzen, weil ich diese Gedanken selbst hatte. Wenn ich jedoch jetzt, nachdem ich durch das Operieren auf den Feldern „G" und „I" finanzielle Unabhängigkeit gewonnen habe, den Quadranten überblicke, kann ich in aller Aufrichtigkeit sagen, dass finanzielle Unabhängigkeit eine wesentlich friedvollere und sicherere Art des Denkens ist.

Unterschiede zwischen „A" und „G"

Grundlegende emotionale Werte führen zu unterschiedlichen Sichtweisen. Die Kommunikationsprobleme zwischen den Inhabern und den Angestellten eines Unternehmens werden häufig durch unterschiedliche emotionale Werte verursacht. Es gab schon immer eine Auseinandersetzung zwischen „A"- und „G"-Menschen, weil der eine eine höhere Bezahlung und der andere mehr Arbeitsleistung will. Aus diesem Grund bekommen wir oft zu hören: „Ich bin überarbeitet und unterbezahlt."

Und von der anderen Hälfte des Quadranten hören wir häufig: „Was können wir tun, um sie zu motivieren, härter zu arbeiten und zuverlässiger zu sein, ohne ihnen mehr zu zahlen?"

Unterschiede zwischen „G" und „I"

Auf der anderen Seite gibt es die permanenten Spannungen zwischen den Inhabern und den Aktionären eines Unternehmens, also denjenigen, die ihr Kapital in dieses Unternehmen investieren. Die einen wollen mehr Geld, mit dem sie arbeiten können, die anderen größere Dividenden.

Eine Unterhaltung auf einer Versammlung von Aktionären mag sich vielleicht folgendermaßen anhören:

Firmenmanager: „Wir brauchen einen Privatjet, damit unsere Direktoren schneller zu ihren Meetings kommen."

Investoren: „Wir brauchen weniger Direktoren. Dann brauchen wir auch keinen Privatjet."

Unterschiede zwischen „S" und „G"

Bei finanziellen Transaktionen habe ich häufig beobachtet, wie clevere Menschen, die auf Feld „S" operieren, beispielsweise Anwälte, ein millionenschweres Geschäft für eine auf dem „G"-Feld tätige Person, einen Geschäftsinhaber, organisieren; und wenn die Transaktion abgeschlossen ist, ärgern sich die Anwälte insgeheim, weil der Geschäftsinhaber Millionen verdient und der Selbstständige ein Stundenhonorar erhält.

Sie sagen vielleicht Folgendes:

Anwalt: „Ich habe die ganze Arbeit gemacht und er das ganze Geld."

Geschäftsinhaber: „Wie viele Stunden hat dieser Kerl mir in Rechnung gestellt? Für das, was er mir berechnet hat, hätte ich die ganze Anwaltskanzlei kaufen können."

Unterschiede zwischen „A" und „I"

Ein anderes Beispiel ist der Filialleiter einer Bank, der einem Kapitalanleger einen Kredit für den Kauf einer Immobilie gibt. Der Investor verdient Hundertausende von Dollar steuerfrei und der Banker erhält ein Gehalt, das hoch besteuert wird. Das wäre ein Beispiel für einen in Feld „A" tätigen Menschen, der mit einem auf Feld „I" operierenden Menschen Geschäfte macht – eine Situation, die häufig eine milde emotionale Reaktion hervorruft.

Der Angestellte sagt vielleicht: „Ich gebe diesem Kerl einen Kredit und er sagt noch nicht einmal ‚danke'. Ich glaube, er weiß nicht, wie hart wir für ihn gearbeitet haben."

Der Investor sagt eventuell: „Junge, Junge, sind diese Kerle kleinlich. Man muss sich nur diesen ganzen nutzlosen Papierkram anschauen, den ich erledigen muss, bloß um einen popeligen Kredit zu kriegen."

Sind Sie verheiratet oder leben in einer festen Beziehung?

Wenn Sie verheiratet sind oder in einer festen Beziehung leben, kreisen Sie das Feld des Quadranten ein, aus dem Sie den Hauptteil Ihres Einkommens beziehen, und dann das Feld, aus dem Ihrem Partner oder Ihrer Partnerin Einkommen zufließt.

Ich mache Ihnen diesen Vorschlag deshalb, weil die Diskussion zwischen Partnern häufig schwierig ist, wenn einer der beiden nicht versteht, welchem Bereich der andere zuzuordnen ist.

Der Kampf zwischen den Reichen und den Gebildeten

Es gibt noch ein weiteres „Schlachtfeld", über das nicht gesprochen wird, das mir aber aufgefallen ist, und das sind die unterschiedlichen Perspektiven der Gebildeten und der Reichen.

Im Verlauf meiner jahrelangen Recherchen über die Unterschiede zwischen den verschiedenen Feldern des Quadranten habe ich häufig Banker, Anwälte, Buchhalter und Angehörige ähnlicher Berufsgruppen leise darüber murren hören, dass sie diejenigen seien, die eine Ausbildung besäßen, während es oftmals die sog. weniger gebildeten Leute seien, die die „dicke Kohle“ machten. Dies bezeichne ich als den Kampf zwischen den Gebildeten und den Reichen, wobei es sich häufiger um den Unterschied zwischen denjenigen, die auf der linken Seite des Cashflow-Quadranten agieren, und denjenigen, die auf der rechten Hälfte des Quadranten operieren, handelt. Das heißt nicht, dass die Menschen, die auf den Feldern „G“ und „I“ operieren, ungebildet sind – viele besitzen eine sehr gute Ausbildung. Es ist nur einfach so, dass viele Geschäftsinhaber und Investoren keine Genies in der Schule waren und keine höhere Ausbildung genossen haben wie beispielsweise Anwälte, Buchhalter und Betriebswirte.

Mein hervorragend ausgebildeter, aber armer Vater war sehr stolz auf den Umstand, dass er jahrelang an Prestigeuniversitäten wie der Stanford University und der University of Chicago studiert hatte. Mein reicher Vater verließ die Schule, um nach dem Tod seines Vaters das Familienunternehmen zu leiten – er hat zwar nie die Highschool beendet, aber trotzdem enormen Reichtum erworben.

Als ich älter wurde und offenbar mehr von meinem reichen, aber weniger gebildeten Vater beeinflusst wurde, verteidigte mein hoch gebildeter Vater gelegentlich seinen Status. Eines Tages, als ich ungefähr 16 Jahre alt war, platzte mein gebildeter Vater heraus:

„Ich besitze hohe akademische Grade von Prestigeuniversitäten. Was hat der Vater deines Freundes?“

Nach einer Pause erwiderte ich ruhig: „Geld und Freizeit.“

Mehr als nur ein geistiger Wandel

Wie an früherer Stelle bereits bemerkt, erfordert Erfolg in den Feldern „G“ oder „I“ mehr als einfach nur akademisches oder fachspezifisches Wissen. Man benötigt häufig einen Wandel grundlegender emotionaler Denkweisen, Gefühle, Ansichten und Haltungen. Denken Sie an

SEIN – TUN – HABEN

Was die Reichen tun, ist relativ einfach. Der Unterschied liegt im „Sein“, in ihrem Denken und, noch spezifischer, in ihrem inneren Dialog mit sich selbst. Aus diesem Grund verbot mir mein reicher Vater zu sagen:

„Ich kann es mir nicht leisten.“
„Ich kann das nicht tun.“
„Geh auf Nummer sicher.“
„Verlier kein Geld.“
„Was ist, wenn ich scheitere und nie wieder auf die Beine komme?“

Er erlaubte mir diese Äußerungen nicht, weil er wirklich daran glaubte, dass Worte die machtvollsten Instrumente seien, die dem Menschen zur Verfügung stehen. Was eine Person sagt und denkt, wird Realität.

Häufig zitierte er die Bibel, obwohl er nicht religiös war: „Und das Wort ward Fleisch und wohnte unter uns.“

Mein reicher Vater glaubte fest daran, dass das, was wir in unserem tiefsten Inneren zu uns selbst sagen, unsere Realität würde. Deshalb vermute ich, dass bei Menschen, die sich finanziell abrackern, ihre Emotionen häufig das Sagen haben und über ihr Leben bestimmen. Solange jemand nicht lernt, diese emotionsgesteuerten Denkmuster zu überwinden, werden seine Worte Fleisch. Worte wie zum Beispiel:

„Ich werde niemals reich sein.“
„Diese Idee wird nie funktionieren.“
„Das ist zu teuer für mich.“

Wenn diese Gedanken auf Emotionen basieren, sind sie machtvoll. Das Gute daran ist, dass man sie mit Unterstützung neuer Freunde, neuen Ideen und ein bisschen Zeit ändern kann.

Menschen, die ihre Angst vor einem finanziellen Verlust nicht kontrollieren können, sollten niemals auf eigene Faust investieren. Es ist am dienlichsten für sie, wenn sie diese Aufgabe einem Experten überlassen und sich nicht in seine Arbeit einmischen.

Interessanterweise sind mir viele Experten begegnet, die furchtlos sind, wenn es darum geht, das Geld anderer Leute anzulegen, und die in der Lage sind, eine Menge Geld zu machen. Geht es jedoch um das Investieren oder Riskieren ihres eigenen Geldes, wird ihre Verlustangst zu groß und sie verlieren am Ende. Ihr Denken wird von ihren Emotionen und nicht von Logik gesteuert.

Ich habe auch Menschen getroffen, die imstande sind, ihr eigenes Geld anzulegen und ständig zu gewinnen, jedoch ihre Ruhe verlieren, wenn jemand anderer sie bittet, Geld für ihn anzulegen.

Das Gewinnen und Verlieren von Geld ist eine emotionale Angelegenheit. Also verriet mir mein reicher Vater das Geheimnis, wie man mit diesen Emotionen umgeht. Er sagte stets: „Um als Investor oder Geschäftsinhaber Erfolg zu haben, musst du dem Gewinnen und Verlieren gegenüber eine neutrale Haltung einnehmen. Gewinnen und Verlieren sind einfach Teile des Spiels."

Ich gebe meinen sicheren Arbeitsplatz auf

Mein Freund Mike hatte ein unternehmerisches System, das ihm gehörte. Sein Vater hatte es aufgebaut. Dieses Glück hatte ich nicht. Ich wusste, dass ich eines Tages die Bequemlichkeit und Sicherheit des elterlichen Nestes verlassen und mein eigenes aufbauen musste.

1978 kündigte ich meinen sicheren Vollzeitjob bei der Firma Xerox und tat den schwierigen Schritt vorwärts, ohne „Sicherheitsnetz". In meinem Kopf meldeten sich die Stimmen der Angst und des Zweifels lautstark zu Wort. Ich war fast gelähmt vor Angst, als ich meine Kündigung einreichte, meinen letzten Gehaltsscheck abholte und zur Tür hinausging. In meinem Inneren dröhnte ein wahres „Orchester" selbstzerstörerischer Gedanken und Gefühle. Ich machte mich dabei selbst so „lautstark" und mit solcher Überzeugung schlecht, dass ich nichts anderes mehr hören konnte. Das war gut, weil so viele meiner Arbeitskollegen sagten: „Er wird zurückkommen. Er wird es nie schaffen."

Das Problem lag darin, dass ich dasselbe zu mir selbst sagte. Diese emotional gesteuerten Selbstzweifel verfolgten mich jahrelang, so lange, bis meine Frau und ich sowohl in Feld „G" als auch in Feld „I" erfolgreich waren. Ich höre diese Stimmen des Selbstzweifels heute noch, mit dem Unterschied, dass sie jetzt weniger Macht haben. Im Rahmen des Verarbeitungsprozesses meiner Selbstzweifel lernte ich, andere innere Stimmen zum Klingen zu bringen – Worte persönlicher Ermunterung, Äußerungen wie:

„Bleib ruhig, denke klar, bewahre deine geistige Offenheit, mach weiter, frag jemanden, der diese Situation vor dir durchgemacht hat, um Rat, hab Vertrauen und bewahre deinen Glauben an eine höhere Macht, die das Beste für dich will.“

Ich lernte, diese ermutigenden Worte in mir selbst zu erzeugen, auch wenn ein Teil von mir sich fürchtete.

Ich wusste, dass ich in der ersten Zeit nach meiner Kündigung wenig Erfolgschancen hatte. Aber die positiven Gefühle, wie Vertrauen, Glaube, Mut, sowie gute Freunde sorgten dafür, brachten mich voran. Ich wusste, dass ich Risiken eingehen musste. Ich wusste, dass Risiken zu Fehlern und Fehler zu Einsicht und Wissen führten – Dinge, die mir beide fehlten. Für mich hätte Scheitern bedeutet, die Angst gewinnen zu lassen, deshalb hatte ich den Willen weiterzumachen, ohne große Garantien auf Erfolg. Mein reicher Vater hatte mir die Vorstellung eingepflanzt, dass „Scheitern Teil des Weges zum Erfolg“ sei.

Die innere Reise

Die Reise von einem Feld des Quadranten zu einem anderen ist eine innere Reise. Es ist eine Reise von einem Komplex grundlegender Meinungen und fachlichen Könnens zu einem neuen Komplex grundlegender Meinungen und einem neuen Komplex fachlichen Könnens. Dieser Prozess hat viel Ähnlichkeit mit dem Erlernen des Radfahrens. Zuerst stürzen Sie viele Male. Häufig ist es frustrierend und peinlich, besonders wenn Ihre Freunde zusehen. Aber nach einer Weile hören die Stürze auf und das Fahren wird zu einer automatisch ablaufenden Tätigkeit. Wenn Sie wieder hinfallen, ist es nicht mehr so schlimm, weil Sie jetzt das innere Wissen haben, dass Sie aufstehen und weiterfahren können. Derselbe Prozess spielt sich ab, wenn Sie den Wechsel von der gedanklich-emotionalen Struktur der Arbeitsplatzsicherheit zum gedanklich-emotionalen Muster der finanziellen Unabhängigkeit vollziehen. Sobald meine Frau und ich den Übergang bewältigt hatten, fürchteten wir uns weniger davor zu scheitern, weil wir auf unsere Fähigkeit vertrauten, wieder auf die Beine zu kommen.

Zwei Äußerungen halfen mir persönlich dabei, weiterzumachen. Zum einen war das der Ratschlag meines reichen Vaters, den er mir gab, als ich kurz davor stand, aufzugeben und an meinen sicheren Arbeitsplatz zurückzukehren: „Du kannst jederzeit aufhören – weshalb also gerade jetzt?"

Diese Äußerung gab mir Mut und beruhigte meine Emotionen. Sie rief mir ins Gedächtnis zurück, dass ich meinen Weg bereits zur Hälfte geschafft hatte – warum also umkehren, wenn die Entfernung zum Ausgangspunkt meiner Reise ebenso weit war wie die zu den von uns angestrebten Feldern auf der anderen Seite des Cashflow-Quadranten?

An dieser Stelle eine Ermahnung zur Vorsicht: Intelligenz bedeutet unter anderem auch zu wissen, wann es Zeit ist aufzuhören. Allzu oft begegnen mir Menschen, die so stur sind, dass sie ein Projekt weiterverfolgen, das keine Aussicht auf Erfolg hat. Dieses uralte Problem zu wissen, wann man aufhören muss und wann man weitermachen sollte, hat jeder, der sich auf ein Risiko einlässt. Eine Möglichkeit, dieses Problem des „Weitermachens oder Aufhörens" in den Griff zu bekommen, besteht darin, Mentoren zu finden, die diesen Wechsel von einer Seite des Quadranten auf die andere bereits vor Ihnen erfolgreich bewältigt haben, und sich von ihnen beraten zu lassen. Eine solche Person, die sich schon auf der anderen Seite befindet, kann Sie am besten anleiten. Seien Sie vorsichtig im Hinblick auf Ratschläge von Leuten, die lediglich Bücher über diesen Wechsel gelesen haben und für Vorträge über dieses Thema bezahlt werden.

Der andere Spruch, der mir geholfen hat, meinen Weg fortzusetzen, war:

„Ein Riese stolpert oft und fällt.
Dem Wurm passiert das nicht,
weil er immer gräbt und kriecht.
Das ist seine Welt."

Sehr viele Menschen kämpfen sich nicht deshalb finanziell ab, weil sie keine besonders gute Ausbildung haben oder nicht hart arbeiten. Der Grund ist ihre Angst, zu verlieren. Wenn sie sich von der Angst, zu verlieren blockieren lassen, haben sie schon verloren.

Verlierer schneiden sich ihre Wege zum Gewinn ab und bleiben auf ihren Verlustgeschäften sitzen

Die Angst davor, ein Verlierer zu „sein", übt einen merkwürdigen Einfluss auf das aus, was Leute „tun". Mir sind Menschen begegnet, die eine Aktie zu einem Preis von 20 Dollar gekauft haben und sie wieder verkauften, als sie bei 30 Dollar stand, weil sie sich ungemein davor fürchteten, das Gewonnene zu verlieren – nur um zu erleben, dass die Aktie danach auf 100 Dollar stieg, splittete und erneut auf 100 Dollar stieg.

Dieselbe Person wird, wenn sie eine Aktie für 20 Dollar gekauft hat, zusehen, wie sie fällt, sagen wir beispielsweise auf 3 Dollar, und sich nach wie vor an ihr festklammern, in der Hoffnung, dass sie wieder auf ihren alten Wert steigen wird. Und aus diesem Grund behält diese Person die Aktie unter Umständen 20 Jahre lang in ihrem Besitz. Dies ist ein Beispiel dafür, dass ein Mensch so große Angst vor einem Verlust hat oder davor, diesen Verlust zuzugeben, dass er am Ende wirklich verliert.

Gewinner trennen sich von ihren Verlustgeschäften und halten sich an ihre Gewinn bringenden Projekte

Gewinner „tun" fast das Gegenteil. Sobald sie merken, dass sie in die Position des Verlierers geraten, wenn zum Beispiel der Wert ihrer Aktien sinkt statt zu steigen, verkaufen sie oft sofort und stecken ihre Verluste weg. Die meisten von ihnen schämen sich nicht zu sagen, dass sie einen Verlust erlitten haben, denn ein Gewinner weiß, dass Verlieren ein Teil des Gewinnprozesses ist.

Wenn sie auf ein Gewinn bringendes Geschäft stoßen, werden sie so lange dabeibleiben, wie der Preis steigt. Hat der Preis seinen Höhepunkt erreicht, steigen sie aus und verkaufen.

Der Schlüssel zum Geheimnis eines brillanten Investors liegt darin, dem Prozess des Gewinnens und Verlierens gegenüber eine neutrale Haltung einzunehmen. Dann wird Ihr Denken nicht von Emotionen wie Angst und Gier gesteuert.

Verlierer machen im täglichen Leben das Gleiche

Menschen, die sich vor dem Verlieren fürchten, verhalten sich im alltäglichen Leben ebenso. Jeder von uns kennt

1. Leute, die eine Ehe aufrechterhalten, in der die Liebe gestorben ist;
2. Leute, die an einem chancenlosen Beruf festhalten;
3. Leute, die alte Kleider und andere alte Sachen aufheben, die sie nie wieder anziehen oder benutzen werden;
4. Leute, die in Orten wohnen bleiben, in denen sie keine Zukunft haben;
5. Leute, die mit Freunden zusammenbleiben, die sie blockieren.

Emotionale Intelligenz ist kontrollierbar

Die finanzielle Intelligenz ist eng verknüpft mit der emotionalen Intelligenz. Meiner Meinung nach haben die meisten Menschen finanzielle Probleme, weil ihre Emotionen die Kontrolle über ihre Gedanken haben.

So kann das Gefühl der Furcht beispielsweise einige Menschen zu Feiglingen machen, während es andere Menschen dazu bringen kann, mutig zu sein. Leider sind die meisten Leute in unserer Gesellschaft dahingehend „programmiert", in Bezug auf finanzielle Angelegenheiten feige zu sein. Wenn die Angst vor einem finanziellen Verlust aufkommt, beginnen sich in den Köpfen der meisten Menschen automatisch die folgenden Worte abzuspulen:

1. „Sicherheit" – statt „Freiheit".
2. „Vermeide Risiken" – statt „Lerne, mit dem Risiko umzugehen".
3. „Geh auf Nummer sicher" – statt „Geh clever vor".
4. „Ich kann es mir nicht leisten" – statt „Wie kann ich es mir leisten?"
5. „Es ist zu teuer" – statt „Was ist es langfristig gesehen wert?"
6. „Streue breit" – statt „Konzentriere".
7. „Was werden meine Freunde denken?" – statt „Was denke ich?"

Die Weisheit des Risikos

Das Eingehen von Risiken, speziell von finanziellen Risiken, ist eine Wissenschaft für sich.

Einer der Gründe dafür, weshalb viele Menschen, die erfolgreich auf Feld „G“ tätig sind, bei ihren Operationen auf dem „I“-Feld nicht immer Erfolg haben, ist, dass sie die psychologischen Hintergründe des finanziellen Risikos nicht ganz begriffen haben. Zwar verstehen Leute, die auf dem „G“-Feld tätig sind, die mit Geschäftssystemen und Personalfragen verbundenen Risiken, aber dieses Wissen lässt sich nicht immer auf das System „Geld macht Geld“ übertragen.

Es kommt mehr auf die emotionale als auf die fachspezifische Komponente an

Kurz gesagt ist der Wechsel von den auf der linken Seite zu den auf der rechten Hälfte befindlichen Feldern des Cashflow-Quadranten eher eine Sache der Emotionen als eine Frage fachlicher Fähigkeiten. Sind Menschen nicht in der Lage, den Einfluss ihrer Emotionen auf ihre Gedanken zu kontrollieren, würde ich ihnen diesen Weg nicht empfehlen.

Wenn Leute, die auf der linken Hälfte des Quadranten tätig sind, den Eindruck haben, das Operieren auf der rechten Seite des Quadranten sei sehr riskant, liegt das häufig daran, dass ihr Denken von Angst beeinflusst wird. Leute, die auf der linken Seite des Quadranten tätig sind, halten die Vorstellung „Geh auf Nummer sicher“ für einen logischen Gedanken. Das ist nicht der Fall. Es ist eine von Emotionen gesteuerte Idee. Und genau diese emotional gesteuerten Gedanken halten Menschen auf bestimmten Feldern des Quadranten gefangen.

Was Leute auf der rechten Seite des Quadranten „tun“, ist nicht so schwer. Ich lüge nicht, wenn ich sage, dass es sogar so einfach ist wie vier grüne Häuser zu niedrigen Preisen zu kaufen, abzuwarten, bis der Markt einen Aufschwung nimmt, sie zu verkaufen und dann ein großes rotes Hotel zu erwerben.

Für Leute, die auf der rechten Hälfte des Quadranten operieren, ist das Leben wirklich ein „Monopolyspiel“. Natürlich macht man Gewinne und Verluste, aber beides gehört zum Spiel. Gewinnen und verlieren ist ein Teil des Lebens. Um auf der rechten Seite des Quadranten erfolgreich zu sein, muss man ein Mensch „sein“, der das Spiel liebt. Donald Trump ging Pleite und schlug zurück. Er stieg nicht aus dem Spiel aus, nur weil er verlor. Das Verlieren machte ihn nur noch cleverer und entschlossener. Viele wohlhabende Leute machten Bankrott, bevor sie reich wurden. Es ist ein Teil des Spiels.

Überlässt ein Mensch sein Denken seinen Emotionen, dann machen ihn diese Gefühle häufig blind für alles andere. Diese emotionalen Kurzschlüsse führen dazu, dass Menschen nicht denken, sondern reagieren. Diese Emotionen sind der Grund für die Auseinandersetzungen zwischen Menschen, die auf unterschiedlichen Feldern des Quadranten operieren – sie haben nicht die gleiche emotionale Perspektive. Und es sind diese emotionsgesteuerten Reaktionen, die eine Person blind dafür machen, wie einfach und häufig risikofrei das Operieren auf der rechten Seite des Quadranten ist. Kann ein Mensch den Einfluss seiner Emotionen auf seine Gedanken nicht kontrollieren – und viele Menschen können das nicht –, dann sollten sie den Wechsel von der linken zur rechten Hälfte des Quadranten nicht versuchen.

Ich ermutige alle Leser, die diesen Übergang vollziehen wollen, sicherzustellen, dass sie eine Gruppe von Leuten um sich haben, die sie langfristig unterstützen, und einen Mentor an ihrer Seite, der sie anleitet. Für meine Frau und mich war das Endergebnis die Kämpfe, die wir durchmachten, wert. Für uns war das Wichtigste bei unserem Wechsel von der linken zur rechten Seite des Quadranten nicht, was wir zu „tun“ hatten, sondern wer wir im Verlauf dieses Prozesses wurden. Für mich ist das unbezahlbar.

9 Seien Sie die Bank – nicht der Banker

Ich habe mich auf den „SEIN"-Aspekt der Formel „SEIN – TUN – HABEN" konzentriert, weil Sie ohne die entsprechende geistige Einstellung nicht auf die umwälzenden ökonomischen Veränderungen vorbereitet sind, mit denen wir heutzutage konfrontiert sind. Dadurch, dass Sie jemand „sind", der über die Fähigkeiten und die Geisteshaltung verfügt, die zum Operieren auf der rechten Hälfte des Cashflow-Quadranten notwendig sind, sind Sie darauf vorbereitet, Chancen zu erkennen, die sich aus diesen Veränderungen ergeben, und das zu „tun", was Ihnen schließlich finanziellen Erfolg („haben") beschert.

Ich erinnere mich an einen Anruf, den ich Ende 1986 von meinem reichen Vater erhielt:

„Bist du auf dem Aktienmarkt oder auf dem Immobilienmarkt tätig?", fragte er.

„In keinem von beiden", erwiderte ich. „Alles, was ich habe, habe ich in den Aufbau meines Unternehmens investiert."

„Gut", sagte er. „Halt dich von allen Märkten fern. Bau dein Unternehmen weiter auf. Es bahnt sich etwas Großes an."

In jenem Jahr verabschiedete der amerikanische Kongress ein neues Steuergesetz, das innerhalb von nur 43 Tagen viele der steuerlichen

Hintertürchen schloss, auf die die Leute gezählt hatten, um ihr Einkommen zu schützen. Leute, die Verluste aus ihrem Grund- und Hausbesitz bisher steuerlich absetzen konnten, hatten plötzlich nach wie vor diese Verluste, aber der Staat hatte ihnen die Möglichkeit genommen, sie steuerlich abzusetzen. Überall in Amerika begannen die Grundstücks- und Immobilienpreise zu fallen, in einigen Fällen um 70 Prozent. Plötzlich war ihr Grundbesitz wesentlich weniger wert als die Höhe ihrer Hypotheken. Der gesamte Grundstücks- und Immobilienmarkt verfiel in Panik. Banken, Sparguthaben und Kredite begannen ins Wanken zu geraten und viele gingen verloren. Die Leute konnten ihr Geld nicht von den Banken abheben und schließlich brach im Oktober 1987 die Wall Street zusammen. Es herrschte eine weltweite Finanzkrise.

Während dieser Periode lernten diejenigen, die auf Feld „A" tätig waren, ein neues Wort: „Stellenabbau." Sie merkten bald, dass die Aktien einer Firma stiegen, wenn sie Entlassungen in größerem Umfang ankündigte. Bedauerlicherweise begriffen die meisten Angestellten nicht, warum das so war. Auch viele Selbstständige hatten zu kämpfen, um mit der Rezession infolge des Rückgangs der Geschäfte, höherer Versicherungsbeiträge und Verlusten auf dem Immobilien- und Aktienmarkt fertig zu werden. Meinem Empfinden nach entstanden denjenigen, die vorwiegend auf der linken Hälfte des Cashflow-Quadranten tätig waren, die größten finanziellen Nachteile aus der 1986 durchgeführten Steuerreform.

Reichtumstransfer

Während die Leute, die auf der linken Seite des Quadranten operierten, litten, gelangten viele Menschen, die auf den Feldern „G" und „I" agierten, zu Reichtum dank dem Umstand, dass der Staat von einigen Bürgern nahm, um anderen zu geben.

Durch die Änderung der Steuergesetze wurden die Leute, die lediglich deshalb Grundbesitz oder Immobilien erworben hatten, um Verluste zu machen, all der auf „steuerlichen Tricks" beruhenden Investitionsgründe beraubt. Viele von ihnen waren Angestellte mit hohem Einkommen oder Leute in gehobenen Stellungen, wie beispielsweise Ärzte, Anwälte, Buchhalter und Inhaber kleiner Unternehmen. Vor dieser Zeit hatten sie ein so hohes zu besteuerndes Einkommen, dass ihre Berater ihnen sagten, sie sollten Grundstücke oder Immobilien kaufen, um Verluste zu machen, und dann das übrige Geld in Aktien investieren. Als der Staat durch jene Steuerreform dieses steuerliche Hintertürchen schloss, begann einer der umfangreichsten Reichtumstransfers. Meiner Ansicht nach wurde ein großer Teil des Reichtums aus der „A"- und „S"-Seite des Quadranten weggenommen und auf Heller und Pfennig in die „G"- und „I"-Hälfte überführt.

Geld, Sie erinnern sich, sieht man mit seinem Geist und nicht mit den Augen. Während jener Periode schlugen die Emotionen hohe Wellen und vernebelten die klare Sicht. Die Leute sahen das, worauf sie „programmiert" waren. Diejenigen, die auf der linken Seite des Quadranten operierten, machten dreierlei Erfahrungen:

1. Überall war Panik. Wenn die Emotionen hohe Wellen schlagen, verabschiedet sich häufig die finanzielle Intelligenz. Weil sich die Leute so große Sorgen um ihre Arbeitsstellen, den sinkenden Wert ihres Grund- und Immobilienbesitzes, den Zusammenbruch des Börsenmarkts und den allgemeinen wirtschaftlichen Abschwung machten, entgingen ihrem Blick die enormen Chancen, die direkt vor ihnen lagen. Ihre emotionsgesteuerten Gedanken hatten sie blind gemacht. Anstatt vorwärts zu gehen und die Gelegenheit beim Schopf zu ergreifen, zogen sich die meisten Leute in ihr „stilles Kämmerlein" zurück.

2. Ihnen fehlte das auf der rechten Seite des Quadranten erforderliche Fachwissen. So wie ein Arzt Fachkenntnisse besitzen muss, die er sich während seiner Studienjahre und in der folgenden Praxis aneignet, muss jemand, der auf den Feldern „G" und „I" operiert, gleichfalls über detaillierte fachspezifische Kenntnisse verfügen. Zu diesem Fachwissen gehört es, Zahlen lesen zu können, die Fachtermini zu beherrschen, über Umschuldung Bescheid zu wissen, ein Angebot ausarbeiten zu können, zu wissen, welches der geeignete Absatzmarkt ist, zu wissen, wie man finanzielle Mittel flüssig macht, und andere lernenswerte Fähigkeiten.

3. Die meisten Menschen mussten während jener Periode härter arbeiten, um sich einfach nur über Wasser halten zu können. Indem ich auf Feld „G" operierte, konnte mein Unternehmen ohne viel direktes

Zutun meinerseits expandieren. Im Jahr 1990 florierte mein Unternehmen und wurde immer größer. Während jener Zeit wuchs das Geschäft von null auf ein Unternehmen mit weltweit 11 Büros. Je mehr es expandierte, desto weniger eigene Arbeitskraft musste ich investieren und desto mehr Geld floss in meine Kassen. Das System und das Personal arbeiteten auf Hochtouren. Das Geld, das übrig blieb, und die freie Zeit ermöglichten es meiner Frau und mir, viel Zeit damit zu verbringen, uns Geschäftsgelegenheiten anzuschauen – und davon gab es viele.

Die besten Zeiten – die schlimmsten Zeiten

Es gibt ein Sprichwort: „Es kommt nicht darauf an, was sich im Leben eines Menschen ereignet, sondern auf die Bedeutung, die er den Ereignissen zumisst."

Für einige Leute waren die Jahre von 1986 bis 1996 die schlimmste Zeit ihres Lebens. Für andere war es die beste Zeit. Als ich 1986 den oben erwähnten Telefonanruf von meinem reichen Vater erhielt, erkannte ich die fantastische Gelegenheit, die diese ökonomische Veränderung mir bot. Obwohl ich zu dieser Zeit nicht viel Geld übrig hatte, war ich in der Lage, mir durch die Anwendung meiner Fähigkeiten auf den Feldern „G" und „I" Vermögenswerte zu schaffen. Ich werde an späterer Stelle dieses Kapitels noch genauer darauf eingehen, wie ich Vermögenswerte schuf, die mir zu finanzieller Unabhängigkeit verhalfen.

Einer der Schlüssel zu einem erfolgreichen und glücklichen Leben ist, flexibel genug zu sein, um angemessen auf jede mögliche Veränderung zu reagieren, die einem begegnet – fähig zu sein, zu reagieren und aus allem etwas Positives zu machen. Leider waren die meisten Leute nicht darauf ausgerichtet, mit den plötzlich über sie hereinbrechenden ökonomischen Veränderungen umzugehen, die sich ereigneten und die sich weiterhin vollziehen. Die Menschen haben ein segensreiches Merkmal: Sie sind im Allgemeinen optimistisch und besitzen die Fähigkeit zu vergessen. Nach ungefähr 10 bis 12 Jahren vergessen sie – und dann vollziehen sich wieder neue Veränderungen.

Die Geschichte wiederholt sich

Heute haben die Menschen die Steuerreform von 1986 mehr oder weniger vergessen. Die Angestellten und Selbstständigen arbeiten härter denn je. Warum? Weil ihre steuerlichen Hintertürchen geschlossen worden sind. Während sie sich stärker ins Zeug gelegt haben, um das zurückzubekommen, was sie verloren haben, hat sich die Wirtschaft erholt, ihr Einkommen ist gestiegen und ihr Steuerberater hat wieder begonnen, ihnen die alten „weisen Worte“ zuzuflüstern:

„Kaufen Sie sich ein größeres Haus. Überziehungszinsen sind Ihre beste Möglichkeit für eine steuerliche Ermäßigung. Und außerdem ist Ihr Haus ein Vermögenswert und sollte Ihre größte Investition sein.“

Also schauen sie sich die „einfachen monatlichen Zahlungen“ an und werden in eine tiefere Verschuldung hineingezogen.

Der Häusermarkt boomt, die Leute haben mehr Geld zur Verfügung und die Zinssätze sind niedrig. Die Leute kaufen größere Häuser, ihre Stimmung ist euphorisch und sie werfen Geld auf den Aktienmarkt, weil sie schnell reich werden wollen und ihr Bedürfnis erkannt haben, für ihren Altersruhestand zu investieren.

Meiner Meinung nach steht uns ein neuer Reichtumstransfer bevor. Vielleicht nicht in diesem Jahr, aber er wird stattfinden. Er wird sich nur nicht in genau derselben Art und Weise abspielen. Etwas anderes wird geschehen. Deswegen hielt mich mein reicher Vater dazu an, Bücher über die Geschichte der Wirtschaft zu lesen. Die wirtschaftlichen Verhältnisse ändern sich, die Geschichte jedoch wiederholt sich.

Geld fließt weiterhin von der linken auf die rechte Seite des Cashflow-Quadranten. Das war schon immer so. Die Leute sind tief verschuldet und investieren dennoch Geld in den größten Aktienboom der Weltgeschichte. Diejenigen, die auf der rechten Seite des Quadranten operieren, verkaufen, wenn der Markt Spitzenwerte erreicht – genau zu dem Zeitpunkt, zu dem die letzten vorsichtigen Leute, die auf der linken Seite des Quadranten tätig sind, ihre Furcht überwinden und in den Markt einsteigen. Irgendetwas Neues passiert, der Markt bricht zusammen, und wenn sich der Staub gelegt hat, kehren die Investoren wieder zurück. Sie kaufen zurück, was sie gerade verkauft haben. Wir werden wieder einen großen Reichtumstransfer von der linken zur rechten Hälfte des Cashflow-Quadranten erleben.

Es wird wieder mindestens 12 Jahre dauern, bis die seelischen Wunden derjenigen, die Geld verlieren, heilen – aber sie werden heilen, genau zu dem Zeitpunkt, zu dem ein neuer Markt Spitzenwerte erreicht.

Ungefähr zu diesem Zeitpunkt werden die Menschen anfangen, Yogi Berra, den großen Footballspieler aus New York, zu zitieren: „Es ist immer wieder das gleiche Déjà-vu-Erlebnis."

Ist es eine Verschwörung?

Häufig höre ich Leute, insbesondere solche, die auf der linken Hälfte des Quadranten tätig sind, sagen, es gebe eine Art globaler Verschwörung einiger ultrareicher Familien, die die Banken kontrollieren. Diese Banken-Verschwörungstheorien machen seit Jahren die Runde.

Gibt es eine solche Verschwörung? Ich weiß es nicht. Könnte es eine derartige Verschwörung geben? Alles ist möglich. Ich weiß, dass es mächtige Familien gibt, die enorme Geldsummen kontrollieren. Aber kontrolliert eine Gruppe die Welt? Ich glaube nicht.

Ich sehe es anders. Meiner Ansicht nach verhält es sich mehr oder weniger so, dass eine Gruppe von Menschen mit einer bestimmten geistigen Haltung auf einer Seite des Cashflow-Quadranten agiert und eine andere Gruppe mit einer anderen geistigen Haltung auf der anderen Seite des Quadranten. Sie alle nehmen an dem einen großen Geld-Spiel teil, aber die Menschen in den verschiedenen Hälften des Quadranten spielen aus jeweils einer anderen Perspektive heraus und auf der Basis anderer Regeln.

Das große Problem liegt darin, dass die Leute auf der linken Seite des Quadranten nicht imstande sind zu sehen, was die Menschen auf der rechten Seite tun, wohingegen die Leute auf der rechten Seite die Verhaltensweisen der Menschen auf der linken Seite kennen.

Hexenjagd

Viele auf der linken Seite des Quadranten tätige Menschen starten eine Hexenjagd anstatt in Erfahrung zu bringen, was ihnen die Leute auf der rechten Seite an Kenntnissen voraushaben. Vor nur wenigen Jahrhunderten gingen die Bewohner eines Ortes auf eine „Hexenjagd“, wenn die Pest ausbrach oder der Gemeinschaft irgendetwas Schlechtes widerfuhr. Sie brauchten jemanden, den sie für ihre Misere verantwortlich machen konnten. Bis das Mikroskop erfunden wurde und die Leute sehen konnten, was sie mit bloßem Auge nicht zu erkennen vermochten – nämlich die Krankheitserreger –, machten Menschen andere Menschen für ihre Krankheiten verantwortlich. Sie verbrannten Hexen auf dem Scheiterhaufen, um ihre Probleme zu lösen. Sie hatten keine Ahnung davon, dass diese Krankheiten größtenteils von Leuten übertragen wurden, die in den Städten lebten, wo die Abfall- und Abwasserbeseitigung kaum funktionierte. Die Leute hatten ihre Probleme durch ihre unhygienischen Verhältnisse selbst verursacht – nicht die „Hexen“.

Auch heute noch finden Hexenjagden statt. Viele Menschen suchen nach jemandem, den sie für ihre finanzielle Misere verantwortlich machen können. Diese Leute wollen oft den Reichen die Schuld für ihre finanziellen Probleme zuschieben anstatt sich bewusst zu machen, dass ihr persönlicher Informationsmangel in Hinblick auf das Thema Geld ein wesentlicher Grund für ihre missliche Lage ist.

Helden werden zu Bösewichten

Alle paar Jahre erscheint ein neuer Finanzguru, der die neue Zauberformel für Reichtum zu haben scheint.

Heute haben wir neue „Investment-Genies“. Sie treten im Fernsehen auf, ihre Namen erscheinen in der Zeitung, sie sind die neuen Berühmtheiten. Einer von ihnen ist Alan Greenspan, der Vorsitzende des Federal Reserve Board. Er wird heute fast als Gott verehrt. Die Leute denken, er sei verantwortlich für unsere wunderbare wirtschaftliche Situation. Auch Warren Buffet wird nahezu gottgleich dargestellt. Wenn er etwas kauft, rennt jedermann los und kauft, was er kauft. Und wenn Warren Buffet verkauft, stürzen die Preise. Auch Bill Gates wird genau beobachtet. Das Geld läuft ihm freiwillig hinterher. Und was ist, wenn es in naher Zukunft eine größere Veränderung auf dem Markt gibt – werden dann die Finanzhelden von heute die Hassobjekte von morgen? Nur die Zeit wird es zeigen.

In jeder ökonomischen „Hochphase“ gibt es Helden, in jeder „Tiefphase“ Bösewichte. Ein Blick in die Geschichte zeigt, dass es häufig dieselben Personen waren. Die Menschen werden immer Hexen brauchen, die sie verbrennen, oder Verschwörungen, die sie für ihre eigene finanzielle Blindheit verantwortlich machen können. Die Geschichte wird sich immer wiederholen – und wieder wird ein großer Reichtumstransfer stattfinden. Und auf welcher Seite werden Sie sich befinden, wenn dieser Transfer erfolgt? Auf der linken oder auf der rechten Seite des Quadranten?

Meiner Ansicht nach machen sich die Menschen ganz einfach nicht bewusst, dass sie an diesem großen, globalen Spiel teilnehmen – sie spielen in einem „virtuellen Casino", aber niemand sagt ihnen, dass sie wichtige Mitspieler in diesem Spiel sind. Der Name des Spiels lautet: „Wer ist bei wem verschuldet?"

Die Bank sein – nicht der Banker

Mitte der 20er dämmerte mir, dass der Name des Spiels „Die Bank" sein müsse, aber das war nicht gleichbedeutend mit einem Job als Banker. Meine höhere Ausbildung begann. Zu jener Zeit ließ mich mein reicher Vater Begriffe wie beispielsweise „Hypothek", „Immobilie" und „Finanzen" nachschlagen. Ich fing an, mein Denken zu trainieren, das zu sehen, was meine Augen nicht wahrnehmen konnten.

Er ermunterte mich, das Spiel zu erlernen und zu begreifen, und nachdem ich es erlernt hatte, konnte ich mit dem Erlernten anfangen, was ich wollte. Ich beschloss, mein Wissen mit jedem zu teilen, der daran interessiert war.

Er hielt mich ferner dazu an, Bücher über die großen führenden Persönlichkeiten des Kapitalismus zu lesen, über Leute wie John D. Rockefeller, J. P. Morgan, Henry Ford. Eines der wichtigsten Werke, die ich las, war „The Worldly Philosophers" von Robert Heilbroner. Für diejenigen, die auf der „G"-und-„I"-Hälfte des Quadranten operieren wollen, ist sein Buch ein unbedingtes Muss, da er das Leben der größten Wirtschaftswissenschaftler aller Zeiten darstellt, angefangen mit Adam Smith, der das Werk „The Wealth of Nations" verfasst hat. Es ist faszinierend, einen Blick in das Denken einiger unserer wichtigsten Philosophen, der Wirtschaftswissenschaftler, zu werfen. Diese Leute interpretierten die Entwicklung des modernen Kapitalismus im Verlauf seiner kurzen Geschichte. Meiner Meinung nach ist ein historischer Blick auf die Geschichte der Wirtschaft wichtig für das Verständnis sowohl unserer Geschichte als auch unserer Zukunft, wenn Sie die Absicht haben, auf der rechten Seite des Quadranten eine führende Position einzunehmen.

Weiterhin empfehle ich als Lektüre Paul Zane Pilzers Buch „Unlimited Wealth“, James Dale Davidsons Werk „The Sovereign Individual“, Robert Prechters Buch „The Crest of the Wave“ und Harry Dents Werk „The Great Boom Ahead“. Heilbroners Buch gibt Ihnen einen Einblick in unsere ökonomischen „Wurzeln“, die übrigen Autoren vermitteln ihre Ansichten über unsere wirtschaftliche Zukunft. Ihre gegensätzlichen Gesichtspunkte sind deshalb wichtig, weil sie mich in die Lage versetzen zu sehen, was meine Augen nicht wahrnehmen können – die Zukunft. Das Studium dieser Bücher hat es mir ermöglicht, Einsichten in die „Hochs“ und „Tiefs“ der ökonomischen Kreisläufe und Trends zu gewinnen. Ein gemeinsames Thema all dieser Werke ist: Eine der größten Veränderungen steht kurz bevor.

Wie „spielt“ man die Bank?

Nach der 1986 durchgeführten Steuerreform gab es überall Möglichkeiten. Grundstücke und Immobilien, Aktien und Unternehmen waren zu niedrigen Preisen zu haben. Während es für viele auf der linken Seite des Quadranten tätige Leute ein Desaster war, war es wundervoll für mich, weil ich meine Fähigkeiten als „G“ und „I“ anwenden und mir die Chancen, die sich um mich herum boten, zunutze machen konnte. Anstatt gierig zu sein und mich auf alles zu stürzen, was nach einem guten Geschäft aussah, beschloss ich, mich auf Grundstücke und Immobilien zu konzentrieren.

Weshalb Grundstücke und Immobilien? Aus den folgenden fünf einfachen Gründen:

1. **Die Preise:** Die Preise für Grundstücke und Immobilien waren so niedrig, dass die Hypotheken wesentlich niedriger waren als der angemessene Durchschnittsmietpreis für die meisten Grundstücke und Immobilien. Dieser Grundstücks- und Immobilienbesitz war ökonomisch äußerst sinnvoll – was bedeutete, dass das Risiko gering war. Es war wie der Einkauf in einem Kaufhaus, in dem alle Waren um 50 Prozent herabgesetzt sind.

2. **Die Finanzierung:** Die Bank gibt mir einen Kredit für den Kauf von Grundstücken und Immobilien, nicht jedoch von Aktien. Weil ich so viel wie möglich kaufen wollte, solange sich der Markt in der Depression befand, kaufte ich Gründstücke und Immobilien, sodass ich das mir zur Verfügung stehende Geld mit der Finanzierung seitens der Banken kombinieren konnte.

   Ein Beispiel: Nehmen wir an, mir stünden 10 000 Dollar Erspartes zum Investieren zur Verfügung. Würde ich Aktien kaufen, könnte ich Aktien im Wert von 10 000 Dollar kaufen. Ich hätte auf die Möglichkeit der Gewinnmarge zurückgreifen können (was bedeutet, dass man lediglich einen Teil der Gesamtsumme aufbringt und die Maklerfirma einem den Restbetrag leiht), war aber finanziell nicht stark genug, um einen eventuellen Verlust zu riskieren.

   Mit Grundstücken und Immobilien im Wert von 10 000 Dollar und einem 90-prozentigen Kredit könnte ich Grundstücke und Häuser im Wert von 100 000 Dollar erwerben.

   Würden beide Märkte einen Aufschwung nehmen, würde ich im Aktiengeschäft 1 000 Dollar gewinnen, im Grundstücks- und Immobiliengeschäft hingegen 10 000 Dollar.

3. **Steuern:** Würde ich eine Million Dollar im Aktiengeschäft verdienen, müsste ich fast 30 Prozent Kapitalertragsteuer für meinen Gewinn zahlen. Im Grundstücks- und Immobiliengeschäft dagegen kann die eine Million Dollar steuerfrei in die nächste Grundstücks- oder Immobilientransaktion investiert werden. Zudem wäre ich in der Lage, den Wert des Grundbesitzes zu mindern, um in den Genuss größerer steuerlicher Vorteile zu kommen.

   Eine wichtige Anmerkung: Eine Investition muss ökonomisch sinnvoll sein, damit ich sie tätige – erst danach ziehe ich die steuerlichen Vorteile in Betracht. Jedweder steuerliche Vorteil erhöht lediglich die Attraktivität der Kapitalanlage.

4. **Der Cashflow:** Die Mieten sind nicht niedriger geworden, obwohl die Grundstücks- und Immobilienpreise gefallen sind. Dies lässt eine Menge Geld in meine Taschen fließen, ermöglicht es mir, die Hypotheken abzuzahlen, und vor allem, auf den richtigen Zeitpunkt für Geschäfte zu warten. Die Mieteinnahmen finanzierten mir die Zeit, so lange zu warten, bis die Grundstücks- und Immobilienpreise wieder stiegen. Dadurch war ich in der Lage, wieder zu verkaufen. Obwohl ich hohe Schulden hatte, schadete mir dies nie, weil die Mieteinnahmen weit höher waren als die Summe der fälligen Zinsen für meine Schulden.

5. **Eine Gelegenheit, „die Bank" zu werden:** Das Grundstücks- und Immobiliengeschäft ermöglichte es mir, eine „Bank" zu werden – etwas, was ich seit dem Jahr 1974 schon immer gewollt hatte.

Seien Sie die Bank – nicht der Banker

In meinem Buch „Reichtum kann man lernen" schrieb ich darüber, wie die Reichen Geld kreieren und häufig die Rolle des Bankers spielen. Im Folgenden ein einfaches Beispiel, das nahezu jeder nachvollziehen kann.

Nehmen wir an, ich finde ein Haus im geschätzten Wert von 100 000 Dollar, mache ein Bombengeschäft und zahle nur 80 000 Dollar dafür (10 000 Dollar Anzahlung und eine Hypothek in Höhe von 70 000 Dollar). Dann biete ich das Haus für 100 000 Dollar zum Verkauf an – sein geschätzter Wert –, und verwende in der Annonce die Zauberworte: „Haus zu verkaufen. Besitzer verzweifelt. Keine Banksicherheit. Niedrige, einfache monatliche Zahlungen."

Das Telefon klingelt ununterbrochen. Das Haus wird wie „eine Katze im Sack" verkauft oder auf Basis eines Leasingvertrags (die Bezeichnung ist abhängig vom Staat, in dem Sie den Verkauf tätigen). Einfach formuliert: Ich verkaufe das Haus für 100 000 Dollar gegen einen Schuldschein. Grafisch dargestellt ergibt die Transaktion folgendes Bild:

Meine Bilanz

Vermögenswerte	Verbindlichkeiten
100 000 Dollar Schuldschein	70 000 Dollar Hypothek

Die Transaktion wird in Form einer Übertragungsurkunde registriert. Wenn der Käufer die Zahlungen versäumt, kündige ich einfach und verkaufe den Besitz an die nächste Person, die ein Haus für „niedrige, einfache monatliche Zahlungen" haben will. Die Leute stehen Schlange für die Gelegenheit, ein Haus zu derartigen Bedingungen zu kaufen.

Bilanz des Käufers

Vermögenswerte	Verbindlichkeiten
	100 000 Dollar Schuldschein

Ich habe 30 000 Dollar Gewinn in meiner Vermögenswerte-Spalte gemacht, für die ich Zinszahlungen erhalte, so wie eine Bank Zinsen für von ihr vergebene Kredite bekommt.

Ich entwickelte mich zu einer „Bank" und es gefiel mir ausgezeichnet. Wie ich im letzten Kapitel bereits erwähnte, sagte mein reicher Vater: „Sei vorsichtig, wenn du dich verschuldest. Wenn du private Schulden machst, achte darauf, dass sie niedrig sind. Machst du hohe Schulden, geh sicher, dass jemand anderer dafür bezahlt."

In der Sprache der rechten Hälfte des Cashflow-Quadranten ausgedrückt heißt das: Ich „legte" mein Risiko „ab" beziehungsweise ließ mir „den Rücken" durch einen anderen Käufer „decken". Das ist das Spiel, das in der Welt der Finanzen gespielt wird.

Diese Art von Transaktionen wird überall auf der Welt durchgeführt. Doch wo immer ich auch hingehe, kommen Leute auf mich zu und sagen immer die gleichen Worte: „Hier können Sie das nicht machen."

Was den meisten kleinen Investoren entgeht, ist die Tatsache, dass viele Geschäftsgebäude genau in der oben geschilderten Art und Weise gekauft und verkauft werden. Manchmal führt der Weg über eine Bank, doch in vielen Fällen tut er das nicht.

Es ist wie 30 000 Dollar sparen, ohne sie angespart zu haben

In einem der vorausgehenden Kapitel erwähnte ich den Umstand, dass der Staat den Leuten keine steuerlichen Vorteile für das Ansparen von Geld einräumt. Nun, ich bezweifle, ob die Banken die Regierung jemals bitten werden, das zu tun, denn Ihre Spareinlagen sind ihre Verbindlichkeiten. In den USA gibt es ganz einfach deswegen eine niedrige Sparquote, weil die Banken Ihr Geld nicht wollen beziehungsweise Ihre Ersparnisse nicht brauchen, um zu florieren. Also ist das obige Beispiel eine Methode, „Bank" zu spielen und Ihr Sparguthaben ohne besondere Anstrengung zu vergrößern. Der Kapitalfluss dieser 30 000 Dollar sieht in der Grafik so aus:

Die „Bank“ spielen

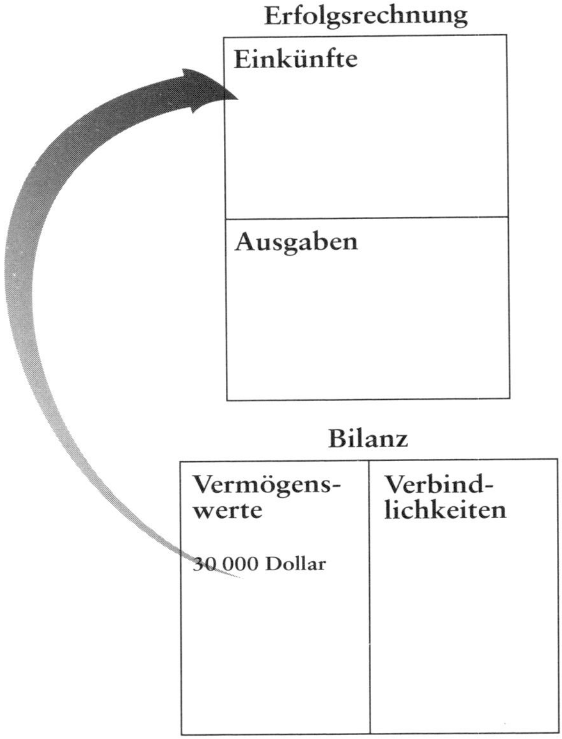

An diesem Diagramm sind mehrere Aspekte interessant:

1. Ich setze den Zinssatz für meine 30 000 Dollar fest. Häufig sind dies 10 Prozent. Die meisten Banken zahlen Ihnen heutzutage nicht mehr als 5 Prozent Zinsen auf Ihre Ersparnisse. Selbst wenn ich also meine eigenen 10 000 Dollar als Anzahlung verwende – was ich zu vermeiden suche –, ist der Zinssatz dafür häufig höher als der, den die Bank mir zahlen würde.

2. Es ist, als würde man 20 000 Dollar schaffen (30 000 Dollar minus 10 000 Dollar Anzahlung), die vorher nicht existierten. Genau wie die Bank – sie schafft einen Vermögenswert und kassiert dann Zinsen dafür.

3. Diese 20 000 Dollar wurden steuerfrei kreiert. Ein durchschnittlicher Angestellter hätte ein Gehalt von fast 40 000 Dollar gebraucht, um 20 000 Dollar zur Seite legen zu können. Das Einkommen eines Angestellten ist ein Halbe-halbe-Geschäft, bei dem der Staat seine 50 Prozent einbehält, bevor Sie sie überhaupt zu sehen bekommen.

4. Für alle Grundsteuern, Instandhaltungs- und Hausverwaltungskosten ist nun der Käufer zuständig, weil ich ihm den Grundbesitz verkauft habe.

5. Außerdem kann man viele kreative Dinge auf der rechten Seite des Quadranten tun, um Geld aus dem Nichts zu schaffen, einfach nur dadurch, dass man die Rolle der Bank spielt.

Überschuss wird Vermögenswert

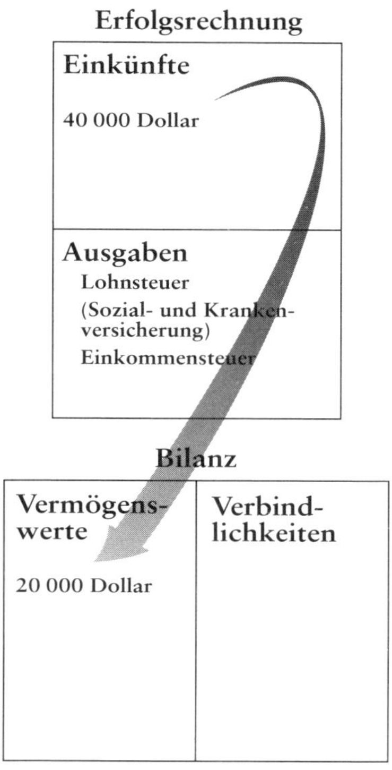

Eine Transaktion wie diese abzuwickeln dauert vielleicht zwischen einer Woche und einem Monat. Die Frage ist, wie lange es bei den meisten Leuten dauern würde, bis sie einen „Überschuss“ in Höhe von 40 000 Dollar verdient hätten, von dem sie 20 000 sparen könnten, nach Abzug der Steuern und anderer Ausgaben.

Das Einkommen ist dann geschützt

In meinem Buch „Reichtum kann man lernen“ habe ich kurz dargestellt, weshalb die Reichen Gesellschaften mit beschränkter Haftung benutzen:

1. Schutz von Vermögenswerten: Wenn Sie reich sind, wollen die Leute in der Regel auf dem Rechtsweg das holen, was Sie haben. Oft besitzen die Reichen nichts in ihrem eigenen Namen. Ihre Vermögenswerte sind in Trusts und Gesellschaften mit beschränkter Haftung angelegt, um sie zu schützen.
2. Schutz des Einkommens: Indem Sie den Einkommensfluss aus Vermögenswerten durch Ihre eigene GmbH laufen lassen, kann vieles von dem, was Ihnen normalerweise vom Staat genommen wird, geschützt werden.

Die raue Wirklichkeit: Wenn Sie ein Angestellter sind, sieht die Abfolge so aus:

VERDIENEN – BESTEUERT WERDEN – AUSGEBEN

Als Angestellter werden Ihnen die Steuern automatisch von Ihrem Verdienst abgezogen. Hat ein Angestellter also ein Bruttogehalt von 30 000 Dollar jährlich, bleiben ihm nur noch 15 000 Dollar übrig, wenn der Staat sich seinen Teil genommen hat. Mit diesen 15 000 Dollar muss er dann seine Hypothek abzahlen. (Aber zumindest genießt er steuerliche Vergünstigungen für die Hypothekenzinsen, die er zahlen muss – und genau damit bringt die Bank ihn dazu, ein größeres Haus zu kaufen.)

Lassen Sie Ihr Einkommen zuerst durch eine GmbH fließen, ergibt sich folgendes Muster:

VERDIENEN – AUSGEBEN – BESTEUERT WERDEN

Indem Sie die 30 000 Dollar Einkommen, die Sie geschaffen haben, zuerst durch eine Gesellschaft fließen lassen, können Sie einen großen Teil davon als „Ausgaben" deklarieren, bevor der Staat zugreift. Wenn Sie der Inhaber der Gesellschaft sind, können Sie die Regeln bestimmen, solange sie sich im Rahmen der Steuergesetze bewegen.

Sie können zum Beispiel die Unterbringung und Versorgung der Kinder Ihrer Angstellten in Ihre Verordnungen aufnehmen. Die Gesellschaft gibt dann vielleicht 400 Dollar ihres Bruttoeinkommens für diesen Zweck aus. Wenn Sie nach Abzug der Steuern für die Unterbringung und Versorgung der Kinder zahlen, müssen Sie fast 800 Dollar verdienen, um für denselben Zweck zu zahlen. Die Liste dessen, was der Inhaber einer GmbH im Gegensatz zu einem Angestellten steuerlich absetzen kann, ist lang und spezifisch. Auch Reisekosten lassen sich von der Steuer absetzen, wenn Sie dokumentieren können, dass Sie geschäftlich unterwegs waren (dass Sie zum Beispiel eine Vorstandssitzung gehalten haben). Sie müssen nur darauf achten, sich im Rahmen der gesetzlichen Möglichkeiten zu bewegen. Sogar die Rentenpläne für Inhaber und Angstellte einer GmbH unterscheiden sich in vielen Fällen voneinander.

Wenn Sie Ihr gesamtes Einkommen als Angestellter einer Firma beziehen, deren Inhaber Sie nicht sind oder die Sie nicht leiten, gibt es wenige Möglichkeiten für Sie, Ihr Einkommen oder Ihre Vermögenswerte zu schützen.

Aus diesem Grund empfehle ich allen Angestellten, ihren Arbeitsplatz zu behalten, aber damit anzufangen, Zeit mit dem Operieren auf den Feldern „G" und „I" zu verbringen. Ihr Weg zur schnelleren finanziellen Unabhängigkeit führt über diese beiden Felder. Um sich in finanzieller Hinsicht sicherer zu fühlen, muss man auf mehr als nur einem einzigen Feld des Quadranten operieren.

Grundbesitz gratis

Vor einigen Jahren wollten meine Frau und ich ein Grundstück, das fern vom Lärm der Menge lag. Wir verspürten das dringende Bedürfnis nach ein paar Morgen Land mit großen Eichen und einem Bach. Und wir suchten Ruhe und Zurückgezogenheit.

Wir fanden ein circa 8 000 Quadratmeter großes Grundstück, das für 75 000 Dollar angeboten wurde. Der Verkäufer war bereit, den Preis um 10 Prozent zu reduzieren und für den Rest 10 Prozent Zinsen zu verlangen. Es war ein faires Geschäft. Das Problem war, dass es die Regel verletzte, die mir mein reicher Vater in Bezug auf Schulden beigebracht hatte: „Sei vorsichtig, wenn du dich verschuldest. Wenn du private Schulden machst, versichere dich, dass sie niedrig sind. Machst du hohe Schulden, geh sicher, dass jemand anders dafür zahlt."

Meine Frau und ich verzichteten auf das 75 000 Dollar teure Grundstück und suchten weiter nach einem Stück Land, das finanziell betrachtet sinnvoller war. Für mich sind 75 000 Dollar eine Menge Schulden, weil unser Cashflow folgendes Bild ergeben hätte:

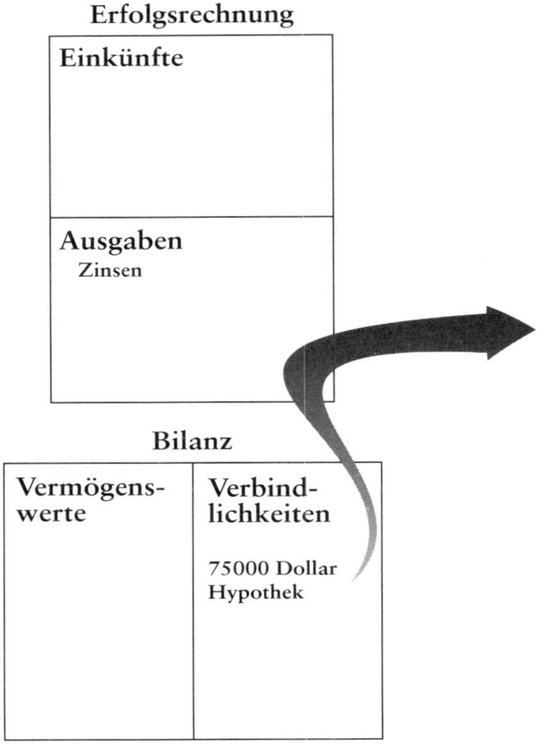

Und rufen Sie sich auch die folgende Regel meines reichen Vaters ins Gedächtnis zurück:

„Wenn du Schulden und Risiken auf dich nimmst, solltest du dafür bezahlt werden."

Nun, bei dieser Transaktion hätte ich sowohl die Schulden als auch das Risiko auf mich genommen und ich hätte dafür bezahlt.

Ungefähr einen Monat später fanden wir ein sogar noch schöneres Grundstück. Es war 35 000 Quadratmeter groß, mit Eichen, einem Bach und einem Haus, und sollte 115 000 Dollar kosten. Ich bot dem Verkäufer den vollen Kaufpreis, falls er meine Bedingungen akzeptieren würde – was er auch tat. Kurz gesagt: Wir investierten ein paar Dollar in die Renovierung des Hauses, verkauften das Haus und 12 000 Quadratmeter des Grundstücks für 215 000 Dollar, wobei wir die Methode der „niedrigen, einfachen monatlichen Ratenzahlung" anwandten, und behielten 23 000 Quadratmeter für uns selbst.

Die Bilanz dieser Transaktion stellt sich grafisch folgendermaßen dar:

Bilanz

Vermögenswerte	**Verbindlichkeiten**
215 000 Dollar	**115 000 Dollar**

Der neue Besitzer war begeistert, weil es ein schönes Haus mit Grundstück war und er es für eine äußerst niedrige Anzahlung kaufen konnte. Im Übrigen hatte er es durch seine GmbH gekauft, um es als Firmen-Erholungsort für seine Angestellten zu nutzen, wodurch es ihm möglich war, den Wert des Kaufpreises als einen Firmen-Vermögenswert zu mindern und zudem die Instandhaltungskosten abzusetzen. Außerdem waren auch die Zinszahlungen steuerlich absetzbar. Seine Zinszahlungen an mich waren mehr als ausreichend, um meine fälligen Zinszahlungen zu decken. Einige Jahre später verkaufte er einige seiner Firmenaktien, zahlte mir den Kredit zurück, und ich wiederum zahlte meinen Kredit zurück. Die Schulden waren getilgt.

Mit dem Profit von 100 000 Dollar war ich in der Lage, auch die Grundsteuern zu bezahlen.

Mein Nettogewinn sah folgendermaßen aus: Ich war schuldenfrei, hatte ein paar Dollar Profit gemacht (15 000 Dollar nach Abzug der Steuern) und besaß die herrlichen 23 000 Quadratmeter Land. Es war, als würden wir für das bezahlt, was wir wollten.

Heute sieht meine Bilanz dieser Transaktion so aus:

Bilanz

Vermögenswerte	Verbindlichkeiten
23000 m^2 Land 15000 Dollar Reingewinn	

Das erste öffentliche Angebot auf dem Aktienmarkt

Das erste öffentliche Angebot von Aktien einer Firma auf dem Markt beruht auf denselben Grundlagen. Zwar sind die Termini, der Markt und die Mitspieler anders, aber die grundlegenden Prinzipien sind die gleichen. Beim Umwandeln einer Organisation in eine Aktiengesellschaft, schaffen wir häufig einen Wert aus dem Nichts heraus, selbst wenn wir versuchen, diesen Wert anhand einer genauen Einschätzung des angemessenen Marktwerts zu bestimmen. Wir bringen unser Angebot auf den Markt, und anstatt diese Stammaktien an eine einzige Person zu verkaufen, werden sie an Tausende von Leuten als Geschäftsanteile verkauft.

Der Wert der Erfahrung

Dies ist ein weiterer Grund dafür, dass ich Leuten rate, auf Feld „G“ zu beginnen, bevor sie auf Feld „I“ tätig werden. Unabhängig davon, ob sie in Grundstücke und Immobilien, in ein Unternehmen, in Aktien oder Bonds investieren – es gibt einen grundlegenden umfassenden Geschäftssinn, der für einen erfolgreichen Investor unabdingbar ist. Einige Menschen besitzen diesen „umfassenden Geschäftssinn“, viele jedoch nicht. Das kommt vor allem daher, dass wir in der Schule lernen, hoch spezialisiert zu sein, aber keine umfassende Bildung vermittelt bekommen.

Außerdem rate ich denjenigen, die den Wechsel zu Feld „G“ oder „I“ erwägen, klein anzufangen und sich Zeit zu lassen. Nehmen Sie größere Projekte in Angriff, wenn Ihr Selbstvertrauen und Ihre Erfahrung wachsen.

Sobald ein Mensch Erfahrung und einen guten Ruf hat, benötigt er immer weniger Geld, um ständig größere Investitionen zu tätigen. In vielen Fällen ist überhaupt kein Geld nötig, um Geld zu machen. Weshalb? Erfahrung ist ein Wert. Wie weiter vorn bereits erwähnt, werden sich Menschen und Geld um Sie scharen, wenn Sie wissen, wie man Geld mit Geld macht. Fangen Sie klein an, und nehmen Sie sich Zeit. Erfahrung ist wichtiger als Geld.

Es ist einfach

Theoretisch sind die Zahlen und Transaktionen auf der rechten Seite des Cashflow-Quadranten ganz einfach, unabhängig davon, ob es um Aktien, Bonds, Immobilien oder Unternehmen geht. Um finanziell auf einen grünen Zweig zu kommen, muss man einfach nur anders denken – man muss aus der Perspektive unterschiedlicher Felder des Quadranten heraus denken und den Mut besitzen, Dinge anders zu tun. Ich finde, dass es für einen Menschen, dem diese Denkweise neu ist, mit am schwierigsten ist, mit den zahllosen Leuten zurechtzukommen, die sagen: „Das kannst du nicht tun.“

Die Gesetze

Wenn jemand auf Feld „G“ oder „I“ erfolgreich sein will, muss er die den Markt bestimmenden Kräfte und alle gesetzlichen Änderungen, die diese Kräfte beeinflussen, kennen.

Weiterhin ist es für einen solchen Erfolg erforderlich, dass Sie 5 Prozent mit Ihren Augen und 95 Prozent mit Ihrem Verstand sehen. Die Gesetze und die auf den Markt einwirkenden Kräfte zu verstehen ist unabdingbar für einen finanziellen Erfolg. Häufig kommt es zu großen Transfers von Reichtum, wenn die Gesetze und die Situation des Marktes sich ändern. Also ist es wichtig darauf zu achten, wenn Sie wollen, dass diese Veränderungen zu Ihrem Vorteil und nicht gegen Sie arbeiten.

Der Staat braucht Ihr Geld

Ich glaube an das Steuernzahlen. Ich weiß, dass der Staat für viele wichtige Leistungen sorgt, die für eine gut funktionierende Gesellschaft wesentlich sind. Leider haben wir meiner Meinung nach eine schlechte staatliche Verwaltung. Der Verwaltungsapparat ist zu groß, und der Staat hat zu viele Versprechen abgegeben, die er nicht halten kann. Aber das ist nicht die Schuld der heutigen Politiker und Gesetzgeber, denn die meisten der finanziellen Probleme, mit denen wir heute konfrontiert sind, wurden vor mehr als 60 Jahren von deren Vorgängern geschaffen. Die Gesetzgeber, die heute im Amt sind, versuchen, mit dem Problem fertig zu werden und Lösungen zu finden. Leider können die Gesetzgeber, wenn sie ihr Amt behalten wollen, der Öffentlichkeit nicht die Wahrheit sagen. Würden sie das tun, würden sie ihres Amtes enthoben, weil die Bevölkerung noch immer darauf vertraut, dass die Regierung ihre finanziellen und gesundheitlichen Probleme für sie lösen werde. Die Regierung ist dazu nicht in der Lage. Der Regierungsapparat wird kleiner und die Schwierigkeiten größer.

Währenddessen fährt der Staat fort, immer mehr Steuern zu erheben – selbst wenn die Politiker versprechen, dies nicht zu tun. Aus diesem Grund verabschiedete der Kongress die Steuerreform von 1986. Der Staat musste eine Lücke im Steuergesetz schließen, um die Steuereinnahmen zu erhöhen. In den kommenden Jahren müssen die Regierungen vieler westlicher Staaten beginnen, noch mehr Steuern zu erheben, um zu verhindern, dass sie die lange zuvor gegebenen Versprechen nicht halten können – Versprechen wie die Sicherstellung der medizinischen und sozialen Versorgung sowie der Renten, die sie Millionen von Beschäftigten schulden. Die Bevölkerung wird das Ausmaß des Problems heute wahrscheinlich noch nicht erkennen, aber bis zum Jahr 2010 wird es offensichtlich sein.

Aus der Geschichte lernen

Mein reicher Vater ermunterte mich dazu, das Spiel gut zu lernen. Wenn ich es erst gut beherrschte, könnte ich mit meinem erworbenen Wissen tun, was ich wollte. Ich schreibe und lehre, weil mir die Menschen am Herzen liegen und weil ich das Gefühl habe, dass mehr Leute lernen müssen, wie sie finanziell für sich selbst sorgen können anstatt sich in Bezug auf ihren Lebensunterhalt vom Staat oder einer Firma abhängig zu machen.

Ich hoffe, dass ich mich im Hinblick auf das, was ich in finanzieller Hinsicht auf uns zukommen sehe, täusche. Vielleicht kann der Staat damit fortfahren zu versprechen, er werde für die Bevölkerung sorgen: die Steuern erhöhen und sich immer tiefer verschulden. Möglicherweise gibt es auf dem Aktienmarkt nur noch einen Aufschwung und keinen Abschwung mehr – und vielleicht werden die Grundstücks- und Immobilienpreise ständig steigen und Ihr Eigenheim wird Ihre beste Kapitalanlage sein. Und vielleicht werden Millionen von Menschen Befriedigung darin finden, ein minimales Einkommen zu beziehen, und in der Lage sein, ihrer Familie ein gutes Leben zu bieten. Möglicherweise kann dies alles geschehen. Aber ich glaube nicht daran. Nicht, wenn man einen Blick in die Geschichte tut.

Historisch betrachtet erlebten Menschen, die 75 Jahre alt wurden, zwei Rezessionen und eine Depression. Als Angehörige der Babyboom-Generation haben wir zwei Rezessionen durchgemacht, bisher jedoch noch keine Depression. Eventuell wird es nie wieder eine Depression geben. Aber die Geschichte spricht eine andere Sprache. Mein reicher Vater ließ mich Bücher über die großen Persönlichkeiten des Kapitalismus und der Wirtschaft lesen, damit ich einen umfassenderen Blick und eine bessere Perspektive in Hinblick darauf gewinnen würde, woher wir kommen und wohin wir uns bewegen.

So wie der Ozean Wellen schlägt, gab es große Fluktuationen auf den Märkten. Anstelle des Windes und der Sonne, die die Wellen des Ozeans beeinflussen, werden die Fluktuationen der Finanzmärkte von zwei menschlichen Emotionen verursacht: Gier und Angst. Ich glaube nicht, dass Depressionen der Vergangenheit angehören, weil wir alle Menschen sind und daher stets diese Emotionen der Gier und der Angst haben werden. Und wenn Gier und Angst zusammenstoßen und ein Mensch einen schweren Verlust macht, ist die nächste Emotion, die darauf folgt, eine Depression. Depression entsteht aus den beiden menschlichen Gefühlen Wut und Trauer. Wut auf sich selbst und Trauer über den Verlust. Wirtschaftliche Depressionen sind emotionale Depressionen. Menschen verlieren und werden deprimiert.

Auch wenn die Wirtschaft im Großen und Ganzen in blendender Verfassung zu sein scheint, gibt es Millionen von Menschen, die sich in unterschiedlichen Stadien von Depression befinden. Sie mögen zwar einen Arbeitsplatz haben, wissen aber im tiefsten Inneren, dass sie finanziell keine Fortschritte machen. Sie sind wütend auf sich selbst und traurig über ihren zeitlichen Verlust. Die meisten von ihnen haben keine Ahnung, dass sie in der Vorstellung des industriellen Zeitalters gefangen sind: „Such dir einen sicheren Arbeitsplatz, und mach dir keine Sorgen über die Zukunft."

Eine große Veränderung – eine große Chance

Wir treten in eine Epoche enormer Veränderungen und Chancen ein. Für einige Leute wird es die beste, für andere Leute die schlechteste aller Zeiten sein.

Präsident John F. Kennedy sagte: „Eine große Veränderung steht nahe bevor."

Kennedy kam aus der „G"-und-„I"-Hälfte des Cashflow-Quadranten und bemühte sich verzweifelt, das Leben derjenigen zu verbessern, die an vergangenen Vorstellungen klebten. Leider sind noch immer Millionen von Menschen diesen Vorstellungen verhaftet, die der Vergangenheit angehören, und richten sich nach Ideen, die aus verflossenen Epochen weitergereicht wurden. Vorstellungen wie: „Geh zur Schule, damit du einen sicheren Arbeitsplatz bekommen kannst." Ausbildung ist wichtiger als je zuvor, aber wir müssen die Menschen lehren, etwas weiter zu denken als nur an einen sicheren Arbeitsplatz und daran, dass die Firma oder der Staat sich um sie zu kümmern werden, wenn sie aus dem Berufsleben ausscheiden. Diese Vorstellung gehört dem industriellen Zeitalter an – und in diesem befinden wir uns nicht mehr.

Niemand sagt, dies sei gerecht – denn dies ist kein gerechtes Land. Wir leben in einem freien Land. Es gibt hier Menschen, die härter arbeiten, cleverer sind, erfolgsorientierter, talentierter und die intensiver nach dem „süßen Leben“ streben als andere. Es steht uns frei, die ambitionierten Ziele zu verfolgen, die wir erreichen wollen. Aber jedes Mal, wenn jemand größeren Erfolg hat, sagen einige Leute, es sei ungerecht. Dieselben Leute denken, es wäre gerecht, wenn die Reichen mit den Armen teilen würden. Nun, niemand hat gesagt, es sei gerecht. Und je mehr wir uns bemühen, die Dinge gerechter zu gestalten, desto unfreier werden wir.

Wenn jemand zu mir sagt, es gebe Rassendiskriminierung oder eine unausgesprochene Grenze für beruflichen Aufstieg, dann stimme ich ihm zu. Ich weiß, dass so etwas existiert. Ich persönlich verabscheue jede Art von Diskriminierung und habe sie aufgrund meiner japanischen Herkunft am eigenen Leib verspürt. Auf der linken Seite des Quadranten gibt es Diskriminierung, speziell in Firmen. Ihr Aussehen, Ihre Schulbildung, Ihre Hautfarbe, Ihr Geschlecht – all diese Aspekte zählen auf der linken Hälfte des Cashflow-Quadranten. Auf der rechten Seite des Quadranten zählen sie nicht. Auf der rechten Seite beschäftigt man sich nicht mit Gerechtigkeit oder Sicherheit, sondern mit Freiheit und der Liebe zum Spiel. Wenn Sie das Spiel auf der rechten Seite des Quadranten spielen wollen, werden die Spieler Sie willkommen heißen. Wenn Sie spielen und gewinnen, wunderbar. Sie werden Ihre Teilnahme umso mehr begrüßen und Sie nach Ihren Geheimnissen fragen. Wenn Sie spielen und verlieren, werden sie zufrieden Ihr ganzes Geld einstreichen, aber beklagen Sie sich nicht und machen Sie niemand anderen für Ihr Scheitern verantwortlich. Das ist nicht die Art und Weise, wie man das Spiel auf der rechten Seite des Quadranten spielt. Es geht nicht darum, gerecht zu sein. Gerechtigkeit ist nicht der Name des Spiels.

Weshalb behelligt der Staat die „G"-und-„I"-Seite nicht?

Eigentlich lässt der Staat diejenigen, die auf der „G"-und-„I"-Hälfte des Quadranten operieren, nicht in Ruhe. Vielmehr ist es so, dass die auf der „G"-und-„I"-Seite Tätigen mehr Möglichkeiten besitzen, dem Zugriff des Staates zu entgehen und Vermögen zu verstecken. In meinem Buch „Reichtum kann man lernen" schilderte ich die Macht der Gesellschaften. Ein wesentlicher Grund dafür, weshalb die Reichen mehr von ihrem Reichtum behalten, ist einfach der, dass sie als GmbH und nicht als Privatpersonen operieren. Ein Mensch braucht einen Pass, um Ländergrenzen zu überqueren. Eine GmbH braucht das nicht. Eine Gesellschaft kann sich frei auf der ganzen Welt bewegen und häufig auch ohne Einschränkung weltweit tätig sein. Ein Mensch muss sich beim Staat anmelden und braucht Arbeitspapiere. Eine Gesellschaft nicht.

Der Staat würde Gesellschaften zwar gern mehr Geld abnehmen, ist sich jedoch darüber bewusst, dass die Gesellschaften sowohl ihr Geld als auch ihre Arbeitsplätze in ein anderes Land verlegen würden, wenn er missbräuchliche Steuergesetze verabschieden würde. In der industriellen Ära sprach man von „offshore", wenn von einem Land die Rede war. Die Reichen haben sich schon immer sichere Häfen gesucht, wo man ihr Geld freundlich behandelt. Heute ist „offshore" kein Land mehr, sondern Cyberspace. Geld, als ein unsichtbares Konzept, kann sich nun im Unsichtbaren verstecken – oder zumindest außerhalb des Sichtbereichs des menschlichen Auges.

In meinem Buch „Reichtum kann man lernen" schrieb ich, dass GmbHs zu Beginn des industriellen Zeitalters populär wurden – gleich nachdem Kolumbus eine neue Welt voller Reichtümer entdeckt hatte. Jedes Mal, wenn die Reichen ein Schiff auf die Reise schickten, gingen sie ein Risiko ein, denn wenn das Schiff nicht zurückkehrte, wollten die Reichen nicht bei den Familien der toten Seeleute in Schulden stehen. Also wurden Gesellschaften gegründet, um sich rechtlich abzusichern und das Verlustrisiko auf die eingesetzte Geldsumme zu begrenzen, und nicht darüber hinaus. So riskierten die Reichen nur ihr Geld und die Besatzung riskierte ihr Leben. Seitdem hat sich nicht viel geändert.

Bei meinen weltweiten Geschäften habe ich vor allem mit Leuten zu tun, die ihre Geschäfte auf diese Weise tätigen – sie sind Angestellte ihrer eigenen Gesellschaften. Theoretisch besitzen sie nichts und existieren nicht als Privatpersonen. Zugleich treffe ich überall auf der Welt Menschen, die mir sagen: „In diesem Land können Sie das nicht machen. Das ist gesetzwidrig."

Die meisten Leute haben wenig Ahnung, dass die Gesetzeslage in den meisten westlichen Ländern gleich ist. Man verwendet eventuell andere Termini, um dieselben Dinge zu beschreiben, aber im Prinzip sind die Gesetze so gut wie dieselben.

Ich rate Ihnen, wenn möglich, zumindest in Betracht zu ziehen, als Angestellter in Ihrer eigenen Gesellschaft zu operieren. Das ist besonders ratsam für „S"- und „G"-Leute mit einem hohen Einkommen, selbst wenn sie Lizenznehmer sind oder ihr Einkommen durch Network-Marketing beziehen. Lassen Sie sich von kompetenten Finanzberatern beraten. Sie können Ihnen helfen, die beste Strategie für Ihre spezielle Situation auszuwählen und in die Tat umzusetzen.

Es gibt zwei Arten von Gesetzen

Oberflächlich betrachtet scheint es, als gäbe es Gesetze für die Reichen und andere Gesetze für die übrigen Menschen. In Wirklichkeit sind die Gesetze gleich. Der einzige Unterschied besteht darin, dass die Reichen die Gesetze zu ihrem Vorteil nutzen, während die Armen und die Angehörigen der Mittelschicht das nicht tun. Das ist der grundlegende Unterschied. Die Gesetze sind die gleichen – sie wurden für jedermann geschrieben –, und ich rate Ihnen dringend, clevere Berater zu konsultieren und die Gesetze zu befolgen. Es ist zu einfach, auf legalem Weg Geld zu machen, als dass es sich lohnen würde, das Gesetz zu brechen und im Gefängnis zu landen. Außerdem werden Ihnen Ihre Rechtsberater als Frühwarnsystem für bevorstehende Änderungen dienen – und wenn die Gesetzeslage sich ändert, wechselt der Reichtum die Besitzer.

Zwei Wahlmöglichkeiten

Ein Vorteil des Lebens in einer freien Gesellschaft ist die Freiheit persönlicher Wahlmöglichkeiten. Meiner Meinung nach gibt es zwei grundlegende Wahlmöglichkeiten: Sicherheit oder Unabhängigkeit. Wenn Sie sich für Sicherheit entscheiden, müssen Sie für diese Sicherheit einen enormen Preis in Form von außerordentlich hohen Steuern und Zinszahlungen, die eine Strafe sind, entrichten. Entscheiden Sie sich für finanzielle Unabhängigkeit, müssen Sie sämtliche Spielregeln lernen und dann das Spiel spielen. Es ist Ihre Wahl, von welchem Feld aus Sie am Spiel teilnehmen wollen.

Teil I dieses Buches hat die Besonderheiten des Cashflow-Quadranten definiert, während wir uns in Teil II darauf konzentrierten, die für das Operieren auf der rechten Hälfte des Quadranten erforderliche gedankliche Einstellung und die dafür nötige Haltung einer Person zu entwickeln. Sie sollten nun also wissen, auf welchem Feld oder welchen Feldern des Quadranten Sie sich derzeit befinden, und eine Vorstellung davon haben, wohin Sie gelangen möchten. Sie sollten ferner ein besseres Verständnis für den geistigen Prozess und die gedankliche Einstellung haben, die charakteristisch für das Operieren auf der rechten Seite des Quadranten sind.

Nachdem ich Ihnen Möglichkeiten aufgezeigt habe, den Wechsel von der linken zur rechten Hälfte des Cashflow-Quadranten zu vollziehen, möchte ich nun auf genauere Einzelheiten eingehen. Im letzten Teil dieses Buches, Teil III, werde ich Ihnen 7 Schritte aufzeigen, mit deren Hilfe Sie einen schnellen, individuellen finanziellen Weg finden können, den ich für wesentlich zum Wechsel auf die rechte Seite des Quadranten halte.

Anmerkung des Autors

1943 begannen die USA, die gesamte arbeitende Bevölkerung durch Gehaltsabzüge zu besteuern. In anderen Worten: Die Regierung wurde bezahlt, bevor die Leute, die auf Feld „A“ operierten, bezahlt wurden. Jeder, der nur auf Feld „A“ tätig war, besaß wenig Möglichkeiten, dem Zugriff des Staates zu entgehen. Es bedeutete auch, dass nicht nur die Reichen besteuert wurden, sondern jetzt auch jedermann, der auf der linken Seite des Quadranten tätig war, egal ob arm oder reich. Wie weiter vorn bereits bemerkt, zahlen die am niedrigsten Bezahlten prozentual mehr Steuern als die Reichen und die Angehörigen der Mittelschicht.

Die 1986 verabschiedete Steuerreform betraf die hoch bezahlten Fachleute, die auf Feld „S“ tätig waren – insbesondere Ärzte, Anwälte, Architekten, Zahnärzte, Ingenieure und andere gut verdienende Berufsgruppen –, und machte es schwierig, wenn nicht unmöglich für sie, ihr Einkommen in der Art und Weise zu schützen, wie dies den auf den Feldern „G“ und „I“ operierenden Reichen möglich ist.

Zudem verschloss diese Steuerreform den auf den Feldern „A“ und „S“ tätigen Amerikanern die Möglichkeit, Immobilien als Kapitalanlage zu nutzen, und zwang sie dazu, in Wertpapiere wie Aktien und offene Investmentfonds zu investieren. Als der Stellenabbau begann, fühlten sich Millionen von Amerikanern nicht nur unsicherer in Bezug auf ihren Arbeitsplatz, sondern auch hinsichtlich ihres Altersruhestands, ganz einfach deswegen, weil sie ihre finanzielle Zukunft auf Wertpapiere gebaut hatten, die den Schwankungen des Marktes unterworfen sind.

Die 1986 verabschiedete Steuerreform scheint ferner die Absicht verfolgt zu haben, die kleinen amerikanischen Lokalbanken zu schließen und alle Bankgeschäfte in großen Nationalbanken zu konzentrieren.

Ich vermute, dies wurde aus dem Grund gemacht, dass Amerika mit den großen deutschen und japanischen Banken konkurrieren kann. Heute ist das Bankgeschäft in Amerika weniger persönlich, orientiert sich nur an Zahlen, was zu dem Ergebnis führt, dass es für bestimmte „Klassen“ von Menschen schwieriger ist, Hypotheken aufzunehmen. Anstelle eines Kleinstadtbankers, der Ihren Charakter kennt, streicht heutzutage ein Zentralcomputer Ihren Namen, wenn Sie seine unpersönlichen Voraussetzungen nicht erfüllen.

Nach der Einführung des neuen Steuergesetzes verdienten die Reichen weiterhin mehr, arbeiteten weniger, zahlten weniger Steuern und genossen einen größeren Schutz ihrer Vermögenswerte, indem sie die Methode anwandten, die mir mein reicher Vater vor 40 Jahren beigebracht hatte: „Gründe ein Unternehmen und kauf Grundstücke und Immobilien.“

Während Millionen Amerikaner arbeiten, immer mehr Steuern zahlen und dann jeden Monat Milliarden in offene Investmentfonds pumpen, verkaufen die Reichen in aller Ruhe die Aktien ihrer GmbHs, wodurch die Gesellschaften noch reicher werden, und kaufen dann Immobilien im Wert von Milliarden.

Weshalb empfahl mein reicher Vater, Unternehmen in Form von GmbHs aufzubauen und dann Immobilien zu kaufen? Weil die Steuergesetze Leute belohnen, die in dieser Weise operieren – aber dieses Thema sprengt den Rahmen dieses Buches. Behalten Sie einfach die Worte solch enorm wohlhabender Leute wie Ray Kroc, Gründer von McDonald's, im Gedächtnis:

„Mein Geschäft sind nicht Hamburger. Mein Geschäft sind Grundstücke und Immobilien.“

Oder die meines reichen Vaters, der mir einhämmerte:

„Gründe Unternehmen, und kauf Immobilien.“

Anders formuliert: Suchen Sie Ihr Glück auf der rechten Seite des Cashflow-Quadranten, um in den Vorteil sämtlicher steuerlichen Vorteile zu kommen.

Wir entfernen uns zunehmend von der industriellen Ära und rücken ins Informationszeitalter vor. Auf diesem Weg müssen wir laufend Informationen aus verschiedenen Feldern des Quadranten sammeln. Im Informationszeitalter ist Information unser wichtigster Vermögenswert. Mit den Worten von Erik Hoffer gesprochen:

„In Zeiten der Veränderung ...
treten die Lernenden das Erbe der Welt an,
während die Gelehrten
feststellen, dass sie wunderbar dafür ausgerüstet sind,
mit einer Welt zurechtzukommen,
die nicht mehr existiert."

Denken Sie daran ...

Jeder lebt in einer anderen finanziellen Situation. Deshalb empfehle ich immer Folgendes:

1. Suchen Sie den bestmöglichen fachlichen und finanziellen Rat.

2. Denken Sie daran, dass es unterschiedliche Berater für die Reichen, die Armen und die Angehörigen der Mittelschicht gibt, genauso wie es unterschiedliche Berater für die Menschen gibt, die ihr Einkommen aus der rechten Hälfte des Quadranten beziehen, und diejenigen, die es aus der linken Hälfte beziehen. Es wäre empfehlenswert, wenn Sie zudem Rat bei Leuten suchen würden, die das Ziel, das Sie sich gesteckt haben, bereits erreicht haben.

3. Tätigen Sie keine Geschäfte oder Investitionen aus steuerlichen Gründen. Eine steuerliche Vergünstiguung ist ein Bonus dafür, dass Sie Dinge in der vom Staat gewünschten Art und Weise tun. Es sollte ein Bonus sein, aber nicht der Grund.

Teil III

Wie man ein erfolgreicher „G“ und „I“ wird

10 Machen Sie kleine Schritte

Die meisten Menschen kennen das Sprichwort: „Eine 1000 Kilometer lange Reise beginnt mit einem einzigen Schritt." Ich würde diese Aussage ein wenig modifizieren und sie stattdessen so formulieren: „Eine 1000 Kilometer lange Reise beginnt mit einem kleinen Schritt."

Ich betone dies, weil mir zu viele Menschen begegnet sind, die den „großen Sprung nach vorn" versucht haben, anstatt kleine Schritte zu machen. Jeder von uns kennt Menschen, die viel zu viel wiegen und plötzlich beschließen, 10 Kilo abzunehmen, um eine gute Figur zu bekommen. Sie beginnen eine Schnelldiät, gehen zwei Stunden ins Fitnessstudio und joggen anschließend 16 Kilometer. Das halten sie eventuell eine Woche durch. Sie verlieren ein paar Pfunde und dann verschleißen die Schmerzen, die Langeweile und der Hunger ihre Willenskraft und Entschiedenheit. In der dritten Woche haben ihre alten Gewohnheiten – übermäßiges Essen, zu wenig Bewegung und vor dem Fernseher sitzen – sie wieder unter Kontrolle.

Anstatt einen „großen Sprung nach vorn" zu unternehmen, würde ich Ihnen dringend empfehlen, einen kleinen Schritt vorwärts zu gehen. Langfristiger finanzieller Erfolg misst sich nicht daran, wie groß Ihr Fortschritt ist, sondern an der Anzahl von Schritten, die Sie unternehmen, an der Richtung, in die Sie gehen, und an der Anzahl der Jahre. Dies ist die eigentliche Formel für Erfolg oder Misserfolg jeder Unternehmung. In Hinsicht auf Geld habe ich zu viele Menschen gesehen, mich selbst eingeschlossen, die versuchen, zu viel mit zu wenig zu erreichen – und dann Bankrott gingen. Es ist schwierig, einen kleinen Schritt vorwärts zu machen, wenn Sie zuerst eine Leiter brauchen, um aus dem finanziellen Loch herauszukommen, das Sie sich selbst gegraben haben.

Wie isst man einen Elefanten?

In diesem Teil des Buches empfehle ich Ihnen ein 7-Stufen-Programm, das Ihnen helfen wird, den Wechsel auf die rechte Seite des Cashflow-Quadranten zu bewältigen. Unter Anleitung meines reichen Vaters begann ich ab meinem 9. Lebensjahr diese einzelnen Schritte zu erlernen und zu gehen. Ich werde mich für den Rest meines Lebens nach diesem Programm richten. Ich warne Sie, bevor Sie mit der Lektüre des 7-Stufen-Programms beginnen, weil diese Aufgabe manchen Menschen überwältigend erscheinen mag, und das ist sie auch, wenn Sie versuchen, alle Schritte innerhalb einer Woche zu bewältigen. Also beginnen Sie, bitte, mit kleinen Schritten.

Jeder von uns kennt das Sprichwort: „Rom wurde nicht an einem einzigen Tag erbaut." Ich greife immer auf einen anderen Spruch zurück, wenn ich mich vom Umfang des Lernstoffs, den ich zu bewältigen habe, überwältigt fühle: „Wie isst man einen Elefanten?" Die Antwort: „Immer nur einen Bissen auf einmal." Und genau dieses Vorgehen würde ich Ihnen empfehlen, wenn Sie merken, dass Sie sich etwas überfordert fühlen von der Fülle des Lernstoffs, den Sie sich aneignen müssen, wenn Sie den Wechsel von der „A"-und-„S"-Hälfte auf die „G"-und-„I"-Hälfte des Quadranten vollziehen wollen. Bitte seien Sie freundlich zu sich selbst und werden Sie sich dessen bewusst, dass dieser Übergang mehr als nur einen geistigen Lernprozess erfordert – er schließt auch einen emotionalen Lernprozess ein. Wenn Sie in der Lage sind, 6 Monate jährlich kleine Schritte zu unternehmen, sind Sie bereit für das nächste Sprichwort: „Du musst gehen können, bevor du rennen kannst." Anders formuliert: Sie gehen von kleinen Schritten zu einem „normalen Gang" und später zum Rennen über. Das ist der Weg, den ich empfehle. Wenn er Ihnen nicht gefällt, können Sie tun, was Millionen von Menschen machen, die auf die schnelle, einfache Art reich werden wollen – nämlich Lotto spielen. Wer weiß? Vielleicht ist es Ihr Glückstag.

Handeln siegt über Tatenlosigkeit

In meinen Augen liegt einer der Hauptgründe für die Schwierigkeiten, die auf den Feldern „A“ und „S“ operierende Menschen beim Wechseln auf die „G“-und-„I“-Seite des Quadranten haben, darin, dass sie Angst davor haben, Fehler zu machen. Sie sagen häufig: „Ich habe Angst zu scheitern.“ Oder: „Ich brauche mehr Informationen.“ Oder: „Können Sie mir noch ein weiteres Buch empfehlen?“ Sie werden vor allem durch ihre Angst oder ihre Selbstzweifel an das Feld, auf dem sie tätig sind, gefesselt. Bitte nehmen Sie sich Zeit beim Lesen des 7-Stufen-Programms, und vollziehen Sie die Aktionsschritte am Ende jeder Stufe. Das ist für die meisten Leute ein ausreichend kleiner Schritt, um sie auf Kurs in Richtung der Felder „G“ und „I“ zu halten. Allein schon diese 7 Aktionsschritte zu gehen wird Ihnen eine ganz neue Welt voller Möglichkeiten und Veränderungen eröffnen. Dann gehen Sie ganz einfach mit kleinen Schritten weiter.

Der Slogan von Nike: „Tu es einfach“, drückt das am besten aus. Leider sagen unsere Schulen außerdem: „Mach keine Fehler.“ Millionen hoch gebildeter Menschen, die handeln wollen, werden blockiert von der Angst, Fehler zu machen. Eine der wichtigsten Lektionen, die ich als Lehrer gelernt habt, ist, dass echtes Lernen geistigen, emotionalen und physischen Einsatz erfordert. Das ist der Grund, dass Aktion grundsätzlich Tatenlosigkeit besiegt. Wenn Sie handeln und einen Fehler machen, haben Sie zumindest geistig, emotional oder physisch etwas daraus gelernt. Ein Mensch, der fortwährend nach der „richtigen“ Antwort sucht, leidet häufig unter einer Krankeit, die man unter der Bezeichnung „Analyse-Paralyse“ kennt und die viele beruflich hoch gebildete Leute im Griff zu haben scheint. Letztendlich lernen wir dadurch, dass wir Fehler machen. Wir lernen zu laufen und Fahrrad zu fahren, indem wir Fehler machen. Menschen, die Angst vor dem Handeln haben, weil sie sich davor fürchten, Fehler zu machen, mögen vielleicht geistig clever sein, sind emotional und physisch jedoch gehandicapt.

Vor einigen Jahren wurde eine Studie über reiche und arme Leute auf der ganzen Welt durchgeführt, mit der man herausfinden wollte, wie Menschen, die in Armut hineingeboren waren, schließlich zu Reichtum gelangten. Die Studie ergab, dass diese Menschen, unabhängig von dem Land, in dem sie lebten, über drei Qualitäten verfügten:

1. Sie hatten eine langfristige Vision und einen langfristigen Plan.
2. Sie glaubten, dass sich ihr Einsatz irgendwann in Zukunft auszahlen würde.
3. Sie benutzten die Macht der Zinseszinsen zu ihren Gunsten.

Die Studie zeigte, dass diese Menschen langfristig dachten und planten und wussten, dass sie am Ende finanziell erfolgreich sein könnten, wenn sie an einem Traum oder einer Vision festhielten. Sie waren bereit, kurzfristige Opfer zu bringen, um auf lange Sicht Erfolg zu haben. Albert Einstein war verblüfft darüber, wie sich Geld selbst ausschließlich durch die Macht der Zinseszinsen vervielfachen konnte. Er hielt die Zinseszinsen für eine der erstaunlichsten Erfindungen der Menschheit. Diese Studie ging in Bezug auf die Zinseszinsen über die finanzielle Ebene hinaus, weiter in andere Bereiche. Die Untersuchung unterstützte das Konzept von kleinen Schritten, weil jeder kleine Schritt dieses Lernprozesses im Laufe der Jahre „Zinseszinsen“ bringt. Menschen, die überhaupt keinen Schritt unternommen hatten, hatten auch nicht den Vorteil einer ständig wachsenden Menge an Wissen und Erfahrungen, die sich durch geistige „Zinseszinsen“ ergeben.

Die Studie gibt auch Auskunft über die Gründe, die Menschen dazu gebracht haben, vom Reichtum in die Armut abzurutschen. Es gibt viele reiche Familien, die den größten Teil ihres Reichtums nach nur drei Generationen verloren haben. Es überrascht nicht, dass die Untersuchung ergab, dass diese Leute die folgenden drei Eigenschaften besaßen:

1. Sie haben kurzfristige Visionen.
2. Sie haben das Bedürfnis nach einer sofortigen Befriedigung ihrer Wünsche.
3. Sie gehen nicht richtig mit der Macht der Zinseszinsen um.

Heutzutage begegnen mir Leute, die frustriert über mich sind, weil sie wollen, dass ich ihnen sage, wie sie gleich heute mehr Geld machen können. Ihnen gefällt die Vorstellung nicht, langfristig zu denken. Viele von ihnen suchen verzweifelt nach kurzfristigen Lösungen, weil sie finanzielle Probleme haben, die sie sofort lösen müssen – Geldprobleme wie beispielsweise Schulden und zu wenige Investitionen, verursacht durch ihren unkontrollierten Wunsch nach sofortiger Befriedigung. Sie haben die Vorstellung: „Iss, trink und sei fröhlich, solange du jung bist." Diese Einstellung missachtet die Macht der Zinseszinsen und führt in eine langfristige Verschuldung anstatt zu langfristigem Reichtum.

Sie wollen ein schnelles Patentrezept und möchten, dass ich ihnen sage, „was man tun muss". Anstatt sich anzuhören, wer sie „sein" müssen, um das „tun" zu können, was sie machen müssen, um großen Reichtum zu erwerben, wollen sie kurzfristige Lösungen für ein langfristiges Problem. In anderen Worten: Zu viele Menschen sind auf die Lebensphilosophie des „schnellen Reichtums" fixiert. Diesen Leuten wünsche ich Glück, denn Glück ist das, was sie brauchen.

Ein heißer Tipp

Die meisten Menschen haben gehört, dass Leute, die ihre Ziele aufschreiben, erfolgreicher sind als diejenigen, die das nicht tun. Es gibt einen Lehrer aus Ontario in Kanada namens Raymond Aaron, der Seminare und Audiokassetten zu Themen macht wie Verkauf, Zielsetzung, Verdoppelung des Einkommens und Verbesserung des Network-Marketings. Ich empfehle seine Arbeit aufgrund seiner faszinierenden Einsichten in diese wichtigen Themen, Einsichten, die Ihnen helfen können, in der Welt der Geschäfte und Investitionen mehr Ihrer angestrebten Ziele zu erreichen.

In Hinsicht auf das Zielsetzen empfiehlt er eine Methode, die dem Prinzip der kleinen Schritte anstatt großer Sprünge nach vorn entspricht. Er rät dazu, große langfristige Träume und Wünsche zu haben. In Bezug auf das Zielsetzen empfiehlt er jedoch, nicht leistungsorientiert vorzugehen, sondern hinter den eigenen Erwartungen zurückzubleiben. In anderen Worten: kleine Schritte zu machen. Wenn Sie beispielsweise eine gute Figur haben möchten, rät er nicht, einen großen Sprung nach vorn zu tun, sondern hinter den persönlichen Erwartungen zurückzubleiben, indem Sie weniger tun, als Sie eigentlich vorhaben. Gehen Sie nicht eine Stunde ins Fitnessstudio, sondern nur 20 Minuten. Anders formuliert: Setzen Sie sich ein Ziel, das hinter Ihren Erwartungen zurückbleibt, und zwingen Sie sich dazu, „am Ball" zu bleiben. Sie werden feststellen, dass Sie sich nicht über-, sondern eher unterfordert fühlen. Wenn ich mich eher unterfordert fühle, stelle ich fest, dass ich mich darauf freue, ins Fitnessstudio zu gehen, oder auf irgendetwas anderes, das ich in meinem Leben tun oder ändern muss. Das Merkwürdige an der Sache ist, dass ich merke, dass ich hier und heute Erfolg habe, indem ich bewusst hinter meinen Erwartungen zurückbleibe anstatt zu versuchen mich damit kaputtzumachen, eine übermäßig große Leistung zu vollbringen. Kurz: Träumen Sie große, gewagte Träume, und bleiben Sie dann jeden Tag bei der Umsetzung Ihrer Träume in die Realität ein bisschen hinter Ihren eigenen Erwartungen zurück. Setzen Sie sich für jeden Tag erreichbare Ziele, die Sie, wenn Sie sie erreicht haben, positiv bestärken und Ihnen dadurch helfen, den Weg zum großen Ziel weiterzuverfolgen.

Eine Methode, die ich anwende, um hinter meinen eigenen Erwartungen zurückzubleiben, besteht darin, dass ich mir schriftlich das Ziel setze, zwei Audiokassetten wöchentlich zu hören. Eventuell höre ich dieselbe Kassette zwei Mal oder noch öfter, als es gut ist – aber es zählt dennoch als das Hören von zwei Kassetten pro Woche. Meine Frau und ich haben uns weiterhin schriftlich das Ziel gesetzt, jedes Jahr mindestens zwei Seminare über die Felder „G" und „I" zu besuchen. Wir verbringen unsere Ferien mit Leuten, die Experten auf den Feldern „G" und „I" zuzurechnenden Gebieten sind. Auch in diesem Fall lernen wir eine Menge, während wir spielen, ausspannen und Essen gehen. Mit diesen Methoden kann man hinter seinen Erwartungen zurückbleiben und sich trotzdem in Richtung auf die Verwirklichung großer, kühner Träume stetig weiterbewegen. Ich danke Raymond Aaron und seinen Kassetten zum Thema Zielsetzung dafür, dass sie mir dabei geholfen haben, mehr Ziele mit einem wesentlich geringeren Maß an Stress zu erreichen.

Nun setzen Sie Ihre Lektüre dieses Buches fort, und denken Sie daran, große Träume zu haben, langfristig zu denken, täglich hinter Ihren eigenen Erwartungen zurückzubleiben und kleine Schritte zu machen. Das ist der Schlüssel für langfristigen Erfolg und das Rezept für den Wechsel von der linken zur rechten Seite des Cashflow-Quadranten.

Wenn Sie reich werden wollen, müssen Sie Ihre Regeln ändern

Man hat oft meine Äußerung zitiert: „Die Regeln haben sich geändert." Wenn Leute diese Worte hören, nicken sie zustimmend und sagen: „Ja, die Regeln haben sich geändert. Nichts ist mehr, wie es war." Aber dann machen sie im gleichen alten Trott weiter.

Finanzielle Statements des industriellen Zeitalters

Wenn ich Kurse zum Thema „Ordnen Sie den finanziellen Bereich Ihres Lebens" abhalte, bitte ich die Teilnehmer zu Beginn um eine Aufstellung ihrer persönlichen finanziellen Situation. Das wird häufig zu einer lebensverändernden Erfahrung. Finanzielle Statements gleichen Röntgenstrahlen. Sowohl Aufstellungen der finanziellen Situation als auch Röntgenstrahlen lassen sie erkennen, was sie mit bloßem Auge nicht sehen können. Nachdem die Kursteilnehmer ihre Aufstellungen abgegeben haben, ist es einfach zu erkennen, wer unter „finanziellem Krebs" leidet und wer in einer gesunden finanziellen Situation lebt. Im Allgemeinen vertreten diejenigen, die „finanziellen Krebs" haben, Ideen des industriellen Zeitalters.

Weshalb sage ich das? Weil die Menschen in der industriellen Ära nicht „an morgen denken" mussten. Die Regel lautete: „Arbeite hart und dein Chef oder der Staat wird sich um deine Zukunft kümmern." Diese Vorstellung ist dafür verantwortlich, dass so viele meiner Freunde und Mitglieder meiner Familie oft sagten: „Such dir eine Anstellung beim Staat. Da gibt es großartige Zusatzleistungen." Oder: „Achte unbedingt darauf, dass die Firma, für die du arbeitest, einen hervorragenden Rentenplan hat." Oder: „Geh sicher, dass die Firma, für die du arbeitest, eine einflussreiche Gewerkschaft hat." Diese Ratschläge beruhen auf Regeln des industriellen Zeitalters – ich bezeichne sie als „Anspruchs-Mentalität". Obwohl sich die Regeln geändert haben, haben viele Menschen ihre persönlichen Regeln nicht geändert, ganz besonders nicht ihre finanziellen Regeln. Sie geben ihr Geld nach wie vor aus, als gäbe es keine Notwendigkeit, für die Zukunft zu planen. Und genau darauf richte ich mein Augenmerk, wenn ich die Aufstellung der finanziellen Verhältnisse einer Person lese – ob sie eine Zukunft hat oder nicht.

Haben Sie eine Zukunft?

In der Aufstellung der finanziellen Situation einer Person suche ich nach folgenden Aspekten:

Erfolgsrechnung

Einkünfte
Ausgaben (heute)

Bilanz

Vermögenswerte (morgen)	**Verbindlichkeiten** (gestern)

Leute, die keine Vermögenswerte haben, die Gewinn abwerfen, haben keine Zukunft. Wenn ich auf Menschen stoße, die keine Vermögenswerte besitzen, arbeiten sie im Allgemeinen hart, um von ihrem Gehalt ihre Rechnungen zu bezahlen. Wenn man die „Ausgaben“-Spalte anschaut, stellt man bei den meisten Leuten fest, dass ihre größten monatlichen Ausgaben Steuern und Schuldentilgungen für langfristige Verbindlichkeiten sind. Die Aufstellung ihrer Ausgaben sieht folgendermaßen aus:

Erfolgsrechnung

Einkünfte
Ausgaben Steuern (ca. 50 %) Schuldentilgung (ca. 35 %) Lebenshaltungskosten

Bilanz

Vermögenswerte	**Verbindlichkeiten**

Anders ausgedrückt: Der Staat und die Bank werden bezahlt, bevor diese Leute ihr Gehalt bekommen. Menschen, die es nicht schaffen, die Kontrolle über ihren Kapitalfluss zu bekommen, haben im Allgemeinen finanziell betrachtet keine Zukunft und werden sich in den nächsten paar Jahren ernsten Schwierigkeiten gegenübersehen.

Warum? Eine Person, die nur auf dem „A“-Feld tätig ist, genießt wenig Schutz in Bezug auf Steuern und Schulden. Doch selbst ein „S“ kann etwas gegen diese beiden finanziellen Formen von „Krebs“ tun.

Wenn Ihnen das nicht einleuchtet, würde ich Ihnen empfehlen, mein Buch „Reichtum kann man lernen“ (noch einmal) zu lesen, damit Sie dieses und die folgenden Kapitel besser verstehen können.

3 Muster des Cashflows

Wie in „Reichtum kann man lernen“ ausgeführt, gibt es 3 grundlegende Muster des Cashflows: eines für die Reichen, eines für die Armen und eines für die Angehörigen der Mittelschicht. So sieht das Muster des Cashflows der Armen aus:

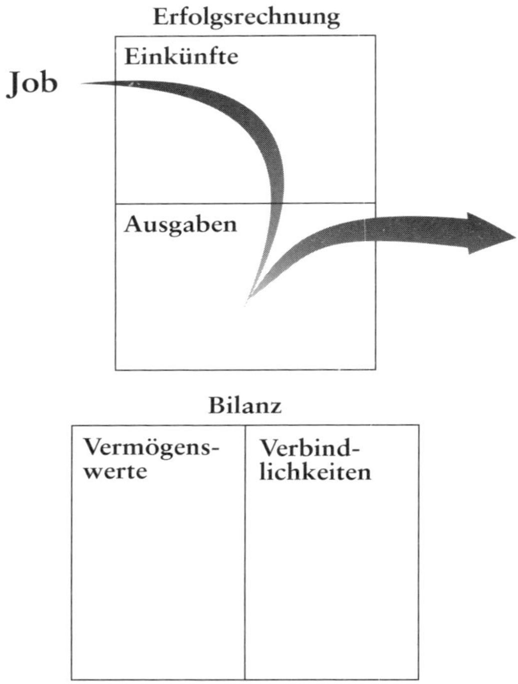

Das Muster des Cashflows eines Angehörigen der Mittelschicht sieht folgendermaßen aus:

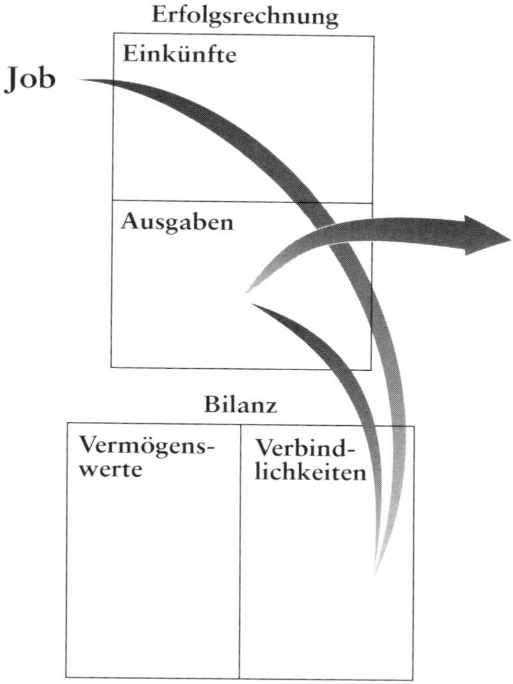

Dieses Cashflow-Muster wird von unserer Gesellschaft als „normal" und „intelligent" betrachtet. Schließlich haben die Leute, deren finanzielle Verhältnisse diese Struktur aufweisen, gute, hoch bezahlte Berufe, hübsche Eigenheime, Autos und Kreditkarten. Diese Art zu leben bezeichnete mein reicher Vater als den „Traum der Arbeiterklasse".

Wenn ich mein lehrreiches Brettspiel „Cashflow" mit Erwachsenen spiele, haben sie in der Regel geistig zu kämpfen. Weshalb? Weil sie in das Zahlenlesen eingeführt werden, das heißt in das Verständnis für die Zahlen und in das fachspezifische Vokabular der Finanzwelt. Das Spiel zieht sich über mehrere Stunden hin, nicht deshalb, weil eine lange Spieldauer den Regeln entspricht, sondern weil die Spieler ein total neues Gebiet erlernen. Es ist fast wie das Erlernen einer Fremdsprache.

Aber das Gute daran ist, dass sich dieses finanzielle Wissen rasch erlernen lässt, und dann wird das Spiel schneller. Das Tempo steigert sich, weil die Spieler cleverer werden, und je häufiger sie das Spiel spielen, desto cleverer und schneller werden sie und haben ihren Spaß dabei.

Es geschieht auch noch etwas anderes. Weil sie nun Zahlen lesen können, wird ihnen allmählich klar, dass sie in persönlichen finanziellen Schwierigkeiten stecken, obgleich der Rest der Gesellschaft denkt, sie lebten „in normalen finanziellen Verhältnissen". Sie sehen: In der industriellen Ära war das Cashflow-Muster der Mittelschicht normal; im Informationszeitalter hingegen könnte es katastrophal sein.

Viele Menschen beginnen neue Lösungen zu suchen, sobald sie das Spiel erfolgreich gelernt und verstanden haben. Es wird zu einem finanziellen Weckruf in Bezug auf ihre persönliche finanzielle „Gesundheit".

In diesem Moment der Erkenntnis beginnen viele Menschen, wie ein Reicher zu denken anstatt wie ein hart arbeitender Angehöriger der Mittelschicht. Nachdem sie „Cashflow" mehrmals gespielt haben, fan-

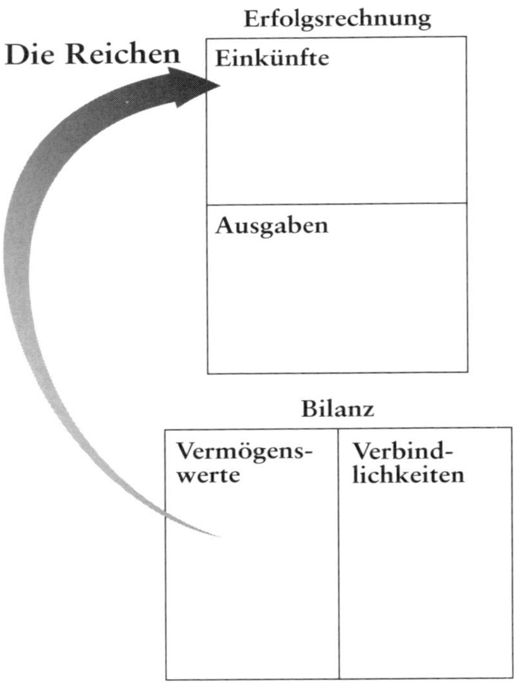

gen einige Leute an, ihre Denkgewohnheiten zu ändern und die der Reichen anzunehmen, und beginnen nach einem Cashflow-Muster zu suchen, das wie auf der vorhergehenden Seite aussieht.

Dieses Denkmuster wollte mein reicher Vater seinem Sohn und mir einprägen, als wir kleine Kinder waren, und aus diesem Grund nahm er uns unsere Gehaltsschecks weg und weigerte sich, uns Gehaltserhöhungen zu geben. Er wollte verhindern, dass wir jemals abhängig von der Vorstellung eines hoch bezahlten Jobs würden. Er wollte, dass wir uns dahin entwickelten, nur noch in Vermögenswerten und Einkommen in Form von Kapitalerträgen, Dividenden, Mieteinnahmen, verbleibendem Einkommen aus Unternehmen und Tantiemen oder Lizenzgebühren zu denken.

Menschen, die im Informationszeitalter erfolgreich sein wollen, werden sich umso schneller finanziell sicher fühlen und zu finanzieller Unabhängigkeit gelangen, je rascher sie mit der Entwicklung ihrer finanziellen und emotionalen Intelligenz beginnen, die es ihnen ermöglicht, diesem Muster entsprechend zu denken. In einer Welt der ständig abnehmenden Arbeitsplatzsicherheit ergibt dieses Cashflow-Muster für mich immer mehr Sinn. Und um dieses Muster zu erreichen, muss man die Welt aus der Perspektive der Felder „G" und „I" und nicht nur aus dem Blickwinkel der Felder „A" und „S" betrachten.

Ich bezeichne dies auch deswegen als eine dem Informationszeitalter entsprechende Aufstellung der finanziellen Verhältnisse, weil das Einkommen ausschließlich auf der Basis von Informationen und nicht auf der Grundlage harter Arbeit erzielt wird. Im Informationszeitalter hat die Vorstellung von harter Arbeit nicht die gleiche Bedeutung wie im Agrarzeitalter und in der industriellen Epoche. Im Informationszeitalter werden die Leute, die körperlich am härtesten arbeiten, am schlechtesten bezahlt. Das trifft auf die heutige Zeit zu und war im Laufe der Geschichte ebenso.

Doch meinen Leute heute, wenn sie sagen: „Arbeite nicht hart, sondern clever", damit nicht, dass man auf den Feldern „A" oder „S" clever arbeiten soll. Vielmehr wollen sie damit sagen, dass man auf den Feldern „G" oder „I" clever operieren soll. Das ist das Denkmuster des Informationszeitalters, und aus diesem Grund sind finanzielle und emotionale Intelligenz heutzutage wesentlich und werden dies auch in Zukunft sein.

Was ist die Lösung?

Ganz klar lautet meine Antwort: Erziehen Sie sich dazu um, wie ein reicher Mensch zu denken, und nicht wie ein Armer oder ein Angehöriger der Mittelschicht. Anders ausgedrückt: Denken Sie wie ein „G“ oder „I“, und betrachten Sie die Welt aus diesem Blickwinkel. Die Lösung ist jedoch nicht so einfach wie in die Schule zurückzukehren und ein paar Unterrichtsstunden zu besuchen. Um auf den Feldern „G“ oder „I“ erfolgreich zu sein, muss man über finanzielle Intelligenz, Verständnis für Geschäftssysteme und emotionale Intelligenz verfügen. Diese Dinge kann man nicht in der Schule lernen.

Diese Formen der Intelligenz sind deswegen so schwer zu erlernen, weil die meisten Erwachsenen auf die „Arbeite-hart-und-gib-dein-Geld-aus“-Lebensanschauung „programmiert“ sind. Sie haben Angst vor finanziellen Dingen, also laufen sie zur Arbeit und rackern sich ab. Sie kommen nach Hause und hören von den Schwankungen auf dem Börsenmarkt. Ihre Angst wächst, also machen sie sich auf, um ein neues Haus oder einen neuen Wagen zu kaufen, oder sie ziehen los, um Golf zu spielen – alles, um der Angst aus dem Weg zu gehen.

Das Problem ist, dass die Angst am Montagmorgen zurückkehrt.

Wie fängt man an, wie ein reicher Mensch zu denken?

Ich werde oft von Leuten gefragt, wie sie beginnen sollen, wie ein reicher Mensch zu denken. Ich empfehle stets, klein anzufangen und nach entsprechender Anleitung zu suchen anstatt loszurennen und einfach einen offenen Investmentfonds oder ein Mietobjekt zu kaufen. Wenn es jemandem ernst damit ist, zu lernen und sich die Denkstruktur reicher Menschen anzueignen, empfehle ich ihm mein Brettspiel „Cashflow“.

Ich habe dieses Spiel konzipiert, um Menschen bei der Verbesserung ihrer finanziellen Intelligenz zu helfen. Es verschafft ihnen das geistige, physische und emotionale Training, das sie brauchen, um den allmählichen Wechsel vom Denkmuster eines armen Menschen oder eines Angehörigen der Mittelschicht hin zur Denkstruktur eines reichen Menschen zu vollziehen. Es lehrt die Leute, sich über die Dinge Gedanken zu machen, von denen mein reicher Vater sagte, sie seien wichtig – und dies war weder eine große Lohn- oder Gehaltsabrechnung noch ein großes Haus.

Der Cashflow, nicht Geld, befreit von der Angst

Das Problem, das finanziellen Kämpfen und der Armut zugrunde liegt, ist Angst. Diese Kämpfe und die Armut sind mentale und emotionale Fesseln, die Menschen in einem ständigen „Laufrad" gefangen halten. Werden die mentalen und geistigen Fesseln nicht gesprengt, bleibt die Struktur aufrechterhalten.

Vor einigen Monaten arbeitete ich mit einem Banker daran, sein Verhaltensmuster des finanziellen Kämpfens zu durchbrechen. Ich bin kein Therapeut, habe aber Erfahrung im Durchbrechen meiner eigenen finanziellen Gewohnheiten, die mir von meiner Familie eingeflößt wurden.

Dieser Banker verdient über 120 000 Dollar jährlich, steckt aber ständig in irgendwelchen finanziellen Schwierigkeiten. Er hat eine wunderbare Familie, drei Autos, ein großes Haus und ein Ferienhaus. Ein Blick auf die Aufstellung seiner finanziellen Verhältnisse sagte mir jedoch, dass er an einer Form von „finanziellem Krebs" litt, die in wenigen Jahren für ihn das Ende bedeuten würde, wenn er sein Verhalten nicht änderte.

Als er und seine Frau zum ersten Mal „Cashflow" spielten, kämpfte und zappelte er und konnte sich fast nicht unter Kontrolle halten. Seine Gedanken schweiften ab und er schien das Spiel nicht zu begreifen. Nachdem er vier Stunden gespielt hatte, steckte er immer noch fest. Alle anderen Teilnehmer hatten das Spiel beendet, nur er befand sich noch in seinem „Laufrad".

Also räumten wir das Spiel weg, und ich fragte ihn, was mit ihm los sei. Seine einzige Antwort war, das Spiel sei zu schwierig, ginge zu langsam und sei zu langweilig. Ich erinnerte ihn dann daran, was ich ihm vor Beginn des Spiels gesagt hatte: dass alle Spiele Spiegelbilder der Spieler seien. In anderen Worten: Ein Spiel ist wie ein Spiegel, der Ihnen ermöglicht, sich selbst zu betrachten.

Diese Aussage regte ihn auf, also hielt ich mich zurück und fragte ihn, ob er noch immer daran interessiert sei, sein Leben in finanzieller Hinsicht zu ordnen. Er sagte, ihm sei nach wie vor daran gelegen. Also lud ich ihn und seine Frau, der das Spiel sehr gut gefallen hatte, ein, an einem neuen Spiel mit einer Gruppe von Investoren, deren Coach ich war, teilzunehmen.

Eine Woche später erschien er widerstrebend. Dieses Mal begannen ihm einige Lichter aufzugehen. Für ihn war der Teil der Buchhaltung einfach, er ging von selbst sorgfältig mit seinen Zahlen um, was ein wichtiger Bestandteil für den Erfolg des Spiels war. Aber jetzt begann er die Welt der Geschäfte und Investitionen zu begreifen. Er war schließlich imstande, sein eigenes Lebensmuster und die Handlungsweise, die seine finanziellen Kämpfe verursachte, mental zu „sehen". Er hatte das Spiel auch dieses Mal nach vier Stunden noch nicht beendet, aber er fing an zu lernen. Als er sich diesmal verabschiedete, lud er sich selbst zu einer neuen Spielrunde ein.

Beim dritten Treffen war er ein neuer Mensch. Er hatte das Spiel, seine Buchhaltung und seine Investitionen nun unter Kontrolle. Sein Selbstvertrauen stieg und dieses Mal entkam er dem „Laufrad" mit Erfolg und befand sich auf der „Schnellspur". Als er diesmal ging, kaufte er ein Spiel und sagte: „Ich werde meinen Kindern das beibringen."

Als er zum vierten Mal kam, berichtete er, dass er seine persönlichen Ausgaben gekürzt, seine Ausgabegewohnheiten geändert und einige Kreditkarten zerschnitten habe, und nun ernsthaft daran interessiert sei, investieren zu lernen und seine Vermögenswerte-Spalte zu füllen. Seine Denkstruktur bewegte sich nun in den Bahnen eines Denkers des Informationszeitalters.

Bei unserem fünften Treffen kaufte er „Cashflow 202", das Spiel für Fortgeschrittene, die das Originalspiel „Cashflow 101" gemeistert hatten. Er war jetzt bereit und voller Eifer, das schnelle und riskante Spiel zu spielen, das echte „Gs" und „Is" spielen. Die beste Nachricht ist, dass er die Kontrolle über seine finanzielle Zukunft übernommen hatte. Dieser Mann unterschied sich völlig von dem Mann, der mich gebeten hatte, „Cashflow" einfacher zu machen, als er es zum ersten Mal spielte. Ich sagte ihm, wenn er ein einfacheres Spiel wolle, solle er „Monopoly" spielen, das ebenfalls ein exzellentes Lernspiel sei. Wenige Wochen später suchte er aktiv nach größeren Herausforderungen und blickte optimistisch in seine finanzielle Zukunft anstatt nach Vereinfachungen zu streben.

Er hatte sich durch den Lernprozess des Wiederholens, den er auf der Basis eines Spiels vollzog, nicht nur mental, sondern – was wichtiger war – auch emotional umerzogen. Meiner Ansicht nach sind Spiele ein ausgezeichnetes Lehrmedium, weil der Spieler sich gänzlich in den Lernprozess einbringen muss und zugleich Spaß daran hat. Die Teilnahme an einem Spiel bezieht einen Menschen mental, emotional und physisch ein.

In 7 Schritten zu Ihrer persönlichen finanziellen „Schnellspur"

11 Schritt 1: Es ist Zeit, dass Sie sich um Ihre eigenen Geschäfte kümmern

Waren Sie bisher damit beschäftigt, hart zu arbeiten und alle anderen Leute reich zu machen? Die meisten Menschen werden schon früh in ihrem Leben darauf „programmiert", sich um die Geschäfte anderer Menschen zu kümmern und andere Leute reich zu machen. Es beginnt völlig harmlos mit Ratschlägen wie beispielsweise:

1. „Geh zur Schule und schreib gute Noten, damit du einen sicheren Arbeitsplatz mit guter Bezahlung und hervorragenden Zusatzleistungen bekommst."
2. „Arbeite hart, damit du dir dein Traumhaus kaufen kannst. Schließlich ist dein Eigenheim ein Vermögenswert und deine wichtigste Investition."
3. „Es ist gut, eine hohe Hypothek zu haben, weil der Staat dir eine steuerliche Vergünstigung für deine Zinszahlungen einräumt."
4. „Jetzt kaufen, später zahlen" oder „Niedrige, einfache monatliche Zahlungen" oder „Kommen Sie herein und sparen Sie Geld."

Menschen, die diese Ratschläge blindlings befolgen, werden häufig

1. Angestellte, die ihren Chef und den Geschäftsinhaber reich machen;
2. Schuldner, die Banken und Geldverleiher reich machen;
3. Steuerzahler, die den Staat reich machen;
4. Konsumenten, die viele Geschäftszweige reich machen.

Anstatt ihre persönliche finanzielle „Schnellspur" zu finden, helfen sie allen anderen Leuten, ihre zu finden. Anstatt sich um ihre eigenen Geschäfte zu kümmern, arbeiten sie ihr ganzes Leben lang dafür, sich um die Geschäfte aller anderen Leute zu kümmern.

Wenn Sie Ihre Erfolgsrechnung und Ihre Bilanz anschauen, können Sie leicht erkennen, wie wir vom frühesten Alter an darauf „programmiert" worden sind, uns um die Geschäfte aller anderen Menschen zu kümmern und unsere eigenen zu ignorieren.

Erfolgsrechnung

Einkünfte **1. Sie kümmern sich um die Geschäfte Ihres Chefs.**
Ausgaben **2. Sie kümmern sich auf dem Weg über die Steuern um die Geschäfte des Staates. Mit jeder weiteren Ausgabe kümmern Sie sich um die Geschäfte einer Menge anderer Leute.**

Bilanz

Vermögenswerte	**Verbindlichkeiten**
4. Das ist Ihr Geschäft.	**3. Sie kümmern sich um die Geschäfte Ihres Bankers.**

Die Aktionsschritte

In meinen Kursen bitte ich die Teilnehmer oft, eine Aufstellung ihrer finanziellen Verhältnisse anzufertigen. Bei vielen Menschen ergibt diese Aufstellung kein schönes Bild, ganz einfach deswegen, weil sie fälschlicherweise dazu angeleitet wurden, sich um die Geschäfte aller anderen Leute zu kümmern anstatt um ihre eigenen.

1) **Ihr erster Schritt:**
   Fertigen Sie eine Aufstellung Ihrer persönlichen finanziellen Verhältnisse an.
   Um dahin zu kommen, wohin Sie gelangen wollen, müssen Sie Ihren Ausgangspunkt kennen. Dies ist der erste Schritt, Ihr Leben unter Kontrolle zu bekommen und mehr Zeit damit zu verbringen, sich um Ihre eigenen Geschäfte zu kümmern.

2) **Setzen Sie sich finanzielle Ziele:**
   Setzen Sie sich ein langfristiges finanzielles Ziel (das Sie innerhalb eines Zeitraums von 5 Jahren erreicht haben wollen) und ein kleineres, kurzfristiges finanzielles Ziel (das Sie in 12 Monaten verwirklichen wollen). Das kleine finanzielle Ziel ist eine wichtige Station auf Ihrem Weg zu Ihrem 5-Jahres-Ziel. Setzen Sie sich realistische, erreichbare Ziele.

   A) Innerhalb der nächsten 12 Monate
      1. will ich meine Schulden um _____ Euro reduzieren;
      2. will ich meinen Cashflow aus meinen Vermögenswerten, das heißt mein passives Einkommen (ein passives Einkommen ist ein Einkommen, das Ihnen zufließt, ohne dass Sie dafür arbeiten), um _____ Euro monatlich erhöhen.

   B) Meine finanziellen Ziele für die nächsten 5 Jahre sind,
      1. meinen Cashflow aus meinen Vermögenswerten auf _____ Euro monatlich zu erhöhen;
      2. diese Kapital abwerfenden Vermögenswerte in meiner Vermögenswerte-Spalte zu haben (z. B. Grundstücke und Immobilien, Aktien, Unternehmen usw.). ____________________
      ____
      ____

C) Benutzen Sie Ihre finanziellen 5-Jahres-Ziele, um Ihre finanzielle Situation von heute an 5 Jahre lang zu verbessern.

Nachdem Sie nun Ihre aktuelle finanzielle Ausgangssituation kennen und sich Ihre persönlichen Ziele gesetzt haben, müssen Sie die Kontrolle über Ihren Cashflow gewinnen, damit Sie Ihre Ziele erreichen können.

12 Schritt 2: Übernehmen Sie die Kontrolle über Ihren Cashflow

Viele Menschen glauben, dass ihre Geldschwierigkeiten gelöst würden, wenn sie mehr Geld verdienten, aber in den meisten Fällen verursacht das nur noch größere Probleme.

Der Hauptgrund dafür, dass die meisten Menschen finanzielle Schwierigkeiten haben, ist, dass sie nie im Umgang mit ihrem Cashflow geschult wurden. Sie haben gelernt zu lesen, zu schreiben, Auto zu fahren und zu schwimmen, aber sie haben nie gelernt, ihren Cashflow in die richtigen Bahnen zu lenken. Ohne diese Schulung geraten sie in finanzielle Schwierigkeiten und arbeiten dann härter, weil sie glauben, dass mehr Geld das Problem lösen werde.

Mein reicher Vater sagte oft: „Mehr Geld wird das Problem nicht lösen, wenn der Umgang mit dem Cashflow das Problem ist."

Die wichtigste Fähigkeit

Nachdem Sie sich entschieden haben, sich um Ihre eigenen Geschäfte zu kümmern, besteht der nächste Schritt in Ihrer Rolle als „Generaldirektor" Ihres eigenen Lebens darin, Ihren Cashflow unter Kontrolle zu bekommen.

Wenn Sie das nicht schaffen, wird mehr Geld Sie nicht reicher machen – tatsächlich sieht es so aus, dass mehr Geld die meisten Menschen ärmer macht, weil sie sich nach jeder Gehaltserhöhung noch tiefer in Schulden stürzen.

Wer ist cleverer – Sie oder Ihr Banker?

Die Mehrzahl der Menschen fertigt keine Aufstellung ihrer persönlichen finanziellen Verhältnisse an. Sie versuchen allerhöchstens, jeden Monat den Saldo Ihres Kontos auszugleichen. Also gratulieren Sie sich selbst, denn Sie sind Ihren Mitmenschen ganz einfach deshalb um eine Nasenlänge voraus, weil Sie eine Aufstellung Ihrer persönlichen finanziellen Verhältnisse angefertigt und sich selbst Ziele gesetzt haben.

Als „Generaldirektor" Ihres eigenen Lebens können Sie lernen, cleverer als die meisten anderen Leute, eingeschlossen Ihr Banker, zu sein.

Die meisten Leute werden sagen, eine „doppelte Buchführung" sei illegal. Und in einigen Fällen trifft das auch zu. Doch wenn Sie die Finanzwelt wirklich verstanden haben, wissen Sie, dass es fast immer zwei verschiedene Buchführungen geben muss. Sobald Ihnen das klar wird, werden Sie ebenso clever oder vielleicht sogar cleverer als Ihr Banker sein. Im Folgenden finden Sie ein Beispiel für eine legale Form einer „doppelten Buchführung" – Ihre eigene Buchführung auf der einen Seite und die Ihres Bankers auf der anderen.

Behalten Sie als „Generaldirektor" Ihres eigenen Lebens stets die folgenden einfachen Worte und Diagramme meines reichen Vaters im Gedächtnis, der häufig sagte: „Jede Verbindlichkeit, die du hast, macht dich zum Vermögenswert für jemand anderen."

Und er zeichnete diese einfache Grafik:

Ihre Bilanz

Vermögenswerte	**Verbindlichkeiten**
	Hypothek

Die Bilanz Ihrer Bank gestaltet sich folgendermaßen:

Bilanz der Bank

Vermögenswerte	Verbindlichkeiten
Ihre Hypothek	

Dies ist die wirkliche „doppelte Buchführung". Jede Verbindlichkeit – wie beispielsweise eine Hypothek, ein Kredit für einen Wagen, für die Schulausbildung und eine Kreditkarte – macht Sie zu einem „Angestellten" für diejenigen, die Ihnen das Geld leihen. Sie arbeiten hart, um jemand anderen reich zu machen.

Gute Schulden und schlechte Schulden

Mein reicher Vater ermahnte mich oft in puncto „gute Schulden und schlechte Schulden". Er sagte oft: „Immer, wenn du jemandem Geld schuldest, wirst du dessen Angestellter. Wenn du einen Kredit mit 30-jähriger Laufzeit aufnimmst, wirst du für 30 Jahre zu einem Angestellten des Kreditgebers, und dieser gibt dir keine goldene Uhr, wenn der Kredit abgezahlt ist."

Mein reicher Vater lieh sich Geld, aber er tat sein Bestes, nicht derjenige zu werden, der für seine Anleihen zahlen musste. Er erklärte seinem Sohn und mir, dass „gute Schulden" solche seien, die jemand anderer für uns abzahlt, während „schlechte Schulden" solche seien, für die wir mit unserem eigenen Schweiß bezahlen. Aus diesem Grund liebte er Mietobjekte. Er ermunterte mich dazu, Mietobjekte zu kaufen, weil „die Bank dir den Kredit gibt, aber dein Mieter dafür bezahlt".

Einkünfte und Ausgaben

Die beiden Buchführungen beziehen sich nicht nur auf Vermögenswerte und Verbindlichkeiten, sondern auch auf Einkünfte und Ausgaben. Die ausführlichere Variante der mündlichen Lektion meines reichen Vaters lautete folgendermaßen: „Für so gut wie jeden Vermögenswert muss es eine Verbindlichkeit geben, aber die beiden Posten erscheinen nicht in der gleichen Aufstellung der finanziellen Verhältnisse. Zu jeder Ausgabe müssen auch Einkünfte gehören, aber auch diese beiden Posten tauchen nicht in den gleichen Aufstellung der finanziellen Verhältnisse auf."

Die folgende einfache Grafik illustriert diese Lektion:

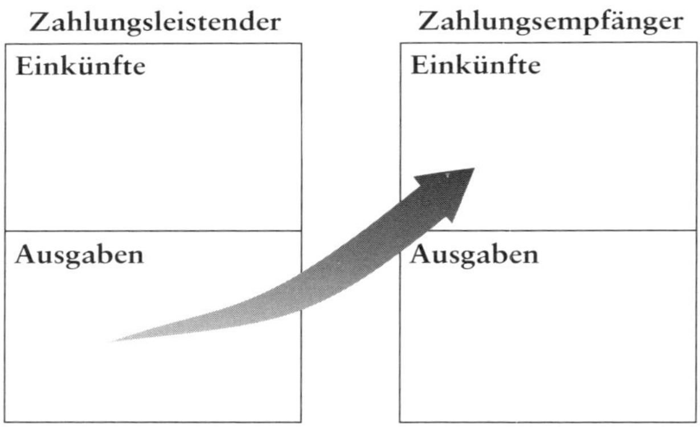

Die meisten Menschen kommen finanziell nicht voran, weil sie ihre monatlichen Rechnungen bezahlen müssen – Telefon, Steuern, Strom, Gas, Kreditkartenrechnungen, Lebensmittelrechnungen usw. Jeden Monat bezahlen die meisten Leute jeden anderen zuerst und sich selbst zuletzt, falls sie etwas übrig haben. Also verletzen die meisten Menschen die goldene Regel der persönlichen Finanzen, die da lautet: „Bezahle dich selbst zuerst."

Aus diesem Grund betonte mein reicher Vater die Wichtigkeit der Kontrolle des Cashflows sowie eines Grundwissens im Zahlenlesen. Mein reicher Vater sagte oft: „Menschen, die ihren Kapitalfluss nicht kontrollieren können, arbeiten für diejenigen, die das können."

Die finanzielle Schnellspur und das Laufrad

Das Konzept der „doppelten Buchführung“ kann dazu dienen, Ihnen die Begriffe „finanzielle Schnellspur“ und „Laufrad“ zu erklären. Es gibt viele verschiedene Arten finanzieller Schnellspuren. Das unten stehende Diagramm zeigt die gängigste. Es ist die Darstellung des Cashflows zwischen einem Kreditgeber und einem Kreditnehmer.

Die Darstellung ist stark vereinfacht, aber wenn Sie sich die Zeit nehmen, sie zu studieren, werden Sie mental erkennen, was die meisten Leute mit bloßem Auge nicht sehen können. Studieren Sie sie und Sie werden die Wechselbeziehung zwischen den Reichen und den Armen, den Kreditgebern und den Kreditnehmern sowie denjenigen, die Arbeitsplätze schaffen, und denjenigen, die eine Arbeitsstelle suchen, sehen.

Dies ist die finanzielle Schnellspur und Sie befinden sich bereits darauf

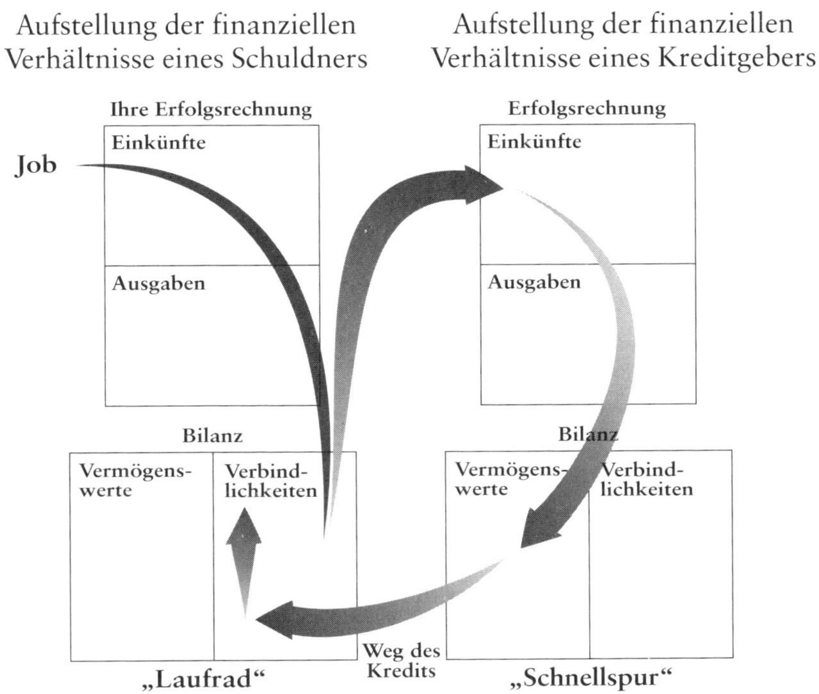

An diesem Punkt wird der Kreditgeber sagen: „Aufgrund Ihrer Kreditwürdigkeit möchten wir Ihnen eine Konsolidierungsanleihe anbieten." Oder: „Möchten Sie vielleicht gern einen bestimmten Kreditrahmen eingeräumt bekommen, für den Fall, dass Sie irgendwann in Zukunft einmal eine Extrasumme Geld brauchen sollten?"

Kennen Sie den Unterschied?

Den Verlauf des Cashflows zwischen den beiden Buchführungen bezeichnete mein reicher Vater als die „finanzielle Schnellspur". Er ist zugleich das „finanzielle Laufrad". Damit die eine Hälfte existieren kann, muss es auch die andere geben. Also müssen mindestens zwei Aufstellungen finanzieller Verhältnisse existieren. Die Frage ist: Welche ist Ihre? Und welche wollen Sie haben?

Deshalb sagte mir mein reicher Vater ständig: „Geld zu verdienen wird deine Probleme nicht lösen, wenn das Cashflow-Management dein Problem ist." Und: „Die Leute, die die Macht der Zahlen begreifen, haben Macht über diejenigen, denen dieses Wissen fehlt."

Deshalb ist Schritt Nummer 2 auf der Suche nach Ihrer persönlichen finanziellen Schnellspur: „Übernehmen Sie die Kontrolle über Ihren Cashflow."

Sie müssen sich hinsetzen und einen Plan ausarbeiten, um Ihre Geldausgabegewohnheiten unter Kontrolle zu bekommen. Beschränken Sie Ihre Schulden und Verbindlichkeiten auf ein Minimum. Leben Sie im Rahmen Ihrer persönlichen finanziellen Verhältnisse, bevor Sie versuchen Ihre Einkünfte zu vermehren. Wenn Sie Unterstützung brauchen, suchen Sie die Hilfe eines qualifizierten Finanzplaners. Er oder sie kann Ihnen helfen, einen Plan auszuarbeiten, nach dem Sie Ihren Cashflow verbessern und anfangen können, sich selbst zuerst zu bezahlen.

Die Aktionsschritte

1) Studieren Sie noch einmal die Aufstellung Ihrer finanziellen Verhältnisse, die Sie im vorigen Kapital angefertigt haben.
2) Bestimmen Sie, aus welchem Feld des Cashflow-Quadranten Sie augenblicklich Ihr Einkommen beziehen. ___

3) Bestimmen Sie, auf welchem Feld Sie den Hauptteil Ihres Einkommens nach 5 Jahren beziehen wollen. ___
4) Fangen Sie mit der Ausführung des Planes an, den Sie in Bezug auf Ihr Cashflow-Management ausgearbeitet haben:

A) Bezahlen Sie sich selbst zuerst. Legen Sie einen festgesetzten prozentualen Anteil jeder Gehaltszahlung oder jedes anderen Zahlungseingangs zur Seite. Legen Sie dieses Geld in einem Beteiligungskonto an. Wenn Ihr Geld einmal auf diesem Konto liegt, heben Sie es *nicht* ab, bevor Sie nicht bereit sind, es zu investieren.
Herzlichen Glückwunsch! Sie haben gerade begonnen, die Kontrolle über Ihren Kapitalfluss zu übernehmen.

B) Konzentrieren Sie Ihre Bemühungen darauf, Ihre privaten Schulden zu reduzieren.
Im Folgenden finden Sie einige leicht verständliche und einfach anzuwendende Tipps für die Reduzierung und Tilgung Ihrer privaten Schulden.

Tipp 1: Wenn Sie Kreditkarten mit unausgeglichenen Salden haben ...

1. Zerschneiden Sie alle Ihre Kreditkarten, bis auf ein oder zwei.
2. Alle neuen Schulden, mit denen Sie die übrigen ein oder zwei Kreditkarten belasten, müssen Sie von nun an jeden Monat tilgen. Machen Sie keine langfristigen Schulden mehr.

Tipp 2: Verdienen Sie 150 bis 200 Dollar pro Monat zusätzlich. Da Ihre Fähigkeit, Zahlen zu lesen, immer ausgeprägter wird, sollte das relativ einfach für Sie sein. Wenn Sie es nicht schaffen, monatlich 150 bis 200 Dollar extra zu verdienen, ist Ihr Traum von finanzieller Unabhängigkeit eventuell ein Hirngespinst.

Tipp 3: Benutzen Sie die zusätzlichen 150 bis 200 Dollar für die Tilgung der Schulden auf *einer* – und nur einer – Ihrer Kreditkarten. Sie tilgen jetzt die Schulden auf dieser Kreditkarte mit dem monatlichen Minimalbetrag *plus* den 150 bis 200 Dollar.

Tilgen Sie nur den Minimalbetrag an Schulden auf allen anderen Kreditkarten. Häufig versuchen Leute, eine etwas größere Summe für die Tilgung ihrer Schulden auf allen Kreditkarten zu zahlen, aber erstaunlicherweise lassen sich die Schulden auf diesen Karten nie abzahlen.

Tipp 4: Sobald die Schulden auf der ersten Karte getilgt sind, investieren Sie den Betrag, den Sie monatlich zur Abzahlung der Schulden auf dieser Karte verwendet haben, in die Tilgung der Schulden auf Ihrer nächsten Kreditkarte. Sie zahlen nun den monatlichen Mindestbetrag zur Tilgung der Schulden auf der zweiten Kreditkarte *plus* die monatliche Summe, die Sie in die Abzahlung der Schulden auf Ihrer ersten Kreditkarte investiert haben.

Fahren Sie in der gleichen Weise fort, bis Sie sämtliche Kreditkarten- und sonstige Einkaufsschulden getilgt haben. Mit jeder abbezahlten Schuld steigt der Betrag, den Sie zur Tilgung der nächsten anstehenden Schuld aufwenden.

Tipp 5: Sobald Sie sämtliche Kreditkarten- und Einkaufsschulden abgezahlt haben, setzen Sie diesen Prozess bei der Tilgung der Schulden für Ihren Wagen und Ihr Haus fort.
Wenn Sie diesen Weg konsequent gehen, werden Sie überrascht sein, innerhalb welch kurzer Zeit Sie völlig schuldenfrei sind. Die meisten Leute schaffen dies innerhalb eines Zeitraums von 5 bis 7 Jahren.

Tipp 6: Nachdem Sie komplett schuldenfrei sind, nehmen Sie den monatlichen Betrag, mit dem Sie Ihre letzte Schuld bezahlt haben, und investieren dieses Geld. Füllen Sie Ihre Vermögenswerte-Spalte.

So einfach ist das.

13 Schritt 3: Lernen Sie den Unterschied zwischen einem Risiko und riskantem Verhalten

Häufig höre ich von Leuten: „Investieren ist riskant."

Diese Meinung teile ich nicht. Stattdessen sage ich: „Fehlende Bildung ist riskant."

Wie kontrolliert man seinen Cashflow richtig?

Das richtige Cashflow-Management beginnt damit, dass man den Unterschied zwischen einem Vermögenswert und einer Verbindlichkeit begreift – und nicht die Definition seines Bankers übernimmt.

Das folgende Schaubild zeigt die finanziellen Verhältnisse einer 45-jährigen Person, die ihren Cashflow gut unter Kontrolle gebracht hat.

Ich habe in diesem Beispiel auf das Alter von 45 Jahren zurückgegriffen, weil dies die Mitte ist zwischen dem 25. Lebensjahr, dem Alter, in dem die meisten Menschen anfangen zu arbeiten, und dem 65. Lebensjahr, dem Alter, in dem die meisten Menschen in den Ruhestand treten möchten. Wenn jemand das Alter von 45 Jahren erreicht hat, sollte seine Vermögenswerte-Spalte länger sein als seine Verbindlichkeiten-Spalte. Dann hat er es geschafft, seinen Cashflow richtig zu managen.

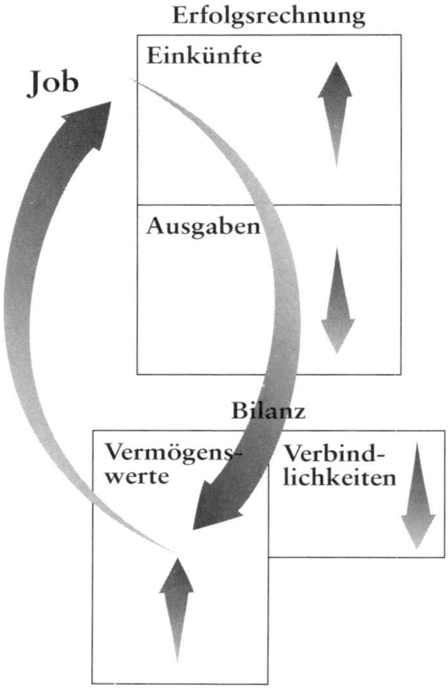

Dieses finanzielle Bild ergibt sich, wenn Menschen Risiken eingehen, aber keine riskanten Operationen tätigen.

Sie gehören den oberen 10 Prozent der Bevölkerung an. Geht eine Person hingegen so vor, wie die restlichen 90 Prozent der Leute das tun – dass sie nämlich ihren Cashflow falsch lenkt und den Unterschied zwischen einem Vermögenswert und einer Verbindlichkeit nicht kennt –, dann sehen ihre finanziellen Verhältnisse im Alter von 45 Jahren folgendermaßen aus:

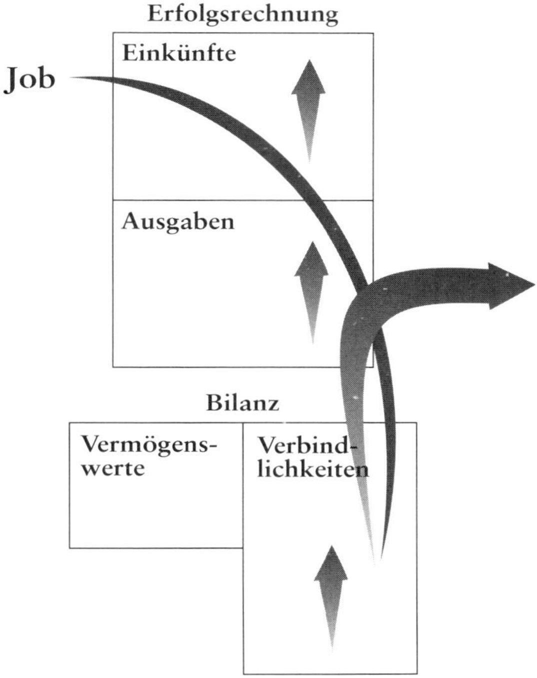

Dies sind die Menschen, die am häufigsten sagen: „Investieren ist riskant." Auf sie trifft diese Aussage zu – aber nicht deshalb, weil Investieren riskant ist. Riskant sind vielmehr ihr Mangel an Bildung und ihr mangelndes Wissen auf finanziellem Gebiet.

Die Kunst des Zahlenlesens

Die Kunst des Zahlenlesens beinhaltet, dass Sie die Zahlen nicht nur mit den Augen betrachten, sondern auch ihr Gehirn trainieren zu erkennen, in welchen Bahnen der Cashflow verläuft. Mein reicher Vater sagte oft: „Die Richtung des Cashflows ist alles."

Ein Haus kann demnach ein Vermögenswert oder eine Verbindlichkeit sein, je nach Richtung des Cashflows. Wenn das Geld in Ihre Tasche fließt, ist es ein Vermögenswert, fließt es aus Ihrer Tasche heraus, handelt es sich um eine Verbindlichkeit.

Finanzielle Intelligenz

Mein reicher Vater hatte viele Definitionen für den Begriff „finanzielle Intelligenz", wie z. B. „die Fähigkeit, Geld oder Arbeitskraft in Vermögenswerte umzuwandeln, die einen Cashflow erzeugen".

Doch eine seiner Lieblingsdefinitionen lautete: „Wer ist cleverer – du oder dein Geld?"

Für meinen reichen Vater war es kein Zeichen großer Intelligenz, sich ein Leben lang für Geld abzurackern, nur um es ebenso schnell auszugeben, wie man es verdient.

Aufgrund eines Mangels an finanzieller Intelligenz gehen Leute hohe finanzielle Risiken ein. Ihre monatlichen Einnahmen und Ausgaben halten sich nahezu die Waage. Das sind diejenigen, die sich verzweifelt an die Vorstellung der Arbeitsplatzsicherheit klammern, unfähig sind, sich zu ändern, wenn es ökonomische Veränderungen gibt, und die häufig ihre Gesundheit durch Stress und Sorgen zerstören. Es sind oft dieselben Menschen, die sagen: „Geschäfte machen und investieren ist riskant."

Meiner Meinung nach ist das Tätigen von Geschäften und Investitionen nicht riskant. In finanzieller Hinsicht nicht ausreichend gebildet zu sein, das ist riskant. Auch über falsche Informationen zu verfügen ist riskant. Und sich auf einen „sicheren Arbeitsplatz" zu verlassen ist das größte Risiko, das jemand überhaupt eingehen kann. Einen Vermögenswert zu kaufen ist nicht riskant. Verbindlichkeiten zu kaufen, von denen man Ihnen gesagt hat, sie seien Vermögenswerte, ist riskant. Sich um seine eigenen Geschäfte zu kümmern ist nicht riskant. Sich um die Geschäfte aller anderen Menschen zu kümmern und diese zuerst zu bezahlen ist riskant.

Schritt 3 besteht also darin, den Unterschied zwischen einem „Risiko" und einem „riskanten Verhalten" zu erkennen.

Die Aktionsschritte

1) Definieren Sie den Begriff „Risiko" mit Ihren eigenen Worten.
   a) Ist es Ihrer Ansicht nach riskant, sich auf eine Gehaltszahlung zu verlassen?
   b) Ist es Ihrer Meinung nach riskant, monatlich Schulden abzahlen zu müssen?

c) Halten Sie es für riskant, einen Vermögenswert zu besitzen, der monatlich Geld in Ihre Taschen fließen lässt?
d) Sind Sie der Ansicht, es sei riskant, Zeit in finanzielle Weiterbildung zu investieren?
e) Ist es Ihrer Meinung nach riskant, Zeit dafür aufzuwenden, sich im Hinblick auf verschiedene Investionsmöglichkeiten weiterzubilden?

2) Investieren Sie wöchentlich 5 Stunden in eine der folgenden Tätigkeiten:
a) Lesen Sie den Wirtschaftsteil Ihrer Zeitung.
b) Verfolgen Sie die Wirtschaftsnachrichten im Radio oder Fernsehen.
c) Hören Sie sich Lehrkassetten über Investieren und finanzielle Weiterbildung an.
d) Lesen Sie Finanzmagazine und -newsletters.
e) Spielen Sie „Cashflow“.

14 Schritt 4: Entscheiden Sie sich, welcher Investorentyp Sie sein wollen

Haben Sie sich jemals gefragt, weshalb einige Investoren mit einem bedeutend niedrigeren Risiko mehr Geld machen als andere?

Die meisten Leute kämpfen sich finanziell ab, weil sie finanziellen Problemen aus dem Weg gehen wollen. Eines der größten Geheimnisse, die mir mein reicher Vater verriet, war das folgende: „Wenn du schnell ein großes Vermögen erwerben willst, begib dich in große finanzielle Schwierigkeiten."

In Teil I dieses Buches habe ich die 7 verschiedenen Investoren-Levels beschrieben. Ich möchte diesen noch eine weitere Unterscheidungsmöglichkeit hinzufügen, die die 3 unterschiedlichen Investorentypen definiert:

Typ A: Investoren, die Probleme suchen;
Typ B: Investoren, die Lösungen suchen;
Typ C: Investoren des Typs „Ich habe keine Ahnung."

Typ-C-Investoren

Wenn sie wissen, dass etwas nicht stimmt, sagen diese Investoren-Typen grundsätzlich: „Ich habe keine Ahnung.“

Können diese Investoren trotzdem ein großes Vermögen erwerben? Die Antwort ist Ja. Sie können eine Arbeitsstelle beim Staat bekommen, reiche Partner heiraten oder in der Lotterie gewinnen.

Typ-B-Investoren

Investoren dieses Typs stellen oft Fragen wie:

„Welche Kapitalanlagemöglichkeiten würden Sie mir empfehlen?“
„Meinen Sie, ich sollte Immobilien kaufen?“
„Welche offenen Investmentfonds sind geeignet für mich?“
„Ich habe mit meinem Broker gesprochen und er hat mir eine breite Streuung meiner Investitionen empfohlen.“
„Meine Eltern haben mir ein paar Aktien gegeben. Soll ich sie verkaufen?“

Typ-B-Investoren sollten sich umgehend mit mehreren Finanzplanern unterhalten, einen auswählen und anfangen, sich von ihm beraten zu lassen. Gute Finanzplaner vermitteln Ihnen ein ausgezeichnetes Fachwissen und sind häufig in der Lage, Ihnen bei der Ausarbeitung eines finanziellen Lebensplans zu helfen.

Ich gebe aus dem Grund in meinen Büchern keine individuell zugeschnittenen finanziellen Ratschläge, weil jeder Mensch in anderen finanziellen Verhältnissen lebt. Ein Finanzplaner kann Ihre aktuelle finanzielle Lage am besten bewerten und Ihnen Möglichkeiten darlegen, wie Sie ein Level-4-Investor werden können.

Eine interessante Bemerkung am Rande: Ich entdecke häufig, dass viele Menschen, die ein hohes Einkommen aus den Feldern „A“ und „S“ beziehen, der Kategorie der Typ-B-Investoren zuzuordnen sind, weil sie wenig Zeit haben, sich nach Investitionsmöglichkeiten umzusehen. Weil sie so beschäftigt sind, haben sie oft wenig Zeit, etwas über die rechte Seite des Cashflow-Quadranten zu lernen, und suchen deshalb Lösungen, anstatt nach Kenntnissen zu streben. Daher tätigt diese Gruppe von

Leuten häufig Investitionen, die der Typ-A-Investor als „Einzelhandels-Investitionen“ bezeichnet, das heißt, sie wählt auf die breite Masse zugeschnittene Investitionspakete.

Typ-A-Investoren

Investoren dieses Typs suchen nach Problemen, insbesondere nach solchen, die von Menschen verursacht wurden, die in finanzielle Schwierigkeiten geraten sind. Investoren, die gut darin sind, Probleme zu lösen, können erwarten, auf unbegrenzte Zeit Gewinne von 25 Prozent mit ihrem Geld zu machen. Sie sind typische Level-5- und Level-6-Investoren mit einer soliden finanziellen Basis. Sie verfügen über die Fähigkeiten, die sie brauchen, um als Geschäftsinhaber und Investoren erfolgreich zu sein, und sie wenden diese Fähigkeiten an, um Probleme zu lösen, die von Menschen verursacht worden sind, denen derartige Fähigkeiten abgehen.

Als ich mit dem Investieren anfing, sah ich mich zum Beispiel nach kleinen Eigentumswohnungen und Häusern um, die zur Zwangsversteigerung anstanden. Ich begann mit der Lösung von Problemen in Höhe von 18 000 Dollar, die von Investoren verursacht worden waren, die ihren Kapitalfluss nicht gut unter Kontrolle hatten und denen das Geld ausgegangen war.

Nach einigen Jahren suchte ich noch immer nach Problemen, aber diesmal waren die Zahlen höher. Vor drei Jahren arbeitete ich am Erwerb einer Bergbaugesellschaft in Peru im Wert von 30 Millionen Dollar. Das Problem und die Zahlen waren größer – das Prozedere indes war dasselbe.

Wie man rascher auf die finanzielle Schnellspur kommt

Diese Lektion besteht darin, klein anzufangen und zu lernen, Probleme zu lösen. Wenn Sie Ihre Fähigkeiten zur Problemlösung verbessern, können Sie so schließlich zu großem Wohlstand gelangen.

Für diejenigen, die rascher Vermögenswerte erwerben wollen, betone ich noch einmal die Notwendigkeit, zuerst die für das Operieren auf der „A“- und „S“-Seite des Cashflow-Quadranten erforderlichen Fähigkeiten zu erlernen. Ich empfehle Ihnen, zunächst zu lernen, wie man ein

Unternehmen aufbaut, weil ein Unternehmen Ihnen grundlegende, lehrreiche Erfahrungen bietet, Ihre persönlichen Fähigkeiten verbessert, Ihnen einen Cashflow verschafft, der die Fluktuationen des Marktes ausgleicht, und Ihnen Freizeit gibt. Der Cashflow aus meinem Unternehmen „kauft" mir die freie Zeit, die ich in die Suche nach zur Lösung anstehenden finanziellen Problemen investiere.

Können Sie alle 3 Investorentypen in sich vereinigen?

Ich operiere tatsächlich in der Rolle von allen 3 Investorentypen zugleich. Ich agiere als Typ-C-Investor, wenn es um offene Investmentfonds oder die Auswahl von Aktien geht. Wenn man mir die Frage stellt: „Welche offenen Investmentfonds empfehlen Sie?" oder: „Welche Aktien kaufen Sie?", gebe ich zur Antwort: „Ich habe keine Ahnung."

Ich habe ein paar offene Investmentfonds, aber ich verbringe nicht viel Zeit damit, mich um sie zu kümmern. Ich kann mit meinen Wohnhäusern bessere Ergebnisse erzielen als mit offenen Investmentfonds. Als Typ-B-Investor suche ich professionelle Lösungen für meine finanziellen Probleme. Ich suche Lösungsvorschläge bei Finanzplanern, Börsenmaklern, Bankern und Immobilienhändlern. Wenn diese Experten gut sind, vermitteln sie mir einen Erfahrungsschatz, den zu erwerben mir selbst die Zeit fehlt. Sie sind auch näher am Markt und ich vertraue darauf, dass sie auch auf dem neuesten Stand in Bezug auf Gesetzesänderungen oder Veränderungen des Marktes sind.

Der Rat, den ich von meiner Finanzplanerin erhalte, ist unbezahlbar, weil sie sich mit Trusts, Verordnungen und Versicherungen weit besser auskennt, als ich das je werde. Investieren umfasst weit mehr als einfach nur kaufen und verkaufen.

Ich überlasse mein Geld auch anderen Investoren, die es für mich anlegen. Anders formuliert: Ich kenne andere Level-5- und Level-6-Investoren, die Partner für ihre Kapitalanlagen suchen. Diese Leute kenne ich persönlich und ich vertraue ihnen. Wenn sie sich entscheiden, Investitionen auf einem Gebiet zu tätigen, über das ich nichts weiß, entschließe ich mich unter Umständen, ihnen mein Geld zu übergeben, weil ich weiß, dass sie in ihrem Bereich gut sind, und ich habe Vertrauen in ihr Wissen.

Weshalb Sie rasch beginnen sollten

Einer der Gründe dafür, dass ich Leuten empfehle, rasch ihre persönliche finanzielle Schnellspur zu finden und das schnelle Reichwerden ernst zu nehmen, ist, dass in Amerika und fast überall auf der Welt zwei Arten von Gesetzen existieren, eines für die Reichen und ein anderes für alle anderen Menschen. Viele Gesetze richten sich gegen Leute, die im finanziellen Laufrad festsitzen. In der Welt der Geschäfte und Investitionen – die Welt, die mir am vertrautesten ist – finde ich es erschreckend, wie wenig die Angehörigen der Mittelschicht in Bezug auf die Verwendung ihrer Steuern wissen. Obwohl Steuergelder in viele lohnenswerte Projekte fließen, werden viele der größeren steuerlichen Vergünstigungen, Anreize und Zahlungen den Reichen gegeben, während die Angehörigen der Mittelschicht dafür bezahlen.

Es ist ungerecht

Demnach zahlen diejenigen, die auf der linken Seite des Cashflow-Quadranten operieren, nicht nur in den meisten Fällen höhere Einkommensteuern, sondern können häufig auch nicht von steuerlich begünstigten Investitionsmöglichkeiten profitieren. Dies könnte ein Grund für die Aussage sein: „Die Reichen werden immer reicher."

Ich weiß, es ist ungerecht, und ich verstehe beide Seiten. Ich habe Leute kennen gelernt, die protestieren und Leserbriefe schreiben. Einige Menschen versuchen, das System zu verändern, indem sie für politische Ämter kandidieren. Ich sage, es ist wesentlich einfacher, wenn Sie sich einfach um Ihre eigenen Geschäfte kümmern, Ihren Cashflow unter Kontrolle bringen, Ihre persönliche finanzielle Schnellspur finden und reich werden. Ich behaupte, dass es einfacher ist, sich selbst zu ändern anstatt das politische System.

Probleme schaffen Chancen

Vor Jahren ermutigte mich mein reicher Vater dazu, Geschäftsinhaber und Investor zu werden. Er sagte ferner: „Dann löse Probleme."

Seit Jahren mache ich nichts anderes als das. Ich löse Geschäfts- und Kapitalanlageprobleme. Einige Leute ziehen es vor, sie als Herausforderungen zu bezeichnen; ich jedoch möchte sie Probleme nennen, weil sie größtenteils genau das sind.

Ich glaube, die meisten Leute würden die Bezeichnung „Herausforderungen“ vorziehen, weil sie der Ansicht sind, dass dieses Wort positiver klingt als „Probleme“. Doch für mich hat der Begriff „Problem“ eine positive Bedeutung, weil ich weiß, dass in jedem Problem eine Chance verborgen liegt, und Chancen sind genau das, wonach echte Investoren suchen. Und aus jedem finanziellen oder geschäftlichen Problem, das ich in Angriff nehme, lerne ich etwas, unabhängig davon, ob ich das Problem löse oder nicht. Ich lerne etwas Neues über Finanzen, Marketing, Leute oder rechtliche Fragen. Häufig lerne ich neue Menschen kennen, die unbezahlbare „Vermögenswerte“ im Rahmen anderer Projekte werden. Mit manchen schließe ich lebenslange Freundschaften, was ein unschätzbarer Bonus ist.

Finden Sie Ihre persönliche finanzielle Schnellspur

Wenn Sie Ihre persönliche finanzielle Schnellspur finden wollen, beginnen Sie damit,

1. sich um Ihre eigenen Geschäfte zu kümmern;
2. die Kontrolle über Ihren Cashflow zu übernehmen;
3. zu lernen, worin der Unterschied zwischen „Risiko“ und „riskant“ besteht;
4. zu lernen, worin sich ein Typ-A-, ein Typ-B- und ein Typ-C-Investor voneinander unterscheiden, und zu beschließen, nach dem Muster aller drei zu operieren.

Um auf die finanzielle Schnellspur zu gelangen, müssen Sie Experte in Bezug auf die Lösung einer bestimmten Sorte von Problemen werden. Streuen Sie Ihre Kapitalanlagen nicht breit, wie der Rat an Menschen lautet, die lediglich aus der Perspektive von Typ-B-Investoren agieren. Werden Sie Experte auf dem Gebiet der Lösung einer ganz bestimmten Art von Problemen und die Leute werden zu Ihnen kommen und Ihnen ihr Geld zum Investieren bringen. Wenn Sie sich dann als gut und vertrauenswürdig erweisen, werden Sie rascher auf Ihre finanzielle Schnellspur kommen. Im Folgenden einige Beispiele:

Bill Gates ist Fachmann im Lösen von Software-Marketing-Problemen. Er ist so gut darin, dass die Regierung sich auf ihn stürzt. Donald Trump ist Experte auf dem Gebiet der Lösung von Problemen, die Immobilien betreffen. Warren Buffet ist Fachmann im Lösen von Problemen im Bereich Geschäfte und Aktien, was ihn in die Lage versetzt, wertvolle Aktien zu kaufen und einen erfolgreichen Wertpapierbestand zu kontrollieren. George Soros ist Experte in Bezug auf die Lösung von Problemen, die aus der Unbeständigkeit des Marktes resultieren, was ihn zu einem exzellenten Risikofonds-Manager macht. Rupert Murdock ist Fachmann im Lösen von Problemen, die globale Fernsehsendenetze betreffen.

Meine Frau und ich sind gut in der Lösung von Problemen in Bezug auf Wohnhäuser, die wir mit passivem Einkommen abzahlen können. Wir kennen uns außerhalb des Bereichs der kleinen bis mittelgroßen Wohnhäuser, in die wir vorwiegend investieren, nicht gut aus und wir diversifizieren nicht. Wenn ich beschließe, außerhalb dieses Bereichs zu investieren, werde ich zu einem Typ-B-Investor, das heißt, ich übergebe mein Geld Leuten, die ausgezeichnete Erfolge in ihrem Fachgebiet aufweisen können.

Ich habe eine Zielsetzung, auf die ich mich konzentriere, und zwar: „mich um meine eigenen Geschäfte zu kümmern." Obwohl sich meine Frau und ich für wohltätige Zwecke engagieren und andere Menschen bei ihren Bemühungen unterstützen, vergessen wir nie, wie wichtig es ist, uns um unsere eigenen Geschäfte zu kümmern und unsere Vermögenswerte-Spalte anwachsen zu lassen.

Wenn Sie schneller reich werden wollen, müssen Sie sich die Fähigkeiten aneignen, die Sie als Geschäftsinhaber und Investor brauchen, und versuchen, größere Probleme zu lösen – denn in großen Problemen verbergen sich gewaltige finanzielle Chancen. Aus diesem Grund empfehle ich Ihnen, zuerst zu lernen, auf Feld „G" zu operieren, bevor Sie auf Feld „I" tätig werden. Wenn Sie Experte im Lösen von geschäftlichen Problemen geworden sind, werden Sie einen außerordentlich großen Cashflow haben und Ihr Wissen auf geschäftlichem Gebiet wird Sie zu einem bedeutend clevereren Investor machen. Ich kann es gar nicht oft genug betonen: Viele Menschen verlegen ihren Tätigkeitsbereich auf

Feld „I“, weil sie hoffen, das Investieren wird ihre finanziellen Probleme lösen. In den meisten Fällen tut es das nicht. Investieren vergrößert ihre finanziellen Probleme nur noch, wenn sie nicht bereits Inhaber eines funktionierenden Unternehmens sind.

Es gibt keinen Mangel an finanziellen Problemen. Es wartet sogar gleich um die nächste Ecke eines auf Sie, das gelöst werden will.

Die Aktionsschritte

Eignen Sie sich Kenntnisse im Investieren an:

Ich wiederhole noch einmal meine Empfehlung: Eignen Sie sich zunächst gute Kenntnisse als Level-4-Investor an, bevor Sie den Versuch unternehmen, als Level-5- oder Level-6-Investor tätig zu werden. Fangen Sie klein an, und bilden Sie sich weiter.

Machen Sie jede Woche mindestens zwei der folgenden Dinge:

1. Nehmen Sie an Seminaren und Kursen über finanzielle Themen teil. (Ich verdanke einen großen Teil meines Erfolgs einem Kurs über Immobilien, den ich als junger Mann belegte und der mich 385 Dollar kostete. Im Laufe der Jahre hat er mir Millionen eingebracht, weil ich aktiv geworden bin.)

2. Halten Sie in Ihrer Umgebung Ausschau nach Schildern mit der Aufschrift „Zu verkaufen“. Rufen Sie drei oder vier Verkäufer pro Woche an, und bitten Sie sie, Ihnen etwas über das Objekt zu erzählen. Stellen Sie Fragen wie beispielsweise: Ist es ein Investitionsobjekt?
   Falls ja: Ist es vermietet? Wie hoch ist die derzeitige Miete? Wie lange stand das Objekt leer? Wie hoch sind die Durchschnittsmieten in dieser Gegend? Wie hoch sind die Instandhaltungskosten? Ist Ratenzahlung möglich?

   Üben Sie sich im Kalkulieren des monatlichen Cashflows bei jedem der Objekte, und gehen Sie die Aufstellung dann mit dem für die Immobilie zuständigen Agenten durch, um festzustellen, was Sie vergessen haben. Jedes Objekt ist ein Geschäftssystem für sich und sollte als individuelles Geschäftssystem angesehen werden.

3. Treffen Sie sich mit verschiedenen Börsenmaklern, und hören Sie sich an, welche Firmenaktien sie empfehlen. Dann informieren Sie sich in der Bücherei oder im Internet über diese Firmen. Rufen Sie die Firmen an, und bitten Sie sie um Ihre Jahresberichte.

4. Abonnieren Sie Investment-Newsletters und lesen Sie sie sorgfältig.

5. Lesen Sie, hören Sie sich Audiokassetten an, sehen Sie sich Videos und Fernsehsendungen zum Thema Finanzen an und spielen Sie „Cashflow“.

Bilden Sie sich in Sachen Geschäfte weiter:

1. Treffen Sie sich mit verschiedenen Agenten, die Unternehmen verkaufen, um herauszufinden, welche Unternehmen in Ihrer Gegend zum Verkauf angeboten werden. Es ist erstaunlich, welchen Fachwortschatz man einzig und allein dadurch erlernen kann, dass man Fragen stellt und zuhört.

2. Nehmen Sie an einem Seminar über Network-Marketing teil, um sich Kenntnisse über dieses unternehmerische System anzueignen. (Ich empfehle Ihnen, sich mindestens drei verschiedene Network-Marketing-Unternehmen genauer anzusehen.)

3. Besuchen Sie Tagungen und Messen zum Thema Handel und Wirtschaft in Ihrer Umgegend, um herauszufinden, welche Lizenzen oder unternehmerischen Systeme zu vergeben sind.

4. Abonnieren Sie Handels- und Wirtschaftszeitungen und -magazine.

15 Schritt 5: Suchen Sie Mentoren

Wer führt Sie in bislang unbekannte Bereiche?

Ein Mentor ist jemand, der Ihnen sagt, was wichtig ist und was nicht.

Mentoren sagen uns, was wichtig ist

Mein beruflich hoch qualifizierter, aber armer Vater dachte, ein gut bezahlter Job sei wichtig, ebenso der Kauf seines Traumhauses. Er glaubte auch daran, dass man zuerst seine Rechnungen bezahlen und unter seinen Verhältnissen leben müsse.

Mein reicher Vater brachte mir bei, mich auf das passive Einkommen zu konzentrieren und meine Zeit in den Erwerb von Vermögenswerten zu investieren, aus denen mir ein passives oder dauerndes Einkommen zufließt. Er glaubte nicht daran, dass man unter seinen Verhältnissen leben sollte. Er sagte oft zu seinem Sohn und zu mir: „Anstatt unter deinen Verhältnissen zu leben, konzentriere deine Bemühungen darauf, deine Verhältnisse zu verbessern."

Um dies zu erreichen, empfahl er uns, uns auf das Füllen der Vermögenswerte-Spalte zu konzentrieren und auf die Vergrößerung des passiven Einkommens aus Kapitalerträgen, Dividenden sowie der Dauereinnahmen aus Immobilien und Grundbesitz.

Beide Väter waren in meiner Kinder- und Jugendzeit einflussreiche Mentoren für mich. Der Umstand, dass ich mich entschloss, den finanziellen Rat meines reichen Vaters zu befolgen, mindert nicht den Einfluss, den mein beruflich hoch qualifizierter, aber armer Vater gleichzeitig auf mich ausübte. Ohne den großen Einfluss dieser beiden Männer wäre ich nicht der Mann, der ich heute bin.

Negative Vorbilder

So wie es Mentoren gibt, die hervorragende Handlungsvorbilder sind, gibt es auch Menschen, die negative Vorbilder sind.

Ich habe beispielsweise einen Freund, der in seinem Leben mehr als 800 Millionen Dollar verdient hat. Heute, zur Zeit der Niederschrift dieses Buches, ist er bankrott. Ich hatte andere Freunde, die mich fragten, weshalb ich immer noch Zeit mit ihm verbringe. Die Antwort: Er ist ein glänzendes Vorbild sowohl in positiver als auch in negativer Hinsicht. Ich kann aus beiden Arten von Vorbildern lernen.

Spirituelle Vorbilder

Meine beiden Väter waren spirituelle Männer, doch wenn es um das Zusammenspiel von Geld und Spiritualität ging, vertraten sie unterschiedliche Ansichten. So interpretierten sie zum Beispiel das Sprichwort „Die Liebe zum Geld ist die Wurzel allen Übels" unterschiedlich.

Mein beruflich hoch qualifizierter, aber armer Vater hatte das Gefühl, jeder Wunsch nach mehr Geld oder einer Verbesserung seiner finanziellen Situation sei falsch.

Mein reicher Vater hingegen legte das Sprichwort anders aus. Seinem Empfinden nach waren Verführung, Gier und finanzielles Unwissen falsch.

In anderen Worten: Mein reicher Vater war nicht der Ansicht, dass Geld an sich übel sei. Er hielt es für schlecht, sein Leben lang als Sklave des Geldes zu arbeiten und ein Sklave privater Schulden zu sein. Es war typisch für meinen reichen Vater, häufig religiöse Lehren in finanzielle

Lektionen umzudeuten, und ich möchte im Folgenden gern eine solche Lektion mit Ihnen teilen.

Die Macht der Verführung

Mein reicher Vater war der Ansicht, dass hart arbeitende, permanent verschuldete und über ihre Verhältnisse lebende Menschen schlechte Vorbilder für ihre Kinder seien. In seinen Augen waren sie nicht nur negative Vorbilder, sondern er hatte zudem das Gefühl, dass Menschen, die sich verschulden, sich von der Macht der Versuchung und der Gier hatten überwältigen lassen.

Häufig zeichnete er das folgende Diagramm, deutete auf die Verbindlichkeiten-Spalte und sagte:

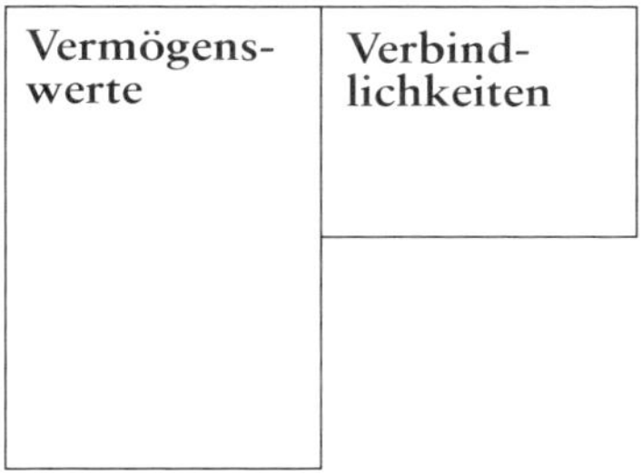

„Und führe uns nicht in Versuchung ...“ Mein reicher Vater war der Ansicht, dass die Wurzel vieler finanziellen Probleme in dem Wunsch liege, Objekte mit geringem Wert zu besitzen. Als die Kreditkarten eingeführt wurden, sah er voraus, dass sich Millionen von Menschen verschulden und diese Schulden schließlich ihr Leben bestimmen würden. Man kann beobachten, wie Leute sich für ein Eigenheim, Möbel, Kleidung, Urlaubsreisen und Autos enorme Schulden aufladen, weil ihnen die Kontrolle über jene menschliche Emotion fehlt, die man „Versuchung“ nennt. Heutzutage rackern sich die Menschen zunehmend mehr ab, schaffen sich Dinge an, die sie für Vermögenswerte halten, aber ihre Ausgabegewohnheiten werden ihnen niemals erlauben, wirkliche Vermögenswerte zu erwerben.

Dann zeigte mein reicher Vater auf die Vermögenswerte-Spalte des folgenden Diagramms und sagte: „... sondern erlöse uns von dem Bösen."

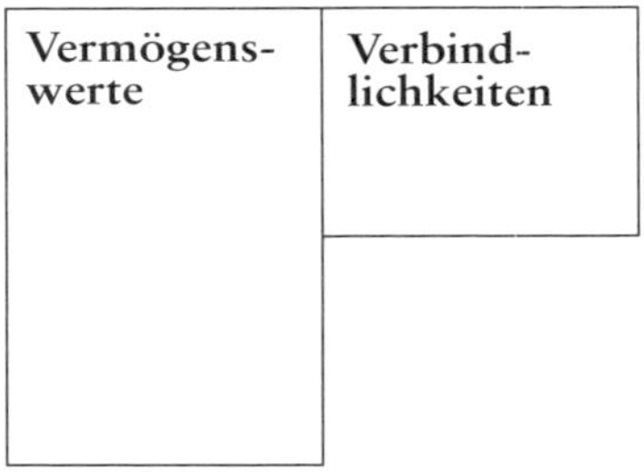

Auf diese Weise brachte mein reicher Vater zum Ausdruck, dass das Aufschieben der Gratifikation (ein Zeichen emotionaler Intelligenz), die Konzentration auf die eigenen Geschäfte und das Schaffen von Vermögenswerten an erster Stelle helfen, die durch Versuchung, den Mangel an finanzieller Bildung und den Einfluss negativer finanzieller Vorbilder verursachte Erniedrigung des menschlichen Geistes zu vermeiden.

Diejenigen unter Ihnen, die auf der Suche nach ihrer persönlichen finanziellen Schnellspur sind, kann ich nur dringend ermahnen, in Bezug auf die Menschen, mit denen Sie täglich zu tun haben, vorsichtig zu sein. Stellen Sie sich die Frage, ob diese Leute positive Vorbilder sind. Wenn nicht, schlage ich vor, Sie versuchen mehr Zeit mit Menschen zu verbringen, die sich in dieselbe Richtung bewegen wie Sie.

Wenn es an Ihrem Arbeitsplatz keine Gleichgesinnten gibt, können Sie sie in Investmentvereinen, Network-Marketing-Gruppen und anderen Geschäftsverbänden finden.

Suchen Sie nach jemandem, der das Ziel bereits erreicht hat

Seien Sie klug in der Wahl Ihrer Mentoren. Achten Sie genau darauf, von wem Sie einen Rat bekommen. Wenn Sie ein bestimmtes Ziel erreichen möchten, suchen Sie am besten jemanden, der dieses Ziel bereits erreicht hat.

Wenn Sie zum Beispiel beschließen, im nächsten Jahr den Mount Everest zu erklimmen, werden Sie selbstverständlich Rat bei jemandem suchen, der diesen Berg zuvor schon bestiegen hat. Geht es jedoch um das Erklimmen finanzieller Berge, greifen die meisten Leute auf Ratschläge von Leuten zurück, die selbst gleichfalls in finanziellen Schwierigkeiten feststecken.

Das Schwierige an der Suche nach Mentoren, die auf den Feldern „G“ und „I“ operieren, ist, dass die meisten Leute, die andere über diese Felder und über Geld beraten, auf der „A“-und-„S“-Hälfte des Cashflow-Quadranten tätig sind.

Mein reicher Vater hat mich dazu ermuntert, stets einen Coach oder Mentor an meiner Seite zu haben. Er wiederholte immer wieder: „Experten haben Coaches, Amateure nicht.“

Die Aktionsschritte

1) Suchen Sie sich Mentoren sowohl im Bereich Investition als auch auf geschäftlichem Gebiet.
   a) Wählen Sie positive Vorbilder, und lernen Sie von ihnen.
   b) Suchen Sie sich negative Vorbilder, und lernen Sie von diesen.

2) **Mit wem sollen Sie künftig Ihre Zeit verbringen?**
   a) Notieren Sie die Namen von 6 Personen, mit denen Sie die meiste Zeit verbringen. Ihre Kinder zählen insgesamt als eine einzige Person. Denken Sie daran: Das Ausschlaggebende ist nicht die Art der Beziehung, sondern das zeitliche Quantum. (Lesen Sie nicht weiter, bevor Sie nicht Ihre 6 Namen niedergeschrieben haben.)
   Ich habe vor 15 Jahren ein Seminar besucht, in dem uns der Seminarleiter bat, dasselbe zu tun. Ich notierte meine 6 Namen.

   Als Nächstes bat er uns, die Namen, die wir aufgeschrieben hatten, anzusehen, und sagte: „Sie sehen Ihre Zukunft. Die 6 Personen, mit denen Sie die meiste Zeit verbringen, sind Ihre Zukunft.“

   Bei diesen 6 Personen muss es sich nicht unbedingt in jedem Fall um persönliche Freunde handeln. Bei einigen Lesern mögen es deren Arbeitskollegen sein, ihre Ehepartner und Kinder, Angehörige ihrer religiösen Gemeinschaft oder Mitglieder ihres Wohltätigkeitsvereins. Meine Auflistung umfasste Arbeitskollegen, Geschäftspartner und Rugbyspieler. Diese Liste war sehr aufschlussreich, nachdem ich begonnen hatte, einen Blick unter die Oberfläche zu werfen. Ich gewann Einsichten über mich selbst, die mir zusagten, aber noch mehr Erkenntnisse, die mir nicht gefielen.

Der Seminarleiter ließ uns im Raum herumgehen und mit anderen Teilnehmern über unsere Listen diskutieren. Nach einer Weile wurde die Bedeutung der Übung noch klarer. Je mehr ich meine Auflistung mit anderen Leuten besprach, desto deutlicher wurde mir bewusst, dass ich einige Veränderungen vornehmen musste. Diese Übung hatte weniger mit den Leuten zu tun, mit denen ich meine Zeit verbrachte, sondern vielmehr damit, in welche Richtung ich mich bewegte und was ich mit meinem Leben anfing.

15 Jahre später verbrachte ich den Großteil meiner Zeit mit anderen Menschen, mit Ausnahme einer einzigen Person. Die fünf anderen Leute auf meiner Liste sind nach wie vor liebe Freunde, aber wir sehen uns sehr selten. Sie sind großartige Menschen und zufrieden mit ihrem Leben. Meine Veränderung hatte ausschließlich mit mir selbst zu tun. Ich wollte meine Zukunft verändern. Um mein zukünftiges Leben erfolgreich zu ändern, musste ich meine Denkweise verändern und als Folge davon die Leute, mit denen ich meine Zeit verbrachte.

b) Wenn Sie Ihre Liste mit den 6 Personen erstellt haben, tun Sie Folgendes: Notieren Sie hinter den Namen aller aufgeführten Personen das Feld, von dem aus die jeweilige Person operiert.

Agieren sie auf Feld „A", „S", „G" oder „I"? Noch einmal zur Erinnerung: Das Feld des Quadranten, auf dem jemand operiert, reflektiert die Art und Weise, in welcher diese Person den überwiegenden Teil ihres Einkommens erzielt. Bei Arbeitslosen oder Rentnern notieren Sie das Feld des Quadranten, auf dem diese Personen früher tätig waren. Hinter den Namen von Kindern, Schülern und Studenten lassen Sie den Platz frei.

Anmerkung: Ein Mensch kann auf mehr als nur einem einzigen Feld tätig sein. Bei meiner Frau Kim müsste man beispielsweise ein „G“ und ein „I“ hinter ihren Namen setzen, weil sie jeweils 50 Prozent ihres Einkommens aus diesen beiden Feldern bezieht.

c) Der nächste Schritt besteht darin, den Investoren-Level der einzelnen Personen auf Ihrer Liste aufzuführen.

Kennen Sie den Level einer Person nicht, bemühen Sie sich möglichst gut zu raten.

Haben Sie die Namen aller Personen mit den entsprechenden Feldern des Quadranten und dem Investoren-Level ergänzt, ist Ihre Liste komplett.
In meiner Liste stünde Kim an erster Stelle, weil wir fast unsere ganze Zeit zusammen verbringen; Kim ist eine Level-6-Investorin.

Name	Quadrantenfeld	Investoren-Level
1. Kim Kiyosaki	G–I	6
2.		
3.		
4.		
5.		
6.		

Manche Leute werden wütend

Ich habe gemischte Reaktionen von Leuten erlebt, die diese Übung machten. Einige Leute werden sehr wütend. Ich habe zu hören bekommen: „Wie können Sie von mir verlangen, die Menschen, mit denen ich zusammen bin, zu klassifizieren?“ Hat diese Übung Ärger bei Ihnen ausgelöst, bitte ich Sie deshalb um Entschuldigung. Diese Übung ist nicht dazu bestimmt, jemanden zu erzürnen. Sie soll lediglich dazu dienen, etwas Licht in das persönliche Leben eines Menschen zu bringen. Bei einigen tut sie das, aber nicht bei allen.

Als ich diese Übung vor 15 Jahren durchführte, wurde mir klar, dass ich auf Nummer sicher ging und mich versteckte. Ich war nicht glücklich mit meiner Situation und benützte meine Arbeitskollegen als Entschuldigung dafür, dass ich keine Fortschritte in meinem Leben machte. Es waren insbesondere zwei Leute, mit denen ich ständig Auseinandersetzungen führte – ich warf ihnen vor, dass sie die Weiterentwicklung unseres Unternehmens blockierten. Meine tägliche Routine bestand darin, ihre Fehler zu suchen, sie ihnen vorzuhalten und sie für die Probleme des Unternehmens verantwortlich zu machen.

Nach Beendigung dieser Übung wurde mir bewusst, dass diese beiden Menschen, mit denen ich ständig stritt, sehr zufrieden mit ihrer Situation waren. Ich war derjenige, der sich ändern sollte. Doch anstatt mich selbst zu ändern, versuchte ich sie dazu zu zwingen, sich zu ändern. Nach dieser Übung wurde mir deutlich, dass ich meine persönlichen Erwartungen auf andere projizierte. Ich wollte, dass sie das taten, was ich selbst nicht tun wollte. Ich war auch der Ansicht, dass sie dieselben Dinge wollen und haben sollten, die ich wollte. Es war keine gute, funktionierende Beziehung. Sobald mir diese Vorgänge bewusst geworden waren, war ich imstande, die erforderlichen Schritte zu unternehmen, mich selbst zu ändern.

d) Sehen Sie sich den Cashflow-Quadranten an, und setzen Sie die Initialen der Menschen, mit denen Sie Ihre Zeit verbringen, in die entsprechenden Felder.
Dann schreiben Sie die Anfangsbuchstaben Ihres Namens in das Feld, auf dem Sie zurzeit operieren. Als Nächstes füllen Sie Ihre Initialen in das Feld, von dem aus Sie in Zukunft agieren wollen, ein. Wenn sich die Anfangsbuchstaben der einzelnen Namen vorwiegend in diesem Feld befinden, sind Sie ein Glückspilz. Sie befinden sich in der Gesellschaft Gleichgesinnter. Wenn dies nicht der Fall ist, haben Sie die Möglichkeit, einige Veränderungen in Ihrem Leben in Betracht zu ziehen.

16 Schritt 6: Schöpfen Sie Kraft aus Ihren Enttäuschungen

Wie reagieren Sie, wenn sich die Dinge für Sie nicht nach Wunsch entwickeln?

Als ich das Marinekorps verließ, empfahl mir mein reicher Vater, mir einen Job zu suchen, bei dem ich lernen konnte, wie man verkauft. Er wusste, dass ich scheu war. Verkaufen zu lernen war das Letzte, was ich tun wollte.

Zwei Jahre lang war ich der schlechteste Vertreter meiner Firma. Ich konnte einem Ertrinkenden keine Schwimmweste verkaufen. Meine Scheu war nicht nur für mich eine Qual, sondern auch für die Kunden, denen ich etwas zu verkaufen versuchte. Diese ersten 2 Jahre hatte ich Probezeit bei der Firma, das heißt, ich konnte jederzeit entlassen werden.

Häufig gab ich der wirtschaftlichen Lage, dem Produkt, das ich verkaufen sollte, oder gar den Kunden die Schuld für meinen Mangel an Erfolg. Mein reicher Vater sah die Dinge aus einer anderen Perspektive. Er sagte immer: „Kommt man selber nicht voran, hängt man's gern einem andern an."

Das bedeutet, die seelische Verletzung als Resultat von Enttäuschungen ist so groß, dass derjenige, der diese Verletzung empfindet, dieses

Gefühl auf einem anderen Menschen abladen möchte, indem er diesem die Schuld zuweist. Um die Kunst des Verkaufens zu erlernen, musste ich die Konfrontation mit dem Gefühl des Verletztseins durch Enttäuschung bestehen. Im Laufe dieses Prozesses lernte ich eine unschätzbar wertvolle Lektion, nämlich wie man eine Enttäuschung von einer „Verbindlichkeit" in einen „Vermögenswert" verwandelt.

Ich stellte fest, dass die meisten Leute, die sich deshalb davor fürchteten, etwas Neues auszuprobieren, weil sie Angst vor einer Enttäuschung hatten. Sie fürchten sich davor, eventuell einen Fehler zu begehen oder eine Zurückweisung zu erfahren. Wenn Sie bereit sind, sich auf den Weg zu Ihrer persönlichen finanziellen Schnellspur zu machen, möchte ich Ihnen denselben ermunternden Ratschlag mit auf den Weg geben, den ich von meinem reichen Vater erhalten habe, als ich etwas Neues lernte:

„Sei auf Enttäuschungen vorbereitet."

Er meinte dies in positivem, nicht in negativem Sinn. Sein Gedankengang war folgender: Wenn man auf eine Enttäuschung vorbereitet ist, hat man die Chance, diese Enttäuschung in einen Vermögenswert zu verwandeln. Die meisten Menschen verwandeln eine Enttäuschung in eine Verbindlichkeit – eine langfristige. Um eine langfristige Verbindlichkeit handelt es sich dann, wenn Sie jemanden sagen hören: „Ich werde das nie wieder tun" oder: „Ich hätte wissen müssen, dass ich scheitern würde."

So wie in jedem Problem eine Chance liegt, verbirgt sich in jeder Enttäuschung ein unbezahlbarer Schatz an Weisheit.

Immer wenn ich jemanden sagen höre: „Ich werde das nie wieder tun", weiß ich, dass ich jemanden vor mir habe, der aufgehört hat zu lernen. Er hat zugelassen, dass die Enttäuschung ihn davon abhält. Das Gefühl der Enttäuschung ist zu einer Mauer um ihn herum geworden anstatt zu einem Fundament, von dem aus er sich weiterentwickeln kann.

Mein reicher Vater half mir, mit tiefen Enttäuschungen fertig zu werden. Er sagte oft: „Es gibt deswegen so wenige reiche Selfmade-Leute, weil nur wenige Menschen Enttäuschungen ertragen können. Anstatt zu lernen, sich mit Enttäuschungen auseinanderzusetzen, verbringen sie ihr Leben damit, ihnen aus dem Weg zu gehen."

Er sagte ferner: „Anstatt Enttäuschungen zu vermeiden, sei auf sie vorbereitet. Enttäuschungen sind ein wichtiger Teil des Lernprozesses. So wie wir aus unseren Fehlern lernen, tragen Enttäuschungen zur Formung unseres Charakters bei." Im Folgenden finden Sie einige Ratschläge, die er mir im Laufe der Jahre gegeben hat:

1. **Erwarten Sie, enttäuscht zu werden.** Mein reicher Vater sagte oft: „Nur Narren erwarten, dass alles so läuft, wie sie wollen. Zu erwarten enttäuscht zu werden bedeutet nicht, passiv zu sein oder die Haltung eines Verlierers einzunehmen. Auf Enttäuschungen vorbereitet zu sein ist eine geistige und emotionale Haltung, die dich auf Überraschungen vorbereitet, die dir vielleicht nicht willkommen sind. Wenn du emotional vorbereitet bist, kannst du gelassen und mit Würde reagieren, wenn die Dinge nicht nach deinen Wünschen laufen. Wenn du gelassen bist, kannst du besser denken."

   Mir sind viele Menschen mit großartigen Geschäftsideen begegnet. Ihr Enthusiasmus dauert ungefähr einen Monat lang an, dann beginnen die Enttäuschungen sie zu zermürben. Bald ist ihre Begeisterung verschwunden und alles, was sie dann nur noch sagen, ist: „Das war eine gute Idee, aber sie hat nicht funktioniert."

   Es ist nicht die Idee, die nicht funktioniert hat. Es waren die Enttäuschungen, die eine wirkungsvollere „Arbeit geleistet" haben. Die Menschen haben ihrer Ungeduld erlaubt, sich in Enttäuschungen auszudrücken und sich dann von der Enttäuschung besiegen lassen. In vielen Fällen ist diese Ungeduld das Resultat des Ausbleibens einer sofortigen finanziellen Gratifikation ihrer Bemühungen. Geschäftsinhaber und Investoren warten unter Umständen jahrelang, bis sie einen Cashflow mit ihrem Geschäft oder ihren Investitionen erzielen, aber sie steigen mit dem Wissen in ihre Projekte ein, dass Erfolg unter Umständen Zeit braucht. Sie wissen auch, dass das finanzielle Ergebnis eines erreichten Erfolgs das Warten lohnt.

2. **Lassen Sie sich von einem Mentor auf Ihrem Weg begleiten.** In der Nähe Ihres Telefons haben Sie eine Liste der Nummern des Rettungsdiensts, der Feuerwehr und der Polizei. Ich habe eine solche Liste

auch für finanzielle Notfälle – es sind die Telefonnummern meiner Mentoren.

Oft rufe ich einen meiner Freunde an, bevor ich in ein Geschäft oder Projekt einsteige, und erkläre, was ich mache und was ich erreichen möchte. Ich bitte sie auch um ihre Unterstützung für den Fall, dass etwas über meinen Kopf hinweg getan wurde, was häufig vorkommt.

Kürzlich befand ich mich in Verhandlungen über ein großes Grundstück. Der Verkäufer ging rücksichtslos vor und änderte die Modalitäten bei Vertragsabschluss. Er wusste, dass ich das Grundstück wollte, und versuchte mit allen Mitteln, in letzter Minute mehr Geld aus mir herauszubekommen. Da ich ein aufbrausendes Temperament habe, gerieten meine Gefühle außer Kontrolle. Anstatt das Geschäft durch Schimpfen und Schreien platzen zu lassen, was meine natürliche Neigung ist, fragte ich einfach, ob ich das Telefon benützen könnte, um meinen Partner anzurufen.

Nachdem ich mit drei Freunden gesprochen hatte und sie mir geraten hatten, wie ich mit der Situation umgehen sollte, beruhigte ich mich und lernte drei neue Verhandlungsmethoden kennen. Das Geschäft kam nicht zum Abschluss, aber ich benutze heute noch diese drei Verhandlungsmethoden – die ich nie gelernt hätte, wenn ich überhaupt nicht in diese geschäftlichen Verhandlungen eingetreten wäre. Diese Kenntnisse sind unbezahlbar.

Das Entscheidende ist, dass wir nie alles im Voraus wissen können und Dinge häufig nur dann lernen, wenn wir sie lernen müssen. Aus diesem Grund empfehle ich Ihnen, neue Dinge auszuprobieren und sich auf Enttäuschungen gefasst zu machen, aber immer einen Mentor oder einen Coach an Ihrer Seite zu haben, der Sie durch diese Erfahrungen begleitet. Viele Menschen beginnen ganz einfach deshalb keine Projekte, weil sie nicht alle Lösungen parat haben. Sie werden nie alle Antworten auf Ihre Fragen parat haben. Mein Freund Keith Cunningham sagt immer: „Viele Leute werden die Straße nicht entlanggehen, bevor nicht alle Ampeln grün sind. Aus diesem Grund kommen sie nirgendwo hin.“

3. **Seien Sie nett zu sich selbst.** Wenn wir Fehler machen und enttäuscht sind oder bei irgendetwas versagen, ist einer der schmerzlichsten Aspekte nicht, was andere Leute über uns sagen. Am schmerzlichsten ist unser gnadenloser Umgang mit uns selbst. Die meisten Menschen, die Fehler begehen, bestrafen sich häufig wesentlich härter, als jeder andere dies tun würde. Sie sollten sich selbst für persönlichen seelischen Missbrauch bei der Polizei anzeigen.

   Ich habe entdeckt, dass Menschen, die geistig und emotional hart zu sich selbst sind, oftmals zu vorsichtig sind, wenn es darum geht, Risiken einzugehen, neue Ideen anzunehmen oder etwas Neues auszuprobieren. Es ist schwer, etwas Neues zu lernen, wenn Sie sich selbst bestrafen oder jemand anderem die Schuld für Ihre persönlichen Enttäuschungen zuschieben.

4. **Sagen Sie die Wahrheit.** Eine der schlimmsten Bestrafungen, die ich als Kind je empfing, bekam ich, als ich meiner Schwester aus Versehen einen Vorderzahn ausschlug. Sie rannte nach Hause, um es meinem Vater zu erzählen, und ich lief weg, um mich zu verstecken. Als mich mein Vater gefunden hatte, war er sehr wütend.

   Er schalt mich: „Ich bestrafe dich nicht deshalb, weil du deiner Schwester den Zahn ausgeschlagen hast, sondern weil du weggerannt bist."

   In finanzieller Beziehung gab es viele Gelegenheiten, bei denen ich vor meinen Fehlern hätte wegrennen können. Wegzurennen ist leicht, aber die Worte meines Vaters haben mir mein ganzes Leben lang genutzt.

   Wir machen alle Fehler. Wir alle fühlen uns verärgert und enttäuscht, wenn etwas nicht so läuft, wie wir es uns vorstellen. Der Unterschied liegt darin, wie wir diese Enttäuschungen innerlich verarbeiten. Mein reicher Vater fasste es kurz in folgenden Worten zusammen: „Die Größe deines Erfolgs bemisst sich an der Intensität deines Wunschs, an der Größe deines Traums und daran, wie du die Enttäuschungen verarbeitest, die dir auf deinem Weg begegnen."

In den nächsten paar Jahren werden finanzielle Veränderungen auf uns zukommen, die eine Mutprobe für uns sind. Diejenigen, die ihre Emotionen am besten unter Kontrolle halten können, die sich nicht von ihren Gefühlen blockieren lassen und die die emotionale Reife besitzen, auf finanziellem Gebiet neue Fähigkeiten zu erlernen, werden in den kommenden Jahren am erfolgreichsten sein.

Die Zukunft gehört denjenigen, die mit der Zeit gehen und persönliche Enttäuschungen als Bausteine für die Zukunft benutzen können.

Die Aktionsschritte

1) Machen Sie Fehler. Aus diesem Grund empfehle ich Ihnen, mit kleinen Schritten zu beginnen. Denken Sie daran, dass das Verlieren zum Gewinnen gehört. Menschen, die auf den Feldern „A“ und „S“ tätig sind, werden zu der Denkweise erzogen, dass Fehlermachen inakzeptabel ist. Leute, die auf den Feldern „G“ und „I“ operieren, wissen, dass Fehler dazu da sind, aus ihnen zu lernen.
2) Legen Sie einen kleinen Geldbetrag an. Fangen Sie klein an. Wenn Sie eine Investitionsmöglichkeit finden, in die Sie Ihr Geld anlegen wollen, investieren Sie eine kleine Summe. Ihre Intelligenz wächst erstaunlich schnell, wenn Sie ein bisschen Geld in ein Projekt gesteckt haben. Setzen Sie nicht Ihr Haus, Ihre Hypothek oder das Geld für die Ausbildung Ihrer Kinder ein. Legen Sie ganz einfach einen kleinen Geldbetrag an – und dann beobachten Sie die weiteren Entwicklungen und lernen daraus.
3) Das Wesentliche an diesem Aktionsschritt ist, *aktiv* zu werden! Lesen, zuschauen und zuhören sind wesentlich für Ihre Weiterbildung. Aber Sie müssen auch anfangen zu handeln. Machen Sie Angebote für kleine Immobilien, die zum Verkauf anstehen und einen positiven Cashflow hervorbringen werden; schließen Sie sich einer Network-Marketing-Firma an und lernen Sie sie intern kennen; investieren Sie in einige Aktien, nachdem Sie das Unternehmen unter die Lupe genommen haben. Lassen Sie sich von Ihrem Mentor, Ihrem Finanz- oder Steuerberater beraten. Wie Nike sagt: „Tun Sie es einfach!“

17 Schritt 7: Die Macht des Vertrauens

Wovor haben Sie die größte Angst?

In der Oberstufe der Highschool wurden der Sohn meines reichen Vaters und ich vor eine kleine Gruppe von Schülern hingestellt, die hauptsächlich aus den Klassenbesten der Oberstufe bestand. Unsere Verbindungslehrerin sagte zu uns: „Ihr beide werdet es nie zu etwas bringen."

Einige der Oberstufenschüler kicherten, als die Verbindungslehrerin fortfuhr: „Von jetzt an werde ich für keinen von euch beiden mehr Zeit verschwenden. Ich werde meine Zeit nur für die Klassenbesten hier aufwenden. Ihr beide seid die Klassenclowns, habt schlechte Noten und werdet es nie zu etwas bringen. Und jetzt verschwindet."

Der größte Gefallen

Diese Verbindungslehrerin tat Mike und mir den größten Gefallen, den uns je jemand getan hatte. Zwar stimmte das, was sie sagte, in vieler Hinsicht und ihre Worte verletzten uns tief, aber sie spornten uns beide auch dazu an, uns mehr anzustrengen. Ihre Worte brachten uns durchs College und in unsere Unternehmen.

Klassentreffen der Oberstufe

Vor einigen Jahren gingen Mike und ich zum Klassentreffen der Oberstufe, was wie jedes Mal eine interessante Erfahrung war. Es war nett, Leute zu treffen, mit denen wir 3 Jahre eines Lebensabschnitts verbracht hatten, in dem keiner von uns wirklich wusste, wer er eigentlich war. Es war auch interessant zu sehen, dass die meisten der damaligen Klassenbesten in den Jahren nach Abschluss der Highschool nicht erfolgreich geworden waren.

Ich erzähle diese Geschichte, weil Mike und ich keine akademischen Genies waren. Wir waren weder finanzielle Genies noch Athletikstars. Im Großen und Ganzen waren wir langsame bis mittelmäßige Schüler und Studenten. Wir gehörten nicht zu den Klassenbesten. Meiner Meinung nach waren wir nicht mit so vielen natürlichen Begabungen ausgestattet wir unsere Väter. Aber es waren die verletzenden Worte unserer Verbindungslehrerin und das Kichern unserer Klassenkameraden, die uns den ersten Antrieb gaben weiterzugehen, aus unseren Fehlern zu lernen und in guten wie in schlechten Zeiten unseren Weg fortzusetzen.

Ob Sie in der Schule nicht gut oder nicht beliebt waren, ob Sie nicht gut in Mathematik sind, reich oder arm sind oder andere Gründe haben, Ihr Licht unter den Scheffel zu stellen – nichts davon zählt auf die Dauer gesehen. Diese sog. Mängel spielen nur dann eine Rolle, wenn Sie denken, sie zählen.

Diejenigen Leser, die sich mit dem Gedanken tragen, ihre eigene finanzielle Schnellspur zu finden, mögen vielleicht einige Zweifel an ihren Fähigkeiten haben. Ich kann nur sagen: Vertrauen Sie darauf, dass Sie über alles verfügen, was Sie brauchen, um zu finanziellem Erfolg zu gelangen. Um Ihre natürlichen Talente zum Vorschein zu bringen, brauchen Sie nichts weiter als den Wunsch, dies zu tun, Entschlossenheit und ein tiefes Vertrauen darauf, dass Sie eine einzigartige Begabung besitzen.

Sehen Sie in den Spiegel, und lauschen Sie

Ein Spiegelbild zeigt dem Betrachter mehr als lediglich seine äußere Erscheinung. Ein Spiegel reflektiert häufig auch die Gedanken des Betrachters. Wie oft haben wir Leute gesehen, die in den Spiegel blicken und Dinge sagen wie:

„Oh, ich sehe schrecklich aus."
„Habe ich tatsächlich so viel zugenommen?"
„Ich werde wirklich alt."
Oder:
„Alle Achtung! Ich sehe verdammt gut aus."

Gedanken sind Spiegelbilder

Wie gesagt, ein Spiegel reflektiert weit mehr als nur das für die Augen Sichtbare. Er bringt auch Ihre Gedanken, häufig die Ansichten, die Sie über sich selbst haben, zum Vorschein. Diese Gedanken oder Ansichten sind wesentlich wichtiger als unser äußeres Erscheinungsbild.

Viele von uns sind schon gut aussehenden Menschen begegnet, die sich selbst aber für hässlich halten, oder Leuten, die von anderen sehr gemocht werden, sich aber selbst nicht lieben können. Das, was wir in unserem tiefsten Inneren denken, ist eine Widerspiegelung unseres Seelenlebens. Unsere Gedanken sind ein Spiegelbild der Liebe, die wir für uns selbst empfinden, unseres Egos, unserer Selbstablehnung, der Behandlungsweise, die wir anderen angedeihen lassen, und unserer allgemeinen Meinung über uns selbst.

Geld bleibt nicht bei Menschen, die kein Selbstvertrauen besitzen

Ganz ehrliche persönliche Gedanken werden häufig ausgesprochen, wenn die Emotionen hoch schlagen.

Wenn ich den Teilnehmern eines Kurses oder einer einzelnen Person den Cashflow-Quadranten erklärt habe, gebe ich ihnen einen Moment Zeit, um über ihren nächsten Schritt zu entscheiden. Zuerst bestimmen sie, in welchem Feld des Quadranten sie zurzeit tätig sind, was leicht ist, weil es ganz einfach das Feld ist, das das meiste Geld für sie abwirft. Als Nächstes frage ich sie, zu welchem Feld sie überwechseln möchten, falls ein solcher Wechsel nötig ist.

Dann schauen sie sich den Quadranten an und treffen ihre Entscheidungen.

Einige Leute sehen sich den Quadranten an und sagen: „Ich bin genau auf dem Feld, auf dem ich operiere, zufrieden.“

Andere sagen: „Ich bin nicht zufrieden auf dem Feld, in dem ich tätig bin, will aber augenblicklich keine Veränderung vornehmen.“

Und dann gibt es Leute, die mit ihrer Position unzufrieden sind und wissen, dass sie umgehend etwas unternehmen müssen. Menschen in dieser Situation äußern ihre persönlichen Gedanken und Meinungen am klarsten.

Sie verwenden Worte, die ihre Ansichten über sich selbst zum Ausdruck bringen, Worte, die widerspiegeln, was in ihrer Seele vor sich geht. Aus diesem Grund sage ich: „Ganz ehrliche persönliche Gedanken werden ausgesprochen, wenn die Emotionen hochschlagen.“

In diesen Momenten der Wahrheit bekomme ich häufig zu hören:

„Ich kann das nicht machen. Ich kann nicht von Feld ‚S‘ zu Feld ‚G‘ überwechseln. Sind Sie verrückt? Ich habe eine Frau und drei Kinder zu ernähren.“

„Ich kann das nicht tun. Ich kann nicht 5 Jahre lang warten, bis ich meine nächste Gehaltszahlung bekomme.“

„Investieren? Sie wollen sicherlich, dass ich mein ganzes Geld verliere!“

„Ich habe kein Geld, das ich anlegen könnte.“

„Ich brauche mehr Informationen, bevor ich irgendetwas tue.“

„Ich habe das vorher schon ausprobiert. Es wird nie funktionieren.“

„Ich brauche nicht zu wissen, wie man Finanzberichte liest. Ich komme auch so zurecht.“

„Ich brauche mir keine Gedanken zu machen. Ich bin noch jung."
„Ich bin nicht clever genug."
„Ich würde es tun, wenn ich die richtigen Leute finden würde, mit denen ich es gemeinsam machen kann."
„Mein Mann würde das nie mitmachen."
„Meine Frau würde das niemals verstehen."
„Was würden meine Freunde sagen?"
„Ich würde es machen, wenn ich jünger wäre."
„Es ist zu spät für mich."
„Es lohnt sich nicht."
„Ich bin es nicht wert."

Worte sind Spiegelbilder

Alle Worte sind Spiegelbilder, da sie eine Widerspiegelung dessen sind, was Menschen über sich selbst denken, auch wenn sie eventuell über jemand anderen reden.

Mein bester Rat

Der wichtigste Rat, den ich denjenigen geben kann, die bereit sind, den Wechsel von einem Feld des Quadranten auf ein anderes zu vollziehen, ist, sehr sorgfältig auf ihre Worte zu achten. Lauschen Sie besonders aufmerksam den Worten, die aus Ihrem Herzen, Ihrem Bauch, Ihrer Seele kommen. Wenn Sie eine Veränderung vornehmen wollen, müssen Sie auf die von Ihren Emotionen erzeugten Gedanken und Worte achten. Wenn Sie nicht merken, wann Ihre Emotionen Ihr Denken steuern, werden Sie die Reise nie überleben. Sie werden sich selbst blockieren. Denn selbst dann, wenn Sie über jemand anderen reden, indem Sie beispielsweise sagen „Meine Frau/mein Mann wird das nie verstehen", sagen Sie in Wirklichkeit mehr über sich selbst aus. Möglicherweise schieben Sie Ihren Ehepartner als Entschuldigung für Ihre eigene Handlungsunfähigkeit vor. Vielleicht sagen Sie aber auch tatsächlich: „Ich habe nicht den Mut oder die Begabung, ihr/ihm diese neue Idee beizubringen." Alle Worte sind Spiegelbilder, die Ihnen die Möglichkeit bieten, in Ihre eigene Seele zu blicken.

Oder Sie sagen vielleicht:

„Ich kann nicht aufhören zu arbeiten und mein eigenes Unternehmen gründen. Ich muss an eine Hypothek und eine Familie denken."

Oder:

„Ich bin erschöpft. Ich möchte nicht noch mehr machen."

Oder:

„Ich will wirklich nichts Neues mehr lernen."

Dies sind persönliche Wahrheiten.

Persönliche Wahrheiten sind auch persönliche Lügen

Es sind Wahrheiten und gleichzeitig Lügen. Ich würde sagen, wenn Sie sich selbst anlügen, werden Sie nie zum Ziel kommen. Deshalb ist mein bester Rat: Hören Sie auf Ihre Zweifel, Ängste, blockierenden Gedanken und forschen Sie dann auf tieferen Ebenen nach der zugrunde liegenden echten Meinung.

Wenn jemand beispielsweise sagt: „Ich bin erschöpft, ich will nichts Neues mehr lernen", dann kann das eine Wahrheit sein, ist aber gleichzeitig eine Lüge. Die tatsächliche Wahrheit könnte lauten: „Wenn ich nichts Neues lerne, werde ich noch müder sein." Auf einer noch tieferen Ebene könnte der Gedanke stehen: „Die Wahrheit ist, ich liebe es, neue Dinge zu lernen. Ich würde nur zu gern etwas Neues lernen und mich wieder für das Leben begeistern. Vielleicht würden sich mir ganz neue Welten eröffnen." Sobald Sie an diesem Punkt einer tiefer liegenden Wahrheit angelangt sind, stoßen Sie eventuell auf einen Teil Ihrer selbst, der stark genug ist Ihnen zu helfen, sich zu ändern.

Unser Weg

Damit Kim und ich vorankommen konnten, mussten wir zunächst bereit sein, mit unseren persönlichen Ansichten über uns selbst und unseren Selbstvorwürfen zu leben. Wir mussten bereit sein, mit den persönlichen Minderwertigkeitsgefühlen zu leben, ohne uns von ihnen auf unserem Weg aufhalten zu lassen. Gelegentlich erreichte der Druck den Siedepunkt, unsere Selbstvorwürfe nahmen überhand, ich machte Kim für meine Selbstzweifel verantwortlich und sie mich für die ihren. Trotzdem hatten wir beide vor Beginn dieses Weges gewusst, dass das Einzige, womit wir fertig werden mussten, unsere persönlichen Zweifel, Selbstvorwürfe und Unzulänglichkeiten sein würden. Unsere wirkliche Aufgabe als Ehe-, und Geschäfts- und Seelenpartner auf diesem Weg bestand darin, uns gegenseitig ständig daran zu erinnern, dass wir wesentlich stärker waren als unsere persönlichen Zweifel, unsere Kleinlichkeit und unsere Unzulänglichkeiten. Mit der Zeit begannen wir mehr Selbstvertrauen zu entwickeln. Unser Endziel war nicht, einfach nur reich zu werden, sondern auch zu lernen, Vertrauen in uns selbst und in Bezug auf finanzielle Dinge zu entwickeln.

Denken Sie daran: Die einzige Person, die entscheidet, was Sie über sich selbst glauben, sind Sie selbst. Der Gewinn aus unserem Weg besteht also nicht nur in der Freiheit, die man sich durch Geld erkaufen kann, sondern auch in dem Vertrauen, das Sie zu sich selbst entwickeln – denn tatsächlich ist beides dasselbe.

Mein bester Rat für Sie lautet: Richten Sie sich täglich darauf ein, größer zu sein als Ihre Kleinlichkeit.

Meiner Meinung nach geben die meisten Menschen ihre Träume deshalb auf, weil der winzige Mensch in jedem von uns den größeren Menschen besiegt, der in uns steckt

Auch wenn Sie vielleicht nicht in allen Dingen gut sind – nehmen Sie sich die Zeit, die Fähigkeiten zu entwickeln, die Sie brauchen, und Ihr Leben wird sich rapide verändern. Laufen Sie niemals vor dem weg, von dem Sie wissen, dass Sie es lernen müssen. Setzen Sie sich mit Ihren Ängsten und Zweifeln auseinander und es werden sich Ihnen ganz neue Welten eröffnen.

Aktionsschritt

Glauben Sie an sich selbst, und fangen Sie gleich heute an!

18 Kurz zusammengefasst

Dies sind die 7 Schritte, die meine Frau und ich in einigen wenigen Jahren auf unserem Weg von der Obdachlosigkeit zur finanziellen Unabhängigkeit gegangen sind. Diese 7 Schritte haben uns geholfen, unsere persönliche finanzielle Schnellspur zu finden, und wir wenden diese Methoden noch heute an. Ich bin überzeugt, sie können Ihnen helfen, Ihren eigenen Weg zur finanziellen Unabhängigkeit abzustecken.

Zu diesem Zweck empfehle ich Ihnen, ehrlich zu sich selbst zu sein. Wenn Sie bisher noch kein langfristiger Investor sind, versuchen Sie auf schnellstem Wege, einer zu werden. Was heißt das? Setzen Sie sich hin, und arbeiten Sie einen Plan aus, um Ihre Ausgabegewohnheiten unter Kontrolle zu bekommen. Minimieren Sie Ihre Schulden und Verbindlichkeiten. Leben Sie im Rahmen Ihrer Verhältnisse, und erweitern Sie dann Ihre finanziellen Möglichkeiten. Finden Sie heraus, wie viel Sie monatlich über welchen Zeitraum hinweg zu einem vernünftigen Zinssatz investieren müssten, um Ihre Ziele zu erreichen. Ziele wie beispielsweise: In welchem Alter will ich aufhören zu arbeiten? Wie viel Geld brauche ich für meinen gewünschten Lebensstandard?

Schon ein langfristiger Plan zur Reduzierung Ihrer Einkaufsschulden und das regelmäßige monatliche Anlegen eines kleinen Geldbetrags werden Ihnen einen Vorsprung verschaffen, wenn Sie früh genug beginnen und sorgfältig darauf achten, was Sie tun.

Bleiben Sie für den Anfang bescheiden. Machen Sie nichts Ausgefallenes.

Ich habe Ihnen deshalb den Cashflow-Quadranten, die 7 Investoren-Levels und meine 3 Investorentypen vorgestellt, weil ich Ihnen einen vielseitigen Einblick in Sie selbst, Ihre Interessen und Ihre Wünsche in Bezug auf Ihre künftige Entwicklung verschaffen wollte. Ich glaube wohl, dass jeder Mensch seinen eigenen Weg auf seine persönliche finanzielle Schnellspur finden kann, unabhängig davon, auf welchem Quadrantenfeld er operiert. Doch letztendlich liegt es an Ihnen, Ihren eigenen Weg zu finden.

Denken Sie daran, was ich weiter oben sagte: „Die Aufgabe Ihres Chefs ist es, Ihnen einen Job zu geben. Ihre Aufgabe besteht darin, sich selbst reich zu machen."

Sind Sie bereit aufzuhören, Wassereimer zu schleppen und mit dem Bau einer „Leitung" zu beginnen, durch den der Cashflow fließen kann, der Sie und Ihre Familie ernährt und Ihnen Ihren gewünschten Lebensstil ermöglicht?

Es mag vielleicht schwierig und verwirrend sein, sich um seine eigenen Geschäfte zu kümmern, speziell am Anfang. Es gibt eine Menge zu lernen, unabhängig davon, wie viel Sie bereits wissen. Es ist ein lebenslanger Prozess. Aber das Gute ist, dass der schwierigste Teil dieses Prozesses am Anfang kommt. Sobald Sie sich der Sache verschrieben haben, wird das Leben wirklich ständig leichter. Es ist nicht schwierig, sich um seine eigenen Geschäfte zu kümmern. Es ist ganz einfach vernünftig.

Anhang

Kurzer Überblick über den Weg zum Reichtum
von Alan Jacques[4], angeregt durch Robert Kiyosaki

	Die mittellose Masse
1. Wer?	Angestellte
2. Ausbildung	Highschool- oder Collegeabschluss
3. Finanzielle Hauptziele	Überleben bis zum nächsten Zahltag
4. Fokus	Gehalt oder Stundenlohn
5. Cashflow-Management (CFM)	„Wie viel habe ich in meiner Brieftasche?“
6. Definition von Vermögenswert	Ein Sixpack im Kühlschrank
7. Eigenheim	Hätte gern eines
8. Art der Investitionen	– Staatliche Rentenversicherung – Lotterie
9. Investitionsquellen	Der Staat
10. Investitionssysteme	Hoffnung
11. Erwarteter Gewinn	Schnell reich werden
12. Risiko	Können es überhaupt nicht einschätzen
13. Was funktioniert?	Weitermachen, auch wenn es nicht funktioniert
14. Zeithorizont	Nächster Zahltag
15. Immobilien	Hätte gern welche
16. Ergiebigste Einkommensquelle	Lohn/Gehalt
17. Warum arbeiten?	Fürs Wochenende
18. Berater	Mittellose Freunde und Familie
19. Quellen	Fernsehen
20. Entscheidender Auslöser	Sparbuch mit 100 Dollar
21. Fragen & Antworten	Begreift den eigentlichen Unterschied nicht
22. Delegation	„Wenn du willst, dass es richtig gemacht wird, muss du es selbst tun.“

4 Alan Jacques ist der Leiter eines erfolgreichen Finanzberatungsunternehmens in Kanada. Er ist ein guter Lehrer in Sachen Geld, Reichtum und Unternehmen.

Erfolgreicher Investor der Mittelschicht	Der Reiche
Angestellte und Selbstständige	Geschäftsinhaber und Investoren
– Legt großen Wert auf Ausbildung, häufig Collegeabschluss – Besucht Kurse und Seminare zum Thema Investieren	Legt nur Wert auf „clevere" Ausbildung, häufig erworben von „Gleichgestellten" und/oder selbst angeeignet
Bis zum Alter von 55 bis 65 Jahren ein beträchtliches Nettoguthaben zusammenbekommen	Finanzielle Unabhängigkeit
Nettoeinkommen	Cashflow
Versteht den Wert des CFM	Begreift, dass das CFM die Grundlage allen Reichtums ist
Alles, was Marktwert besitzt	Alles, was einen positiven Cashflow erzeugt
Einer seiner wichtigsten Vermögenswerte	Ein Eigenheim ist eine Verbindlichkeit, kein Vermögenswert
- Offene Investmentfonds - Bluechip-Aktien - Immobilien: Eigentumswohnungen, Ein- und Zweifamilienhäuser	– Aktien: öffentliche Erstemissionen als Investor und/oder Hauptaktionär – Immobilien: größere Projekte – Unternehmen
Investiert in finanzielle Produkte, die von anderen entwickelt wurden	Stellt Produkte her und bietet Dienstleistungen an, um sie an die Mittelschicht und die breite Masse zu verkaufen
- Cost Averaging - Günstige Immobiliengeschäfte	– Baut seine eigenen auf und/oder modifiziert andere – Lernt oft von anderen gleichgestellten reichen Investoren
12 – 30 %	50 – 500 %
Geht bescheidene Risiken ein	Die meisten Investitionen sind mit einem (sehr) niedrigen Risiko verbunden
Lernt, was funktioniert, und bleibt bei dieser Methode	Lernt ständig dazu und führt dauernd Neuerungen ein
Langfristig	Abgestimmt auf jedes Ziel und/oder jede Investition
Kaufen & behalten, wartet auf Wertsteigerung	„Man macht Geld, wenn man kauft, nicht wenn man verkauft."
Investitionen	Zeit
Arbeitet für Geld, von dem 10 – 20 % in Investitionen fließen	Geld arbeitet – also muss er es nicht
Finanzplaner, Berater	Er selbst, jeder andere, Coaches, ausgewählte Experten
- **„The Millionaire Next Door"** - **„The Wealthy Barber"**	– **„Reichtum kann man lernen"** – **„Forever rich"** – **„Das Cashflow-Spiel"** – **Audiokassetten von Robert Kiyosaki**
1 Million Dollar netto	Passives Einkommen überwiegt die Ausgaben
Stellt Fragen und sucht die richtige Antwort	Weiß, dass es viele Lösungen gibt
„Du kannst andere das erledigen lassen, worüber du selbst nicht Bescheid weißt."	„Wenn du die Grundbegriffe nicht kennst, kann man dich fertig machen!"

Die Autoren

Robert T. Kiyosaki

Robert Kiyosaki ist der Autor des Buches „Reichtum kann man lernen", eines internationalen Bestsellers, in dem es vor allem darum geht, was die Reichen ihren Kindern über Geld beibringen – Dinge, die die Armen und die Angehörigen der Mittelschicht ihre Kinder nicht lehren. Er ist zudem der Erfinder von „Cashflow", einem Spiel zum Thema Geld und Finanzen.

„Der Hauptgrund dafür, dass sich Leute finanziell abrackern, ist, dass sie jahrelang zur Schule gehen, aber nichts über Geld lernen. Das Ergebnis ist, dass die Menschen lernen, für Geld zu arbeiten – aber nicht, wie man es schafft, das Geld für sich arbeiten zu lassen", sagt Kiyosaki.

Robert Kiyosaki ist Amerikaner japanischer Herkunft der vierten Generation, geboren und aufgewachsen auf Hawaii. Er entstammt einer prominenten Pädagogenfamilie. Sein Vater war Leiter des Erziehungswesens im Bundesstaat Hawaii. Nach Beendigung der Highschool setzte Kiyosaki seine Ausbildung in New York fort. Nachdem er sein Studium abgeschlossen hatte, musterte er beim US-Marinekorps an und ging als Offizier und Kampfhubschrauberpilot nach Vietnam.

Nach Kiyosakis Rückkehr aus dem Krieg begann seine berufliche Karriere. 1977 gründete er eine Gesellschaft, die die ersten Nylon-"Surfer"-Brieftaschen mit Klettverschluss auf den Markt brachte – ein Produkt, das sich zu einem weltweiten Millionengeschäft entwickelte. Er und seine Produkte wurden in den Magazinen „Runner's World", „Gentleman's Quarterly", „Success Magazine", „Newsweek" und sogar im „Playboy" vorgestellt.

1985 wurde er Mitbegründer eines internationalen Ausbildungsunternehmens, das in 7 Ländern Tausenden von Interessierten Fachkenntnisse zum Thema Handel und Investieren vermittelt.

Im Alter von 47 Jahren zog sich Kiyosaki aus dem Berufsleben zurück und widmete sich seiner Leidenschaft – dem Investieren. Besorgt über die wachsende Kluft zwischen den Besitzenden und den Mittellosen, konzipierte er das Brettspiel „Cashflow", in dem die Teilnehmer das „Geld-Spiel" erlernen, das zuvor nur den Reichen bekannt war. Für dieses innovative pädagogische Spiel wurde Kiyosaki ein US-Patent zuerkannt.

Obwohl Kiyosakis eigentliches Geschäft der Immobilienhandel und die Gründung kleiner Optionsfirmen sind, gilt seine wahre Liebe und

Leidenschaft dem Lehren. Er ist ein außerordentlich geschätzter Redner zu den Themenbereichen Ausbildung und Trends in der Wirtschaft. Seine lebensverändernde Arbeit hat das Publikum seiner Vorträge – zwischen 50 und 35 000 Zuhörer pro Vortrag – auf der ganzen Welt ermutigt und angespornt. Kiyosakis Botschaft ist klar: „Entweder Sie übernehmen die Verantwortung für Ihre finanzielle Situation oder Sie empfangen Ihr ganzes Leben lang Anordnungen. Sie sind entweder Herr oder Sklave des Geldes."

In unserer Zeit großer ökonomischer Umwälzungen ist Kiyosakis Botschaft von unschätzbarem Wert.

Sharon L. Lechter

Sharon Lechter hat sich beruflich dem Bildungswesen gewidmet. Sie ist Wirtschaftsprüferin (C.P.A.), Verlagsmanagerin, Ehefrau und Mutter von 3 Kindern.

Sie schloss ihr Studium in Buchführung an der Florida State University summa cum laude ab. Sie war eine der ersten Frauen, die in die Ränge der sog. „großen acht" Wirtschaftsprüferfirmen aufgenommen wurde, war als Finanzdirektorin einer Firma in der Computerindustrie sowie einer nationalen Versicherungsgesellschaft und als Gründerin und Mitherausgeberin der ersten regionalen Frauenzeitschrift in Wisconsin tätig.

Ihr Hauptaugenmerk wendete sich bald dem Ausbildungswesen zu, als sie ihre eigenen 3 Kinder heranwachsen sah. Es war ein Kampf, sie zum Lesen zu bewegen. Sie wollten lieber fernsehen.

Sie schloss sich mit dem Erfinder des ersten elektronischen „sprechenden Buches" zusammen und half mit, den Geschäftszweig der „sprechenden Bücher" zu dem heutigen erfolgreichen Millionengeschäft auf dem internationalen Markt auszubauen. Nach wie vor ist sie eine Pionierin auf dem Gebiet der Entwicklung neuer Technologien, die das Buch wieder ins Leben der Kinder integrieren sollen.

„Unser derzeitiges Ausbildungssystem ist nicht fähig, mit den globalen technologischen Veränderungen unserer heutigen Zeit Schritt zu halten. Wir müssen der heutigen Jugend sowohl die schulischen als auch die finanziellen Fähigkeiten vermitteln, die sie in der Welt, in der sie leben, nicht nur zum Überleben, sondern auch zu einer erfolgreichen Entwicklung brauchen."

Als Koautorin des Buches „Reichtum kann man lernen“ sowie auch des vorliegenden Werkes „Forever rich“ wendet sie ihre Aufmerksamkeit einer weiteren Schwäche des Ausbildungssystems zu, nämlich der völligen Vernachlässigung selbst der grundlegendsten Kenntnisse des Finanzwesens. „Reichtum kann man lernen“ und „Forever rich“ sind Bildungsinstrumente für jeden Interessierten, der seine persönliche Ausbildung erweitern und seine finanzielle Situation verbessern möchte.

Cashflow Technologies, Inc.

Robert Kiyosaki, Kim Kiyosaki und Sharon Lechter haben sich als die Direktoren von Cashflow Technologies, Inc. zusammengeschlossen, um innovative Produkte für Ihre finanzielle Bildung anzubieten.

Die Zielsetzung des Unternehmens ist:
„Das finanzielle Wohlergehen der Menschheit zu fördern“

Cashflow Technologies, Inc. präsentiert Robert Kiyosakis Leben durch Produkte wie die Bücher „Reichtum kann man lernen“, „Forever rich“ und „Rich Dad’s Guide to Investing“ und die Brettspiele „Cashflow“ (Patent Nr. 5.826.878) und „Cashflow for Kids“ (zum Patent angemeldet). Weitere Produkte, die Menschen, die nach finanzieller Bildung suchen, auf ihrem Weg zu finanzieller Freiheit helfen, werden laufend entwickelt.

Kontaktadressen

Für Nord- und Südamerika, Europa und Afrika:
Cashflow Technologies, Inc.
6611 N. 64th Place
Paradise Valley, Arizona 85253,
USA
Tel.: (602) 998 6971 oder (800) 308 3585
Fax: (602) 348 1349

Für Australien und Neuseeland:
Cashflow Education Australia
Reply Paid AAA 401 (portofrei)
PO Box 1126
Crows Nest, NSW 1585
Australien
Tel.: (61) 2 9923 1699 oder 1 (800) 676 991
Fax: (61) 2 9923 1799 oder 1 (800) 676 992
E-Mail: info@cashfloweducation.com.au

Besuchen Sie unsere Website unter: www.cashflowtech.com

Weiterführende Literatur und Tonkassetten

Allen, Robert: Der Weg zur Selbstständigkeit ... im Multi-Level-Marketing. Zwei Tonkassetten. 1998

Allen, Robert/Fulton, Josephine: Wer bin ich? Was kann ich? Was will ich? 1999

Cialdini, Robert: Die Psychologie des Überzeugens. 1999

Dent, Harry S.: Neue Spielregeln im Beruf. 1995

Dent, Harry S.: Neue Chancen im Beruf. 1997

Dent, Harry S.: Börsentrends erkennen. Maximale Gewinne in den Wachstumsmärkten. 2000

Elder, Alexander: Die Formel für Ihren Börsenerfolg. 1999

Gerber, Michael: Das Geheimnis der erfolgreichen Firmen. Tonkassette. 1999

Goleman, Daniel: EQ. Der Erfolgsquotient. 2000

Goleman, Daniel: Emotionale Intelligenz. 2001

Goleman, Daniel: Emotionale Intelligenz. Tonkassette und CD. 2001

Goleman, Daniel/Kaufmann, Paul/Michael, Ray: Kreativität entdecken. 1999

Goleman, Daniel/Kaufmann, Paul/Michael, Ray: Kreativität entdecken. Tonkassette. 2001

Hedges, Burke: Traumgeschäft.com. 2000

Heilbroner, Robert: Kapitalismus im 21. Jahrhundert. 1994

Kiyosaki, Robert/Lechter, Sharon: Reichtum kann man lernen. 2001

O'Shaughnessy, James P.: Die besten Anlagestrategien aller Zeiten. 2000

Smith, Adam: Der Wohlstand der Nationen. 1999

Tharp, K. van: Traden mit Gewinn. 2001

Robbins, Anthony: Das Robbins Power Prinzip. 1997

Robbins, Anthony: Erfolgsschritte nach dem Power Prinzip. 1999

Ziglar, Zig: Ziglar on Selling. 1996

Ziglar, Zig: Erfolg für Dummies. 1998

Ziglar, Zig: Der totale Verkaufserfolg. 1999

Ziglar, Zig: Der totale Verkaufserfolg. Tonkassette. 2000

Stichwortverzeichnis

W

Z